面對台灣風險社會：
分析與策略

蕭新煌
徐世榮　主編
杜文苓

巨流圖書公司印行

國家圖書館出版品預行編目（CIP）資料

面對台灣風險社會：分析與策略／蕭新煌, 徐世榮, 杜文苓主編. -- 初版. -- 高雄市：巨流, 2019.08
　　面；　公分
　　ISBN 978-957-732-579-2(平裝)

1.臺灣社會 2.風險管理 3.文集

540.933　　　　　　　　　　108007430

面對台灣風險社會：
分析與策略

主　　　編　蕭新煌、徐世榮、杜文苓
責任編輯　林瑜璇
封面設計　毛湘萍
封面藝術　Yu Hyang Lee

發 行 人　楊曉華
總　編　輯　蔡國彬

出　　　版　巨流圖書股份有限公司
　　　　　　80252高雄市苓雅區五福一路57號2樓之2
　　　　　　電話：07-2265267
　　　　　　傳真：07-2264697
　　　　　　e-mail: chuliu@liwen.com.tw
　　　　　　網址：http://www.liwen.com.tw

編 輯 部　10045臺北市中正區重慶南路一段57號10樓之12
　　　　　　電話：02-29222396
　　　　　　傳真：02-29220464

劃撥帳號　01002323巨流圖書股份有限公司
購書專線　07-2265267轉236

法律顧問　林廷隆律師
　　　　　　電話：02-29658212

出版登記證　局版台業字第1045號

ISBN 978-957-732-579-2（平裝）
初版一刷・2019 年 8 月

定價：450 元

編者序

　　這本書是我們執行了三年的「面對風險社會的台灣：議題與策略」整合型計畫的成果。它經學術諮詢總會審查通過，由中央研究院永續科學中心所資助，計畫執行期限是 2016 年 1 月至 2018 年 12 月。我們能在結案後不到一年內順利出版成書問世，算是有效地向前述兩個中研院審查和資助單位交代，我們全體計畫參與者都感到興奮和欣慰。我們當然也要先謝謝中研院的慷慨資助。

　　這本專書也是繼前面《台灣地方環境的教訓：五都四縣的大代誌》（蕭新煌主編，2015）、《臺灣的都市氣候議題與治理》（蕭新煌、周素卿、黃書禮主編，2017）兩本書之後，第三本改寫自中研院永續科學中心研究計畫成果而成的書。從書寫地方環境史、研擬都市氣候治理，再到面對風險社會，分別剖析了台灣三個環境重大主題的時間脈絡；亦即從過去、現在到未來的三部曲。當時我們分別依序提出上述三個大型計畫時，或許沒有這種「三部曲」的構想，但當第三個集體計畫完成出版後，我們回顧一下這三個前後計畫的精神和主旨，的確感到有此趨向。

　　本書有十章，分別探討台灣目前已必須面對三大事關公共生活領域的風險問題，和分別研擬政府、民間公民社會部門必須立即採取的對策，以及進一步分析當下台灣民眾的風險知覺、敏感度，和相關的「抗風險個人和集體行動」。換言之，本書希望不但能提供系統的「避凶」政策之途，更盼能讓全民建構「趨吉」之道。

　　本計畫參與的研究同仁，為數共 7 人，總主持人為蕭新煌教授，分支計畫一「農地資源破壞與糧食安全風險」的主持人是徐世榮教授，協同主持人是林耀東教授；分支計畫二「居住安全風險與弱勢族群」的主持人是紀駿傑教授；分支計畫三「科技風險：核廢料之爭議」的主持人是杜文苓教授；分支計畫四「比較台灣民眾與知識社群的風險認知、溝通與信任差距」的主持人是蕭新煌教授，協同主持人是林宗弘教授和許耿銘教授。參與的研究助理人數也多達 39 人，馬美娟擔任總計畫助理，不但任勞任怨，更是績效優異，在此致謝。此外，各分支計

畫諸位前後任期的助理，包括吳沅諭、蔡宜錚、陳泉潽、劉學墉、黃信翔、施香如、李佩純、盧姵岑、謝蓓宜、蔡馥宇、方俐文、陳威志、謝宗震、陳慈憶、許令儒、曾慶瑄、蔡雅玥、張聿婷，也一併表達謝意。

讓所有計畫參與同仁深深感到遺憾和哀傷的是分支計畫二主持人紀駿傑教授在 2018 年 3 月 14 日因病過世，距我們完成研究還有 8 個多月。他的過世讓我們感到人生無常；在出書前夕，更思念他與我們三位編者長年有過的共同合作研究經驗和他對環境社會學領域的推廣和貢獻，我們長記在心，也願以本書做為大家對他的懷念和感佩。

周桂田

徐世榮

杜文苓

2019 年 4 月 2 日

作者簡介

（按照姓氏筆畫排列）

＞ 吳沅諭

　　畢業於國立政治大學社會學系學士班，現為國立政治大學地政研究所碩士生，主要專長為：台灣社會研究、科技社會學、空間分析、土地相關法規。曾擔任歸仁社區發展協會聘用講師、政大 TNR 貓咪地圖策展人、公視《有話好說》企劃、中央研究院「面對風險社會的台灣：議題與策略」研究計畫獎助生。

＞ 李佩純

　　現為國立東華大學族群關係與文化學系研究所碩士生、宜蘭縣 llaqi na llyung mnibu ta tayal（蘭陽溪流域泰雅的孩子）民族實驗國民中學代理教師。曾擔任中央研究院「面對風險社會的台灣：議題與策略」研究計畫獎助生，參與民族教育課程設計、語文領域補救教學設計與教學，為推動泰雅文化扎根設計並擔任數位典藏社團教師。主要專長為：族群關係研究、原住民族教育、課程設計與教學。

＞ 杜文苓

　　美國加州柏克萊大學環境規劃博士，現任國立政治大學公共行政學系教授兼民主創新與治理中心主任、國際責任科技網絡理事、地球公民基金會、主婦聯盟環境保護基金會，以及環境權保障基金會董事。研究領域為：環境治理與永續發展、科技與社會、風險溝通與決策、公民參與／審議民主等。著有《環境風險與公共治理：探索台灣環境民主實踐之道》，曾獲中央社十大潛力人物——社運環保類、吳大猷先生紀念獎等的肯定，是一位學術研究與社會實踐並重的學者。

> **林宗弘**

　　現職中央研究院社會學研究所研究員、國立清華大學社會學研究所合聘副教授、清大當代中國研究中心主任。為香港科技大學社會科學部博士（2008），研究專長包括：社會階層化、量化研究、中國研究、災難社會學、比較政治經濟學，研究興趣是台灣與中國近年來的階級分化與貧富差距，亦探討風險與災難社會學。曾與洪敬舒、李健鴻、張烽益、王兆慶合獲2012年中華民國文化部圖書金鼎獎（《崩世代》），並榮獲2015年科技部吳大猷先生紀念獎等榮譽。

> **林耀東**

　　任教於國立中興大學土壤環境科學系，目前亦兼任國立中興大學農資學院學術秘書及國土資源保育學會理事長。研究領域含括：土壤／地下水污染整治復育、環境微奈米材料於農業及環境系統之應用與關聯、不同介面間表面化學。近五年榮獲國內外三十項殊榮，包括第十五屆全國學研新創獎、科技部未來科技獎、全國十大傑出農業專家、永續農法傑出學術獎、1st Pan American Congress of Nanotechnology Fundamentals and Applications to Shape the Future 國際學術研討會最佳論文獎。

> **林正錺**

　　研究動態系統分析原理與應用多年，開創非線性解析數學領域應用在環境資源之研究與教學，榮獲行政院農委會101年優秀農業人員獎。從事農業教學、研究與服務已有三十餘年，曾任教於國立中興大學土壤環境科學系二十餘年，於2004年至國立虎尾科技大學擔任文理學院院長，於2005年創立「國土資源保育學會」，其理念在於結合產官學界，以農地為基礎，專心致力於以農業為主的國土資源保育相關工作，目前為國土資源保育學會創會榮譽理事長。

> **周桂田**

　　1992 年台大社會系畢業，1994 年台大社研所畢業，旋即赴德國慕尼黑大學社會學研究所攻讀，於 1999 年取得博士學位。師承德國社會學思想巨擘 Professor Ulrich Beck，歸國後致力於倡議、轉化與創造「風險社會」於臺灣及東亞社會的新理路。對近十年政府與民間高度對立不信任之「僵局風險治理」與學術斷裂社會關懷根基，認為需盡速轉轍，否則無法因應規模遠超過於 20 世紀科技、經濟、環境、社會與倫理之鉅變。目前為國立台灣大學國家發展研究所教授兼所長，並擔任台大風險社會與政策研究中心主任。

> 紀駿傑

　　曾任教於國立東華大學族群關係與文化學系，為東華資深教授。1992 年獲美國紐約州立大學水牛城校區（Buffalo）社會學博士學位，任教於族群關係與文化學系。曾任民族語言與傳播學系主任，並榮獲科技部（國科會）研究計畫與獎勵、校級研究獎勵、傑出人才獎勵及院級優良教師，專長為：族群關係、環境社會學、生態與族群，以及後殖民論述。

> **徐世榮**

　　國立政治大學地政學系教授兼第三部門研究中心主任、台灣農村陣線前理事長、惜根台灣協會理事長。國立政治大學地政學系學士及碩士、美國德拉瓦大學（University of Delaware）政治學系碩士、都市事務及公共政策學院博士，主要研究領域為：土地政策、都市計畫，及第三部門等。強調溝通實踐及行動參與，認為一個成熟的民主社會需要有蓬勃發展的公民社會。《土地正義：從土地改革到土地徵收，一段被掩蓋、一再上演的歷史》獲得 2017 年文化部圖書金鼎獎。

> **許耿銘**

　　現任台北市立大學社會暨公共事務學系專任副教授、國立台北大學公共
行政暨政策學系兼任副教授。研究領域包括：都市與地方治理、危機管理、
永續發展、氣候治理。近年來致力於水患風險治理之相關研究，希冀檢視在
風險社會下，都市因應洪患所擬訂的政策與實務之間的關係。

> **廖麗敏**

　　中國科技大學會計學系副教授兼會計室主任，國立政治大學會計學系學
士、美國德拉瓦大學（University of Delaware）會計學系碩士、國立台北大學
企業管理學系博士。主要研究領域為：企業倫理、企業社會責任、非營利組
織、永續發展等。非常關心台灣的環境生態、農業，及糧食安全課題。長期
積極參與國際第三部門學會（ISTR），並擔任 ISTR 亞太地區學術委員職務。
此外，近年來也協助第一銀行建置該行歷史與雲端數位博物館，並參加了文
化部博物館事業推廣補助計畫。

> **蔡宜錚**

　　畢業於國立台北大學不動產與城鄉環境學系學士班，現為國立政治大學
地政學系研究生，主修都市化與環境變遷、都市計畫與土地法治政策，主要
專長為：地政相關法規與城鄉地景變遷之分析。曾擔任國立台北大學不動產
與城鄉環境學系兼任助理、中研院「面對風險社會的台灣：議題與策略」研
究計畫兼任助理，目前為國立政治大學地政學系研究所兼任助理。

> **蕭新煌**

　　現任中央研究院社會學研究所兼任研究員、國立中央大學客家學院講座
教授、台灣亞洲交流基金會董事長暨總統府資政。研究領域包括：環境運動
與永續發展、亞洲中產階級、公民社會組織與民主化、台灣與東南亞的客
家族群認同。最新相關著作有《台灣地方環境的教訓：五都四縣的大代誌》
（主編）（2015，巨流）、《臺灣的都市氣候議題與治理》（合編）（2017，臺
灣大學出版中心）等。

目錄

圖表目錄

圖目錄

總論

面對台灣三大風險與因應風險策略

蕭新煌、徐世榮、杜文苓

一、前言

　　著名德國學者 Beck 於 1986 年提出「風險社會」概念時，正是歐洲發生了最嚴重的車諾堡核災過後不久之際。這個位於東歐烏克蘭、離德國 2,000 公里遠的核電廠，發生了事故卻影響了整個西歐地區，這的確是不可預測風險的最佳寫照。Beck 指出了現代性帶來的風險和早期的自然風險有顯著的不同，包括：由技術－經濟決策產生的重大影響；風險的不可測性；後果的延續性；大災難發生的可能性；全球影響性；以及風險與日常生活的高度相關性等（Beck 1992），這些特性都展現在車諾堡核災及其後續的諸多影響上。他主要關心的是現代性帶來的各種人為產製風險（如核能、化學製品），以及當代社會如何系統性地面對與處理這些風險，他並稱現代的社會為風險社會。

　　質言之，所謂「風險」就是由現代化（全球化）所造成和引發的「系統性」災難和不安全性，而其源頭往往肇因於組織化的失職，完全是涉及「公共生活領域」的安危，已非個人能力所能解決和處理。

　　Beck 的《風險社會》（*Risk Society: Towards a New Modernity*）指出，當代高科技社會存有非常多不確定性的風險，包括各種環境污染、核子輻射與災變、生物科技、醫藥用品等。這些日常生活中幾乎無所不在的風險，與傳統工業社會所認知到的風險不同。Beck 的風險社會定義：「一種有系統必須處理來自現代化本身產生的危害和不安全性」（Beck 1992: 21）。顧忠華與鄭文輝（1993）分別從情境、追求、理想與生活動力等四面向，比較了工業社會與風險社會的差異（請參見表 0-1）。他們指出，工業社會對於「平等」價值的肯定以及著重於個人正面利益、物質生活及社會福利提升的追求，反面來說，就是對於財富分配的「不公平」集體焦慮是工業社會本質。然而到了「風險社會」時代，必須加入對於各種環境風險之憂心以及企求規避、免於風險之社會價值，反過來說，就是對風險分配「不安全」的集體焦慮，變成了「風險社會」的本質。但這並非可以推論風險社會的特質只擔心「不安全」，我們或許可以進一步闡釋，風險社會中的風險，其實是系統性地「不公平分配」給社會中的強、弱和富、貧的個人、群體、階級和族群。

　　坦白說，Beck 清楚地說，當前的風險社會既「不安全」，也「不公平」。因此，正如過去社會學剛發跡時，主要研究關懷在於人類社會從農業社會過渡到

工業社會時的各種變遷與適應；不過現在則是過渡到了風險社會，風險社會到來所產生的各種改變與挑戰，則是當代社會學必須努力面對，包含減少與降低風險社會中存在的生態和人為風險（Beck 1992, 1995；顧忠華、鄭文輝 1993）。

表 0-1　風險社會與工業社會的比較		
	工業社會	**風險社會**
情境	不平等	不安全
追求	正面的獲利	負面的規避風險
理想	機會均等	人人免於風險
生活動力	物質需求	對風險的焦慮

資料來源：引自顧忠華、鄭文輝，1993。

風險除了造成社會生活的不安全與不確定性之外，另一個重要的影響則是社會學長久以來所關注的社會公平新意涵。在工業社會中，有關社會公平的關注面向常聚焦於各種社會財富及資源分配的問題，包括實體財貨以及社會服務（如醫療、教育等）；風險社會雖然仍延續這些關懷，但是更增加了一項獨特的消極性關懷，亦即各種環境風險的妥善分配管理問題。傳統政治學將政治運作比喻為如何妥善地分配一塊大餅，風險社會則提問：對於社會不可欲之產品（如有毒廢棄物、輻射風險等），究竟要如何地「分配」，才是比較公平合理的呢？現代化的工業社會對此其實並無好的解答。

但現代工業社會卻不斷地透過改變自然環境持續製造出各種環境風險，而許多新的風險也因脫離了舊有的階級政治範疇（如車諾堡核災的影響），難以精確指認必須為這些風險負責的當事者。Beck 一方面指出這是人類「自作自受」的後果；但另一方面，相當諷刺的，一如前述，這是將各種環境風險合理化與正常化的政府「有組織的不負責任」（organized irresponsibility）現象（Beck 1992）。

進一步申論，當上述災難和不安全性愈加潛藏、複雜和多樣；其影響幅度、深度、速度也愈是前所未有。當其發生頻率和時機更是愈來愈不確定和愈不可測時，風險社會的本質即已成形。尤有甚者，在面臨當代風險社會時，過去習以為常的因應之道和自以為可以解決的過往制度安排，往往也都變得無

效或失靈。因此政府和公權力機構就會顯得束手無策，公眾集體焦慮和恐慌上升，並且對政府的信心明顯下降。這更是風險社會的特徵。

面對現代性及其風險產製問題，Beck、Giddens 與 Lash（1994）提出「反身現代性」（reflexive modernity）概念與解決之道，主張必須透過深層地反省與改變現代性／工業社會的各種經濟、生產型態以及政治運作模式，才能面對與克服風險社會所帶來的新挑戰。其中關於政治運作方面，必須有更多、更有效的公眾參與，以解決專業化與技術官僚所帶來的集體不負責任之環境風險。參與的方式包括哈伯馬斯所倡議的「公共領域」對話與辯論，以及透過各種新社會運動來挑戰既存的體制與運作模式。

二、本書論述架構

證諸台灣於 2013 年所發生一連串的食品安全與污染排放問題，以及日本福島核災後持續於台灣發酵的核能安全問題，Beck 對於風險社會的洞見，值得我們持續地關注。

「風險社會」的概念與理論提出後，1990 年代以來因為全球暖化造成的氣候變遷問題，成為國際環境以及社會經濟的主要課題。最明顯的例子便是莫拉克風災所帶來的洪水與土石流災難，影響了全台數萬民眾。此課題背後顯示，工業化所帶來大量的溫室氣體排放影響了自然環境運作，進一步造成了社會風險。此外，台灣近年來陸續發生區域性強降雨所造成的「天然」災害，也是在此全球趨勢下所造成的普同性問題。當然，全球暖化議題本身也離不開 Beck 與 Giddens 所論述的現代性課題。

可以這麼說，台灣現今所面對的「風險社會」，含括了許多生活中的人為產製風險以及受人為影響的自然環境風險，這些風險幾乎全面性地籠罩於台灣人民的居住環境與日常生活之中，需要我們以社會科學整合性地思考與方法來進行研究，而 Beck 與 Giddens 也早就主張這些風險都與現代性（modernity）及其相連的工業主義有著密不可分的關係。這樣的工業主義是造成英國倫敦 19 世紀空氣污染的元兇，更是近年來影響遍及亞洲各地的霾害禍首。同樣地，百年來日益精進的石油化學工業也和食品加工業同步發展，過去二十年來的生物科技更促進了新一代基因科技的突飛猛進，但這些發展卻也同時造成新的飲食安全危機。

　　再者，工業主義在過去百年來加速了溫室氣體排放，同時大幅減少了地表碳沉積（carbon sink）的面積與作用，促成全球氣候變遷的惡化。但這樣的趨勢已經與我們同在好一段時間，我們或多或少都是這個趨勢的共同推動者。因而 Beck 才會提出「集體不負責任」（collective irresponsibility）的概念，呼籲我們必須重新檢視與思考現代性及科技所帶來的問題，並提出反身現代性（reflexive modernity）的訴求。

　　上述種種迫切的環境惡化問題，橫跨工業社會和風險社會的風險不公平和不安全問題，已十足反映了台灣正從「系統不公平」的工業社會跨進「系統不安全」的風險社會。面對這些經常是不確定、同時又難以控制的社會風險，如何做好風險管理（risk management）往往是政府最大的挑戰。但是風險管理的前提是要對風險有所認知（risk perception），而且還要面對很不同的認知；接著便是對風險進行合理和辯證的評估（risk assessment），一樣地，也必須面對很不一致的評估。這些都不是可以明確區分界定或用舊式的多數決政治就可以解決。

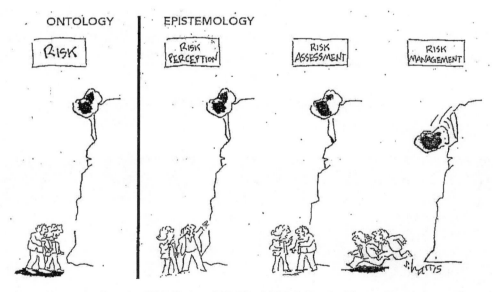

Figure 1.4　The Coupled Risk State of the World (Ontology) with the Governance of Risk (Epistemology) (Source: ScienceCartoonsPlus.com; reprinted with permission)

▲ 圖 0-1　風險管理三部曲

資料來源：Eugene A. Rosa, Ortwin Renn, and Aaron M. McCright, 2014.

　　圖 0-1 的卡通活生生地描述出風險的實體論（ontology）和知識論（episte-mology）。風險的客觀存在是實體論；風險管理三部曲從認知、評估到管理即落在知識論的範疇。以核電爭議為例，核電安全風險實然存在當無問題，這是實體論的範疇，但核四議題卻困擾了台灣數十年了，主要原因便在於政府與一些核能專家對於核電的安全、風險認知，與許多民間公民團體和民眾有相當大的差距，因而對核能風險的「評估」也遲遲未獲社會共識，應有的核能風險管理（政策與措施）也就付諸闕如、或是有了任何芻議，也因此始終無法取信於民。這也凸顯了當代討論風險議題的學者們提出另一個重要課題——風險溝通的重要性。

　　基於前述認知，本書探討台灣社會面對「工業社會」與「風險社會」所帶來幾個主要風險選項課題，同時思考學界與民間團體如何面對與處理這些風險。

　　具體而言，本書處理兩種關鍵風險類型。如表 0-2 所示，第一個類型是現代工業社會不公平本質下，自然和人為肇因的風險，諸如農地破壞影響糧食安全風險與農民生計權益、弱勢族群的居住安全風險。第二個類型是屬於風險社會所擔憂的諸多「不安全」問題，如核廢料爭議及民眾心目中的各種風險。本書深入探究的十章主題內容，環繞著農地破壞與污染所影響的糧食安全風險、弱勢族群的居住安全風險和核廢料風險等三項具體風險課題，結合台灣民眾和學者的風險認知研究，共同鋪陳了當前台灣「風險社會」的重要面貌。

表 0-2　風險類型分析		
	自然可呈現的風險	人為肇因的風險
I. 現代工業社會的不公平本質	1. 農地破壞：糧食安全風險與農民生計權益（第一、二、三章）	2. 居住安全風險與弱勢族群（第四章）
II. 風險社會的不安全本質	3. 民眾與知識社群對各種風險的感知與評估（第七、八、九、十章）	4. 核廢料風險（第五、六章）

三、剖析台灣風險及衝擊和對策：糧食安全風險、居住風險與核廢料風險

　　承上所述，當代的風險往往包含了天然災害以及人為造成的複合性風險，我們迫切地需要以整合的方式來面對、分析與處理這些複合性社會風險。在這整合性的視野下，本書分別就農地資源破壞與糧食安全風險、居住安全風險與弱勢族群、核廢料之風險爭議、比較台灣民眾與知識社群的風險認知與風險評估等四項關鍵議題進行研究，透過文獻檢閱，蒐羅國內外與風險社會議題相關之理論，透過田野訪調蒐集資料，分析各項風險課題，並提出政策建議。

　　第一章〈農地受難記：溫水煮青蛙的糧食安全〉由糧食安全之問題出發，於第一節透過統計資料與歷年政策的分析整理出我國農地流失的脈絡，指出2017 年 8 月由農委會所公布的盤點數據中，實際生產中的農地僅剩 57 萬多公頃，並根據本研究團隊的社會意象調查，受訪者中有高達 94.1% 表示對糧食安全風險的關切，足見此議題非同小可。後續則分別由政治與計畫體系的角度切入論述農地流失的原因，再分別就農民所得及保險、計畫行政程序、土地政策治理機制以及政治與公民社會的建構等四個方向提出政策建議。

　　第二節對農地流失所產生的糧食安全風險加以分析。因國人飲食習慣改變與受國際貿易影響而產生的農業政策轉向，導致除稻米外，台灣其餘穀類大量依賴國外進口。為回應此改變而祭出之休耕政策使得我國糧食自給率下降，最低點為 2005 年的 30.4%，同時稻米的自給率也在 2002 年至 2010 年期間下降了 16%。而長期休耕再復耕，有能力上的疑慮，以及休耕政策導致務農人口流失等，都可能影響政府該策略能否成功之關鍵所在，並非規劃好配套措施就一定得以施行。因此，長期休耕政策雖短暫減緩台灣加入 WTO 後對農業所造成之衝擊，卻於糧食存量上產生了負面影響。

　　此章第一、二節點出農地流失對糧食安全衝擊的架構，第三節進一步深入討論農地流失的問題根源。對於違規使用農地，政府未依法加以取締，其原因在於政府長期忽略農業，使農民所得偏低，因而產生違規使用的誘因。其次，地方政治及土地政策治理機制出現了嚴重問題，致使非都市土地使用管制無法發揮作用。因此，著重於上層制度法規的檢討與健全的設計並不足夠，現階段唯有從地方政治及土地政策的治理機制著手才能解決問題。此章指出了經

濟部擬訂的產業政策失能與工業區決策失準是農地流失的主因，由於國家重大
公共政策幾乎都是由目的事業主管機關主導，後續的環境保護計畫、土地使用
計畫，與土地徵收計畫的擬定及審議都缺乏自主性，使後續法定計畫所欲維護
的重要價值，如環境永續、農地保護、社會公義、基本人權等也都一併被犧牲
了。第四節、第五節強調，地方政府沒有確實執行《區域計畫法》，或非都市
土地使用管制規則的相關法令規定，的確造成農地流失，但其背後涉及了更深
層的政治、經濟及權力結構問題。

　　第二章〈農地變形記：蔓爬於農地的違章工廠〉描述現今蔓爬於台灣西部
農地的違章工廠，其所造成的水源污染、土壤污染、農地破碎化與食安風險
等，正威脅著國人的糧食安全與健康。根據社會意象調查顯示，有高達 94%
的民眾擔心部分農地污染導致的食品安全問題，然而田野調查的結果卻顯示在
農地違章工廠與農地受污染所在地，農民會選擇隱蔽違章工廠相關的風險資
訊。我們感到好奇，是什麼原因使農民選擇隱蔽風險資訊？最終呈現在社會大
眾前的農地違章工廠風險又是如何建構？

　　為回應上述問題，該研究由風險理論出發，嘗試定義風險為「地區生活經
驗與社經背景交互影響而建構的產物」。基於上述觀點，欲釐清違章工廠的風
險如何建構，須先探究違章工廠的背景成因。本章第三節分別由產業政策與土
地管理法規的脈絡勾勒違章工廠圖像，認為違章工廠是政府執法不力下的後
果。接著比對政府公開資料，發現污染狀況最嚴重者為桃園、彰化、台中，我
們繼而選定預定開發成產業園區的台中市大里區夏田里與彰化縣鹿港鎮頂番婆
聚落做為田野調查地點，透過與務農工作者、污染整治單位、一線環保稽查人
員等的深度訪談，分析違章工廠風險。

　　此章第四節從田調資料中進一步探討風險資訊被隱蔽之原因。夏田里務農
工作者考量污染標籤影響米價，而頂番婆農民則是顧忌與工廠主之間的社會關
係，兩者情況雖有差異，但皆基於生計考量而選擇不揭露風險資訊。研究中再
對風險的隱蔽進行大致的體系區分，分別是米商追逐有利價格而導致的農作物
銷售過程中的風險資訊隱蔽、污染查緝之困難與污染處理過程的制度性隱蔽風
險資訊，以及經濟部與地方政府土地管制的失靈。污染一旦發生，啟動污染土
地整治，到最後整治完畢，這看似合乎專業與標準化的作業流程，卻忽略了真
正應該處理的是污染源頭，當問題的核心並未解決，農工持續混合，便難保污

染事件不會再次發生。然而地方政府太過仰賴土地使用變更來獲取利益，加上經濟部疲軟的產業發展政策，常以就地合法化來處理違章工廠議題，導致核心問題未能被解決，也錯失了敦促企業污染成本內部化的機會。

第三章〈農地違章工廠的農地環境風險〉探討台灣歷年糧食自給率逐年降低的原因。2016 年台灣糧食自給率僅 31%，遠低於亞洲各國糧食自給率（中國＞ 90%、韓國 45%、日本 40%）。依據估算，台灣約需 74 ～ 81 萬公頃農地才能達到基本糧食安全存量，惟目前可供糧食生產農地 68 萬公頃，而真正從事農業生產農地約 49 萬公頃（含農糧作物、養殖魚塭、畜牧使用）。根據內政部調查全國農地約 17% 已遭轉用，農地存量僅剩 32.2 萬公頃，而農委會更盤點出農地蓋違章工廠約有 13 萬家，佔地 1.3871 萬公頃。雖違章工廠約佔農地 2 ～ 3%，惟農地違章工廠對台灣糧食自給率及食品安全等國安議題影響重大，因此本文聚焦討論農地違章工廠對台灣農地品質環境安全風險之影響，並進行農地污染潛勢推估。

首先此研究依據歷年環保／農政單位調查成果建立全台農地污染控制場址圖檔、污染源及農地灌渠傳輸水體等 GIS 資料及圖層，接續比對及校核 GIS 資料及圖層；並利用已校核資料及圖層，分析可能污染源與現有污染農地之相關性；最後再利用上述成果進行農地受污染風險等級區位分析。

根據農委會最新農地盤點結果，農地違章工廠數量高達 13 萬家以上，惟研究過程中無法獲得農地違章工廠之類別、位置、排放污水量及性質，故僅針對臨近農地之環保署合法列管污染源及水利會建檔之排洩戶資料推估農地污染潛勢分布。在各項可能污染源事業體中，前兩大行業分別為：金屬表面處理業 1,079 家，其次為電鍍業 953 家，此兩行業應為農地重金屬污染主要來源。

透過可能造成農地重金屬污染之環保署合法列管污染源的篩選，再與水利會排洩戶資料進行比對。若篩選出來的環保署列管污染源不是水利會建檔排洩戶，但廠址附近有排洩戶分布之列管事業體資料，本研究仍列入篩選名單。若環保署列管污染源與水利會建檔之排洩戶資料比對無相符者，則予以刪除。最後篩選出之污染源事業體，即為潛在污染農地之污染源。經過篩選後之列管事業，則建議政府相關單位將其列為優先清查之污染源名單。由於各污染源事業體規模不一，對於環境影響之貢獻量亦有不同程度影響，因此本研究依各事業

體之流放水量（CMD）為參考值，進行低、中、高三種輸出總量分級並給予不同之權重，以利後續分析可能污染源與現有污染農地之相關性。

接續為瞭解潛在污染源與現有污染農地兩者間之相關性，以台灣耕地土壤調查圖為基圖，套疊上污染源事業體及灌溉渠道分布資料，再疊放 319 公頃農地污染調查場址資料，針對可能污染程度推估台灣農地污染高、中、低風險等級。本研究結果共有 13 組分級總數值，其中總數值 1 ～ 2 為低風險區、3 ～ 5 為中風險區，而 6 ～ 13 為污染高風險區，且高污染等級與 319 管制場址達 90% 之覆蓋率。

研究分析結果顯示，臨近農地之環保署合法列管污染源及水利會建檔之排洩戶已造成農地極嚴重環境風險，若實際考量農地違章工廠實際現況，則農地環境風險應高過模擬推估值之數百倍！本文以提供灌溉排水系統管理方案，並針對現行執行缺失及法令要求，配合實務可行性，依法規、管理及工程技術等不同層面，擬定預防及減輕農地污染風險短、中、長期方案，供政府執行農地保育／食安施政參考。

第四章〈原住民居住風險與韌性：屏東與台東三個部落的探討〉探討 2009 年莫拉克風災的極端降雨量重創台灣中南部，受災區域中有八成位於原住民部落。莫拉克風災後，政府快速通過《莫拉克颱風災後重建特別條例》，以「國土保育」做為最高重建原則，而非優先考慮受災原住民的實際重建需求，居民針對劃定區域、永久屋與遷村等政策爆發一連串的抗議，都可以看見原住民族的文化與生活方式和現代國家政策的衝突。

台灣原住民部落面對自然環境風險的同時，也面臨了社會性的資本斷裂或崩解的風險。因此本章首先以受莫拉克風災嚴重影響的來義部落為例，討論其如何面對重建政策及自然環境風險所造成的部落內社會緊繃關係，探究原住民部落的重建調適過程，以及其看待自身居住風險的方式。其次探討 2016 年受到莫蘭蒂風災後一樣選擇永久屋安置的紅葉部落，其展現與前者不同的災後應變方式和結果。最後以同樣在莫拉克災後，原鄉被掩埋而遷入禮納里的好茶部落為例，指出部落意識到重新鏈結社會資本的方式，堅持維持部落形式不至於分崩離析的社群關係。透過究析原住民社群特有的社會連結及文化特性，希冀尋找出一套更適宜原住民部落的風險治理方式。

　　以人為主體的災後重建，從來不是短時間就能完成的。莫拉克風災的重建安置政策反映出政府對於災難處理的短視，以及缺乏對多元族群的尊重。當受災的原住民部落沒有在災後重建政策被視為主體，並與之共同進行協商考量，政策自然也就缺乏以原住民族群為主體的安置與規劃。

　　第五章〈環境不正義的省思：民間核廢論壇的諍言〉展現了台灣公民社會主動以審議民主方式討論棘手的核廢料問題之企圖與過程。2016 年全國廢核行動平台有感於核廢爭議政策無法循政府傳統決策模式解決，提出以審議式民主方式舉辦「民間核廢論壇」，希望在蔡英文政府上任之際，可以凝聚民間反核社群的意見共識，為未來核廢政策提出原則性的指引。本文從環境正義的視野，分析公民社會對於核廢處置的價值原則與邏輯思考，凸顯公民共同關注的價值與原則。同時也指出，這樣的公共審議討論方式，有助於公共政策理性思辨能力的提升，對於核廢料這種社會難解的課題該如何處置，提供更多創見與解方。

　　研究分析指出，已發展了四十多年的核電，即使停止運轉，隨之而來包括除役、既有核廢料的問題並沒減少，涉及百年、萬年安全儲放的時間尺度，使核廢選址問題充滿社會爭議，成為驅走不了的幽靈徘徊在台灣上空。但選址政策遲滯不前，與沒有正視「風險分配不正義」息息相關。當《低放射性廢棄物最終處置設施場址設置條例》中以「風險預防」、「影響人數降到最低」為由，將人口密度低列為選址條件的前提，則偏鄉將無法擺脫成為候選場址的命運。如果國家利益是建立在犧牲部分人民的生命、生活、尊嚴與希望之上，讓偏鄉承擔高風險的嫌惡設施，而享受充沛用電的都市民眾卻無所知覺，這不公平的犧牲結構將成為弱弱相殘惡性循環的源頭。如何設計一個能夠共同承擔的機制，迫使得利的都市人一起思考責任承擔，減少偏鄉民眾被迫承擔的犧牲，應該是未來政策修正與推動首重的目標。

　　此外，透過科技與社會的研究視角，此章也指出，若政府無法將更前端的信任、公平正義問題一併納入政策考量，未來相關政策可能仍是寸步難行。而如何切實回應受影響社區民眾對核廢政策中無可避免的「犧牲」無奈，敦促整體台灣社會共同扛起核廢處置的責任，是未來政府風險溝通需著力的重要課題。

第六章〈核廢何從：遷不出的蘭嶼惡靈〉討論備受爭議的蘭嶼核廢料遷出問題。從 1972 年蘭嶼被選為核廢料貯置場場址，到 1978 年起各大核電廠商轉，核電廠及核研所的核廢料開始運入，蘭嶼長期反核廢的抗爭命運從此未曾間斷。即便持續驅逐惡靈的吶喊，但因核廢而引入的各種相關「回饋」措施，卻在各個層面深深影響達悟（Tao）族人及其世代賴以生存居住的島嶼。

核廢料運出蘭嶼的政治承諾不斷跳票，衍生而出的健康風險爭議、溝通失焦、與「回饋金」的社會攪動等問題，衝擊著政府核廢治理能力的信任，以及崩壞地方社會團結與永續等社會資本，核廢處理的代價不可謂不大。尤其核廢問題引入大量資源進駐，成為蘭嶼面對「壓縮現代化」的巨大挑戰。即便未來核廢料撤出蘭嶼，也不代表國家就沒責任，社會問題就解決了。核廢遷出不會只是技術性問題，更是攸關蘭嶼的永續與主體重建的問題。

2018 年 11 月 24 日，《公投法》修正後首度舉辦公投，共有十個公投案合併地方公職人員一起舉行投票。其中訴求廢除《電業法》第 95 條第 1 項，即「核能發電設備應於中華民國一百十四年以前，全部停止運轉」之條文一案跨過門檻，宣告過關。即便此案通過，不直接表示前馬英九政府時被宣布暫緩啟用的核四復活、或既有的六座機組要延役，甚至後續將新增核電機組，但台灣社會對非核有疑慮的象徵意義卻是不言可喻。然不管台灣要選擇哪一條能源轉型的路徑，跨越世代、區域公平正義的核廢料處置問題，是這一代台灣人無法迴避的責任。

四、因應風險與社會共識：民意與行動

第七章到第十章透過糧食安全風險、居住安全風險和核廢料風險三項具體的風險，結合台灣民眾和學者的風險認知現況研究，分析現今台灣風險感知、社會參與和因應行為等三大現況。首先，第七章與第八章分別依序探討民眾的風險感知與社會參與（資本），是否會影響其因應行為。接著，第九章延續第七章的研究方向，再進一步分析民眾在「知」與「行」的差異性。最後，除了一般民眾之外，第十章進一步討論台灣科學社群的風險感知與相關政策偏好，加以剖析民眾與學者兩者之間的差異為何，彙整出台灣對於風險議題的面貌。

世界銀行 2005 年發行《天然災害熱點：全球風險分析》指出，台灣屬於

全世界災害風險最高的地區之一，當各國面臨氣候變遷引發的極端天氣事件時，我國所受到的災害風險威脅，較全球的平均狀態高出許多。根據內政部消防署之統計資料，台灣過去二十年間所發生之天然災害，造成之傷亡將近七千人；自 2011 年以來，天然災難傷亡者有逐年攀升的趨勢。此外，2009 年莫拉克颱風的嚴重災情，也迫使台灣民眾更重視氣候變遷議題。因此，第七章〈環境風險到社會實踐：氣候變遷下的風險知覺與公民參與環境行動〉分析氣候變遷的衝擊是否提升了公民參與的意願。

然而，近年來災難政治學對環境變遷衝擊的研究結論並不樂觀。理性選擇學派的政治經濟分析，傾向證實「短視選民」（myopic voter）理論。依據短視選民理論，民眾缺乏風險知覺、短視近利與集體行動的匱乏，將導致政府對環保與防災投資的萎縮，直到爆發環境污染或災難死傷與損害後賠錢了事，違論期待政府改變能源結構或發展低碳科技，以調整能源價格與民眾消費行為等。

面對短視選民理論，環境社會學文獻強調風險知覺的主觀特徵、長期教育下友善環境態度的影響等，有助於跨越集體行動難題的因素。相對於短視選民假說，預設選民的風險資訊不充分所導致的低度參與，學者認為民眾有可能在風險知覺提高之下改變其環境態度與支出偏好，甚至提升其集體行動的機率。但環境風險知覺究竟能否引發公民參與或集體行動？這是短視選民理論所忽視之處，亦是本研究所試圖探討的關鍵問題。

第七章〈環境風險到社會實踐：氣候變遷下的風險知覺與公民參與環境行動〉為了驗證風險知覺提升，是否能夠造成民眾採取公民參與的環境行動，本文運用《台灣社會變遷基本調查》2010 年第六期第一次調查計畫問卷二環境組之調查數據進行分析，在全球氣候變遷脈絡下，呈現個人風險知覺和公民環境參與行為三者間之關聯性。研究結果發現，風險知覺確實有助於提高公民參與的機率，這項結論應該值得大家重視。

第八章〈社會資本，且慢？天災、食安、全球風險與民眾感知〉有感近年來，台灣社會面臨多種風險衝擊。例如，1999 年的集集地震與 2009 年的莫拉克風災等自然災害極端事件傷亡慘重，食品安全遭受塑化劑飲料、黑心油品與農藥污染等重大事件的打擊，引起公眾的重視。此外，2011 年 3 月日本福島核電廠事故，使台灣反核運動再興，導致政府決定封存核四廠。關於風險，例如

續用核能、空污或食品安全等議題也成為公投議題，顯示台灣民意的兩極化。公民社會或社會資本是否能改變民眾的風險感知呢？

我們進一步提出質問，公民社會或社會資本對風險感知與風險治理的意義為何？理論上，社會資本有助於民眾的資訊傳播與資源動員，近年來，研究發現社會資本對於天災的災後重建時期之社會韌性有很大的助益，但是對社會資本是否有助於天災風險資訊傳播，研究結果相當分歧。本文根據文獻建立了三個假設：假設一：社會資本有助於個人獲得資訊，導致較高的主觀風險感知。假設二：無論風險類型為何，社會資本有助於個人資源取得與心理支持，有助於受訪者提高風險因應能力或採取風險因應行為。假設三，天災、人禍與全球風險的社會分布不均，民眾可能因為其所面對的風險類型不同，影響風險感知與風險因應行為（控制變量）。

本章依據風險社會的文獻將風險分為三種類型：世界風險、人為風險與天災風險，以全球暖化、食品安全與颱風地震為例，運用 2013 年台灣社會變遷調查，測試台灣民眾的災害潛勢、人口暴露度、社會脆弱性與社會資本，如何影響主觀評估的風險感知與風險因應行為。統計分析顯示，社會脆弱性確實影響天災、人禍與全球風險的主觀風險感知（假設三），參與社團的社會資本會有效增加風險因應行為（假設二），但是民眾的社會資本與主觀風險感知較無關聯（假設一）。公民社會參與對於風險感知幾乎沒有效果。

第九章〈知道了，行不行？低碳社會轉型的民意基礎〉根據蕭新煌（2000）的調查結果，比較 1986 年與 20 世紀末的差異性，發現台灣民眾比以前更瞭解自然保育與維護自然環境的重要性，也比過去更傾向「新環境典範」；而環保團體的關懷與擔憂又更甚於一般民眾。

蕭新煌教授後續的多篇研究亦有類似的發現，台灣地區一般民眾仍強烈地希望環境保護與經濟發展能相容並蓄，甚至是環境保護多於經濟發展。因此無論從環境意識或是環境問題敏感度等，這樣的典範轉移仍持續進行中（paradigm is still shifting），而且是朝向環境保護發展。惟在 2017 年「邁向深度低碳社會：社會行為與制度轉型的行動」研究中，台灣民眾的環境意識是否仍有提升的趨勢？甚且，雖然台灣民眾對於環境議題與氣候變遷有相當程度的察覺，但能否轉換為實際從事節能減碳的行為？低碳意識與低碳行為之間，究

竟是否一致或是存在差異性？

同時，第九章試圖藉由計畫行為理論，探討台灣一般民眾對低碳社會和低碳生活方式願景的認識和支持程度，並認為個人表現特定行為是受個人的「行為意圖」影響，而行為意圖則是共同取決於個人對此行為的態度、主觀規範與認知中的行為控制。本章以問卷調查為研究工具，包含關於個人的低碳態度和行為、政府的制度和政策兩大部分。此次問卷的研究對象，乃以年滿 18 歲，且家中有電話之民眾為調查母體；而調查訪問地區則為台灣地區（含澎湖），以及福建省連江縣與金門縣。此次問卷，委託中央研究院調查研究中心以電話訪問進行資料蒐集工作，採分層多階段隨機暨戶中抽樣法，於 2017 年 7 月 17 日至 8 月 7 日期間進行正式訪問，最後實際完成總案數為 1,211 案。

經由前述實證結果的初步整合和歸納，在低碳態度上（知），針對台灣民眾在低碳範疇的相關認知與態度方面來看，贊成與支持的比例普遍偏高。在低碳行為上（行），則有三點發現：（一）個人對於自己可掌控、成本較低的行為，表示支持的態度。（二）個人對於政府或企業應作為的政策，表示支持的態度。（三）個人對於自己應負擔較大成本的政策，抱持保留的態度。

然而，台灣地區民眾的反污染行動與節能減碳行為，無論是過去較為強調環境問題或是現階段關心如何更有效地節約能源、達到資源循環再利用和努力減少溫室氣體的排放，都有一定的歷史脈絡可循，倘若政府隨著國際標準逐步加嚴相關環境控管標準，同時促進民間企業和民眾深刻地思考，希望能朝向更為永續的目標前進。

第十章〈最遙遠的距離？民眾與中研院學者的風險感知與減災政策偏好〉發現最近台灣的公民投票顯示民眾對公共政策的認知與事實有很大落差。台灣的專家學者在公共政策辯論上扮演重要角色，他們跟一般民眾的風險感知與風險政策偏好有多大的差距？我們從文獻中建構三種科學家形象：客觀中立的科學家、科學家是國家官僚與財團的幫兇、科學家只不過是受過學術訓練的普通人，台灣的科學社群，較符合這三種形象的哪一種？一般人與科學家之間的風險感知與風險政策偏好，真的存在「最遙遠的距離」嗎？

雖然科學家經常自詡為政治上客觀中立的社會良心，許多影視作品與科技批判理論，經常將科學家描繪為追求自我利益或學術野心者，容易成為國家與

資本的幫兇，但科學家對於自己專業以外事務的理解，有時也跟一般民眾差不多。很少有實證研究試著將這三種科學家形象建構成可以測試的知識社會學理論，因此，本文是台灣少見的突破性研究成果。

第十章首次同步收集了台灣民眾與中央研究院學術工作人員的風險感知與公共政策相關資料來進行分析。依據風險社會理論，我們測量了天災、食安與世界性的科技風險感知與相關政策偏好，在中研院學者樣本與一般民眾樣本之間進行比較。

研究發現，相較於核廢料污染，人們更加憂心天災例如地震所造成之風險。在國家政策方面，有將近九成（非常支持 68.99% ，還算支持 26.32%）民眾支持政府公開房屋所在地區災害資訊；另有將近八成（非常同意 52.33% ，同意 35.87%）民眾同意政府強制高風險房屋進行都市更新。其次，當提及有關偏鄉與原住民相關議題時，並非和自身利益直接相關的範疇，台灣民眾同意與支持的比例則相對較低，約有七成（非常贊成 36% ，贊成 32.7%）民眾贊成高風險原住民部落強制遷村；另有八成（非常同意 42% ，同意 38%）民眾認為核廢料放在偏鄉是不公平的作為。整體來說，台灣民眾對於和自身利益具有高度相關性事務，相對有更明確的公共政策偏好，對少數族群的權益較少關切。

與一般民眾相比，中研院學者的風險感知偏低，在風險治理相關的公共政策偏好方面較少有顯著差異。舉例而言，受測的中研院學者與民眾皆贊成政府公布災害風險資訊，倘若進一步探討與民眾之間的差異，中研院學者可能因為受過專業訓練或居住於較安全的房屋，比較不擔心天災風險，但是對核廢料的風險感知並未和台灣民眾有統計顯著差異，於中研院三組（人文社會科學組、數理科學組、生命科學組）學者中，風險感知最高且最接近一般民眾的是數理科學組，然而風險感知最低且和一般民眾相差甚遠的為生命科學組。此外，學者較重視少數族群權益，比一般民眾更不同意政府強制都更或遷村。

研究結果顯示，以中研院為例的台灣科學家們，在風險感知方面是比一般民眾為低，較接近高教育或高收入群體。但是在防止天災或核廢料處理的公共政策方面，中研院學者與台灣一般民眾的差異不大，甚至對政府以公權力介入都市更新或遷村等爭議性問題也更質疑。至少，台灣的科學社群並非站在國家

或財團利益的政策主張，而是比較接近政府政策的批判者。至於科學社群的想法是否能夠改善一般民眾的風險感知與政策觀點則仍待研究。

五、面對風險台灣社會的策略芻議

　　為讓風險議題的研究回饋至政策擬定與推動，本書彙整了前述主題研究成果，也分別羅列出以下的政策看法與建議：

（一）因應農地資源破壞與糧食安全風險的策略思考

1. 因農產品價格忽略農業的生態、景觀等附加價值，政府又常常為了穩定物價而刻意壓低糧價，導致農民的所得低落。因此，政府應儘速直接對農地進行補貼，使農業和農地之多元價值反映在農民所得上，並增加農民的相關保險，吸引新一代青壯年人口投入農業，協助農村逐漸擺脫窳陋凋敝。

2. 我國的計畫行政程序應擺脫由目的事業主管機關主導的狀況，國家重大建設也應在後續法定計畫皆審議完成並通過之後，國發會及行政院才開始進行審議及核定。此外，目的事業主管機關也應該在擬定最初始的興辦事業計畫階段就公開讓民眾參與，避免產官學三方共同建構「謊言計畫共和國」，引發民眾後續激烈的抗爭，而這也是整體行政效率得以提升的關鍵要素。

3. 建立好的土地政策治理機制，以確保地方政府的都市計畫治理能力與機制能達到國土計畫保護國土資源的立意。

4. 重視公民參與的重要性，不應偏重由科學及技術層次的專家知識而忽略地方及經驗知識。建議未來都市計畫及國土計畫在制訂之時，都應該充分讓民眾參與，使政治不再由統領階級（dominant class）決定其邏輯、利益及價值。

5. 須先盤點既有產業用地面積，並積極輔導農地上的廠商進駐。我國產業用地主管機關眾多，而經濟部所開發的編定工業區，又隨開發機構的不同而各自管理，彼此未能有效的橫向聯繫，導致我國遲遲未有精確的產業用地盤點資料，也延宕了輔導農地違章工廠遷入既有產業用地的務實討論。

6. 正視農地上中小企業的資金困境與產業特性，應綜合產業政策、土地規劃與資金借貸等面向多管齊下，將工廠集中管理並要求環保設施效能的升級。

7. 就既有土地管制規範與環保法規嚴格執法，阻絕搶建與工業生產成本外部化的投機行為。

8. 不應輕率地將農地違章工廠就地合法化，應將工廠集中管理，避免再度發生如 1975 至 1986 年現況編定，就地合法化後，工廠以合法掩蓋非法，任意排放污染水源、造成污染環境的憾事。

9. 應優先清查高污染風險區之重金屬污染源及含重金屬污染風險之事業體，以隨時監測污染風險並降低農地受污染之風險。

10. 目前挖除灌溉渠道底泥僅為治標之做法，未解決灌溉水質污染問題，其健康及環境風險之降低有限，需有更積極配套措施。

（二）因應原住民弱勢族群居住安全風險的策略思考

1. 政府不應輕易遷移原住民部落，應該重視原住民部落的環境知識：原住民長期與環境互動產生的生活經驗及空間知識體系，展現在原住民與土地的依存關係與應變方式，使原住民得以在長久的歷史中面對災害的侵擾又不斷復原。將原住民遷離原居地，反而造成離開原居地的原住民族群，面對全新的土地環境與生活適應問題，削弱了原住民回復生活的韌性。如果重建的政策視野能夠考量原住民的社會條件和文化背景，運用原住民族群的在地生活智慧，尊重其生活與環境的緊密連結，讓原住民部落重視其居住環境的涵養，則更能有效降低其居住風險。

2. 原住民部落需擁有與決策者平等協商的機制：對於原住民部落來說，部落的遷移需要長時間且集體性的移動，而永久屋政策的規劃是以個人戶籍登記為主，與原住民部落在土地使用、家族觀念截然不同。這使得永久屋政策是缺乏與原住民溝通協商而制定的政策，不僅破壞原住民族群內部的社會連結，更反映了缺乏原住民觀點的居安思維。

3. 由遷村政策的制定到重建過程來看，原住民部落的發聲和抗議行動都未能改變政策方向，決策者也沒有給予部落足夠的自決權利，足見原住民族群與決策者溝通協商機制之不足，無法真正傳達並落實原住民對自身重建的想法和意見。決策者無法認知到原住民部落受到外部自然災害和內部社會資本衝擊的影響程度，自然也無法評估災害風險的程度。

4. 政府應該規劃具有中長期生活機能的避難安置場所，安置受災部落。目前多數以災難安置為目的的永久屋在居住形式，缺乏考量原住民族群的生活習慣和需求，紅葉部落永久屋與原鄉部落距離不遠，以個人戶籍登記的永久屋做為災後安置的處理被居民視為臨時避難住所，而非永久居住的「家屋」，政府應重新檢討永久屋做為災難安置的必要性。本研究認為政府面對原住民族群災後處理安置應以中繼安置為主，正視「人」做為災難主體，災後復原階段不應只為搶時效而為之，災後生活重建時期與講求快速的救災安置時期不同，應以原住民部落的共識凝聚為主要目標，才能達到真正的災民意見討論與交流。平時便須強化政府專家人員對於部落災害評估的溝通與宣導，災難發生時則重視災民意見與交流，災後在安全無虞情況下讓部落居民保有回到原居地生活的權利，在汛期撤離至部落居民臨時避難所，加強居民生命、財產的安全保障。

（三）因應核廢料科技風險的策略思考

1. 核廢料特性與其處置超越萬年時間尺度使人不安。從技術政治論的角度來看，核廢料短則三百年、長則十萬年的半衰期，揭示了接受核廢設施的民眾，可能終其一生，甚至往後數十個世代都必須與核共存，對當地環境、文化傳統、未來發展等形成限制，並有未知風險。現有的科學評估與工程技術難以回應這樣的擔憂，使公民傾向尋求高放核廢中期處置的務實做法。

2. 公民社會不信任壟斷性強的核能工業，憂心核能安全在特定專業形成的利益結構中被忽視。加上核能執行與管制機關人員專業養成相似，管理機構的管制能力更難被社會信任。因此強調管制機制應提高層級，並引入獨立第三方監督機制與多元參與監督執行，輔以資料公開透明，才能真正建立負責的體制。

3. 公民對回饋金的質疑，凸顯不同於政府的環境正義思考。認為誘因機制模糊了居民對嫌惡設施的判斷，當回饋金的數額大到一定程度，偏鄉民眾可能不清楚核廢設施對自己、對地方的影響下被利誘接受。偏鄉長期資源缺乏，不應以回饋方式交換原本應得的地方發展權益。此外，公民指出核廢料處置設施將對地方生活風俗造成不可回復影響，所謂「回饋金」應更名為「補償金」或「賠償金」。

4. 跨越世代的惡靈驅逐運動，迫使核廢遷出蘭嶼的承諾成為非核家園政策規劃的重點項目。然而，在核廢最終處置場難覓、集中式貯存設施的設置還有變數、運回原產地也爭議不斷的情況下，盤據已久的惡靈能否在下一個承諾的期限移出，也關係著已然破碎的公共信任有否修復的可能。地方官員認為，雖然原能會有訂出遷出期程，但過去政府作為卻看不出核廢遷出蘭嶼的魄力與決心，除非遷移規劃與場址定案，否則很難取信於民。地方運動者則強調應該透過立法途徑解決核廢料遷出問題，才不會總是原地踏步。政府推動相關立法期程，以及政策規劃的實踐進度，顯然是重建公共信任的第一個試金石。

5. 核廢遷出蘭嶼的等待仍看不到盡頭，但補償、回饋爭議未休，環境不正義所造成的傷害並未因「回饋」源源而來而得到緩解。在真相調查結果確定政府責任需對蘭嶼人權益受損給予補償並回復其權益，前車之鑑，政府應該重新思考「補償」機制的設計，反省傳統回饋方式帶來的負面社會成本與衝擊，參酌《蘭嶼核廢料貯存場處理暨補償條例》草案所提之基金公共運用方式設立機制。而此條例立法的推進，也可能成為公共信任建立的第二個試金石。

6. 回到蘭嶼島內本身的主體性，如何跳脫核廢長久糾纏所帶來的傷害、悲情，甚至福利依賴，是蘭嶼人無法迴避的課題。如何善用蘭嶼平權民主的優勢，維護豐富而獨特的原住民歷史文化資產與獨特傲人的生態資源，進而在小島永續的目標下共同思索、發展更多願景方案與實踐策略，更將是蘭嶼擺脫惡靈、修復社會的重要關鍵。

（四）從台灣民眾與知識社群的風險認知與風險評估的比較，提出整體風險策略的方向

1. 政府應用網路等科技提高民眾對氣候變遷的風險知覺，透過環境教育提供正確資訊，讓民眾願意承擔時間或金錢成本，藉此解決當前公有地悲劇的集體行動困境。

2. 當前許多環境政策，如電價上漲及能源稅議題經常引發政治與意識型態爭議，即便為立意良善的政策，卻容易因民眾缺乏資訊而難以推行。因此，政府希望藉由擴大公民參與機制之範疇，拓展討論公共環境議題的活動，提升公民對政府與社會的瞭解。這些公共參與環境政策，有助於跨越民主社會裡

短視選民的弱點，從而提高政府與公民社會對節能減碳或防災的公共投資偏好與數量，減輕即將到來的環境危機。

3. 面對天災、人禍與世界風險等三類風險，培養社會資本——例如以公民社會做為救災與重建的參與者之一，有利於採取風險因應行為，但是未必能提高民眾主觀的風險感知或減少客觀受災機率。公民社會雖然有助於提高災後韌性也就是災後重建的能力，卻很難協助民眾增加災前的風險感知。例如核能、空污或食安等風險與不確定性很高的科技爭議上，活躍的公民社會未必能夠有效提供民眾關於風險的正確資訊，政府與媒體或許應該在風險溝通領域扮演更重要的角色。

4. 為體現未來台灣能夠建立低碳社會的願景與規劃因應節能減碳之有效行動方案，從立即性的觀點而言，建議應舉辦研討會／工作坊、強化資訊揭露制度、推展購買節能產品的補貼優惠政策、增加政府橫向溝通連結。由長期性的角度來看，應確立雙重紅利效果、開設低碳教育課程、協助裝設智慧電表、強化與政府的政策溝通。

參考文獻

● 顧忠華、鄭文輝，1993，《「風險社會」之研究及其對公共政策之意涵》。行政院國科會專題研究計畫成果報告。

● Beck, Ulrich, 1992, *Risk Society: Towards a New Modernity* (M. Ritter, Trans.). London: Sage.

● Beck, Ulrich, 1995, *Ecological Politics in an Age of Risk* (Amos Oz. Trans.). Cambridge: Polity Press.

● Beck, Ulrich, 1999, *World Risk Society*. Cambridge: Polity Press.

● Beck, Ulrich, Anthony Giddens, and Scott Lash, 1994, *Reflexive Modernization: Politics, Tradition and Aesthetics in the Modern Social Order.* Stanford: Stanford University Press.

● Rosa, Eugene A., Ortwin Renn, and Aaron M. McCright, 2014, *The Risk Society Revisited: Social Theory and Government.* Philadelphia: Temple University Press.

第一章

農地受難記：
溫水煮青蛙的糧食安全

徐世榮、廖麗敏、蔡宜錚

一、前言

　　農地是生產糧食的地方，我們每天所享用的食物有許多是直接生產自農地，若失去了農地，我們的糧食供應恐會出現危機，因此，為了維持一定比率的糧食自給率及糧食主權，國家必須確保一定面積的農地。另外，農地同時也是自然環境生態的重要資源，它滋養了許多的動植物，也涵養了重要的地下水，而這是許多縣市現階段重要的自來水及工業用水來源。尤其是在目前全球氣候變遷及充滿了風險的年代，農地也是防災及減災的重要要素，所以維護一定數量與優良品質的農地乃是國人必須正視的課題。

　　惟隨著經濟成長及社會變遷，許多農地不斷的合法或非法的變更使用，致使許多污染性高的工業區及工業用地座落於西部鄉村地區，也有許多的非法工廠零星的散布於農地上面，這造成了嚴重的環境污染，不僅污染了河流及灌溉圳道，也污染了農田內的土壤。由於河流及灌溉圳道的水質遭致工業廢水的嚴重污染，致使引水進入灌溉的農田也連帶受到污染。許多農田遭受銅、鋅、鉻、鎘等重金屬的污染，這主要是因為工業廢水直接排入河川或農田的灌溉圳道，農民在引水灌溉之後造成農地污染，致使由此農地所生產出來的農作物也會對人體的健康產生相當大的危害。而與土壤及地下水相關的另一重要議題則為事業廢棄物，許多事業廢棄物含有化學毒性，卻違法任意傾倒於台灣的農地，對台灣的環境與生態帶來了極大的傷害，這也都造成了非常嚴重的食安問題。此外，現在更有許多所謂的「別墅型高級農舍」座落於優質的農田之中，這也嚴重破壞了農業生產環境及自然景觀。

　　對於上述偏差及違法的農地發展模式應該不適宜再讓它繼續下去，因為它嚴重帶來糧食供給及食安風險問題，這個問題應該被解決，我們應該要有一番新的思維與作為，趕快的予以改變，惟該如何改變？該如何來保護農地，並幫農業及農村打造一條出路呢？相信這是許多人共同關心的課題，本文將嘗試提出一些解決之道。

二、嚴重的農地流失問題——到底還有多少優良農地？

　　觀諸台灣的農地政策，由過往之保護農地，透過施做肥料與改進耕作技術

以提高農業生產量，到農地釋出方案，促使農地變更為非農業使用，進而轉變成開放農地自由買賣之情況，近年來違章工廠散布於優良農地之上，導致珍貴之農地資源正不斷加速地流失。依農委會之台灣耕地面積統計數據分析，[1] 台灣耕地面積自 1952 年始至 1984 年止，穩定維持於 87 餘萬公頃，其面積之高低起伏，或因國際情勢（石油危機、糧食危機）、或因農民生產意願低落、或因政府實施稻米保價收購政策等，整體而言，該時期政府對於耕地之保護，乃反映在耕地面積穩定維持上。

然而，自台灣受自由化貿易衝擊影響後，政府開始推行一連串降低台灣稻米生產之政策，其中稻田轉作六年計畫（共兩期），其輔導農業轉作與休耕做法，直接影響台灣耕地面積呈現逐步下降之趨勢，而後 1997 年推行之水旱田利用調整計畫，延續休耕政策之推行，許多廢耕或休耕農田面積，亦相對上升許多。此外，1995 年農地釋出方案推行，與 2000 年之《農業發展條例》修正案，棄守農地農有及農地農用政策，不僅促使台灣農業用地大量變更，更使得農地得以自由買賣，致使許多農地迅速流失。

1984 年當時台灣耕地面積仍有 87.34 萬公頃，直至 2011 年止為 80.83 萬公頃，減少了 6.5 萬餘公頃，然而這並不是實際耕地面積減少的情狀。實質上，現有之耕地亦並非即為做農業使用、或荒廢無使用、或正值休耕時期、或廢耕等待變更時機、或違規使用等，因此僅就耕地面積趨勢變化，難以真正反映農地流失之困境，因而於圖 1-1 中可知，除可發現耕地面積持續下降趨勢外，亦看出台灣耕地之休耕面積，[2] 自 1984 年始（0.57 萬公頃），上升至 2011 年為 21.88 萬公頃，即代表耕地面積一方面在下降當中，另一方面於統計數據上之耕地面積，亦並非完全做農業生產使用，因此真正做為具有生產力之農地面積，較統計數據上來得更少。

---

1. 此所指耕地面積，並非為《農業發展條例》第 3 條第 11 款所指法定耕地，此所指為農委會於統計台灣耕地面積，所做之定義，指：實際做為農耕使用之土地面積，包括已登錄地及未登錄之河川地、海埔地、山坡地及原野地等，短期休閒及休耕或多年未耕而有復耕之可能者仍包括在內。

2. 此所指休耕面積，係以休耕土地面積乘以每年兩個期作計算。

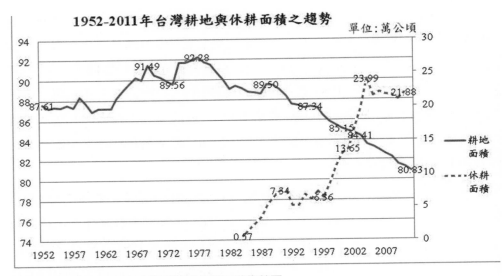

▲ 圖1-1　1952-2011年台灣耕地與休耕面積趨勢圖

資料來源：行政院農業委員會農業統計資料；政大地政系在台復系五十周年地政圓桌論壇－農地維
　　　　　護與管理，頁72。

	農牧用地總面積	特定農業區之農牧用地	一般農業區之農牧用地	森林區之農牧用地	山坡地保育區之農牧用地	法定耕地面積
表1-1　2002-2011年台灣農牧用地與法定耕地面積表 (單位：公頃)						
2002	803,733.3	276,325.9	181,097.4	18,441.7	285,209.3	761,074.2
2003	806,695.8	275,614.0	180,176.7	18,617.8	286,326.0	760,734.4
2004	812,531.5	274,192.2	177,657.2	18,734.6	288,473.7	759,057.6
2005	813,425.3	273,680.3	177,462.6	19,040.6	290,243.6	760,427.0
2006	814,226.1	272,602.5	177,437.3	19,171.3	291,406.0	760,617.1
2007	814,316.3	272,408.0	177,055.2	19,290.0	292,504.9	761,258.1
2008	814,537.0	271,686.9	176,524.7	19,297.9	292,928.2	760,437.7
2009	813,893.8	271,392.5	176,141.2	19,188.4	293,325.2	760,047.3
2010	814,755.0	271,445.7	175,384.4	19,297.0	295,067.0	761,194.2
2011	814,183.0	270,876.1	175,203.5	19,203.9	295,994.5	761,278.0
十年間面積增減	10,449.74	-5,449.72	-5,893.85	762.18	10,785.23	

資料來源：李展其，2012。

　　再者，透過表1-1所知，法定耕地面積自2002年至2011年為止，穩定維
持於76萬餘公頃，甚至總農牧用地面積，在此十年間增加10,499公頃，然而

其中被農委會認定屬於優良農田之特定農業區農牧用地，卻反而在此十年間減少 5,449 公頃，而一般農業區之農牧用地亦減少 5,893 公頃，增加之農牧用地則落於山坡地保育區與森林區。此現象代表著，不少經過完整農地重劃後之優良農田正逐步流失當中，或許就其原因可能為廢耕、轉作其他使用或者是進行農地變更。

又 2002 年至 2011 年十年間，台灣非都市土地農牧用地，使用變更之總面積為 12,697 公頃，其中變更為非農牧用地使用面積為 11,629 公頃，變更比例高達 91.6%，可知此十年間有將近 1.2 萬公頃之農牧用地，透過變更方式而流失，雖然僅佔總農牧用地面積之一小部分，然而農地大抵具有不可回復性，若做為非農業使用後，土壤成分改變與破壞將使得農地難再復耕。依表 1-2 所示，多數的農牧用地以變更為交通、水利、特定目的事業用地為主，而此乃僅就非都市土地農牧用地之變更編定而言，若依農委會於全國農業與農地研討會中，將台灣農業用地[3]變更使用情形，做為表 1-3 之整理，可發現自農地釋出方案施行後，至 2009 年止，農業用地變更之情形，主要以新訂或擴大都市計畫（佔 33,677 公頃）、都計農業區變更（4,184 公頃）以及工業區（3,500 公頃）為主，而且大多集中於農地釋出方案後幾年間（1995-2001 年）以及 2006 年始新規劃之科學工業園區。於此，農地變更之嚴重程度，於都市土地與非都市土地皆有，因此，實際在台灣從事農業利用之土地乃較統計數據上之耕地面積更少。

| 表1-2　2002-2011年農牧用地變更編定之情狀 (單位：公頃) |||||||||||||||||||||||
	甲種建築	乙種建築	丙種建築	丁種建築	農牧	林業	養殖	鹽業	礦業	窯業	交通	水利	遊憩	古蹟保存	生態保護	國土保安	墳墓	特定目的事業	暫未編定	其他	總農牧用地變更面積	變更後非農牧使用面積	變更非農牧使用比例
2002	6.2	2.1	1.8	74.3	3.7	24.7	39.7	0.0	10.0	0.0	290.1	246.1	115.6	0.0	0.0	77.2	28.9	222.9	0.5	254.2	1397.9	1394.2	99.7%
2003	8.2	15.8	12.7	155.5	115.6	13.1	11.9	0.0	6.1	0.0	229.6	218.9	86.6	0.9	0.0	87.3	12.2	352.0	9.0	0.9	1336.6	1221.0	91.4%
2004	8.6	6.0	40.2	175.6	752.5	208.8	18.7	0.6	5.5	0.0	322.6	275.7	148.0	0.0	0.0	177.0	6.0	293.8	126.0	6.2	2571.8	1819.3	70.7%
2005	7.7	7.5	7.8	152.0	16.8	30.0	20.0	0.0	11.0	1.1	290.7	128.1	78.0	0.0	0.0	84.1	7.5	212.8	0.8	2.2	1057.8	1041.0	98.4%
2006	9.1	3.6	3.0	57.8	57.3	18.7	1.1	0.0	17.4	1.7	212.8	158.0	29.9	0.0	0.0	45.6	5.3	204.2	1.7	73.2	900.4	843.1	93.6%
2007	8.7	9.6	9.6	35.6	9.6	25.4	5.4	0.0	11.9	0.0	242.1	120.7	30.4	0.0	0.0	60.9	21.1	224.1	0.1	0.0	815.3	805.7	98.8%
2008	7.5	1.0	4.0	59.6	72.8	8.4	0.3	0.0	15.9	0.0	129.5	170.8	25.7	0.0	0.0	123.8	5.7	244.9	0.0	0.0	869.8	797.0	91.6%
2009	6.7	29.9	5.4	226.8	1.1	2.6	15.2	0.0	17.8	0.0	288.7	165.0	43.8	0.0	0.0	216.2	1.0	165.7	0.0	0.0	1185.8	1184.7	99.9%
2010	10.6	17.3	20.7	105.8	28.6	2.0	1.1	0.0	0.0	0.0	341.7	410.9			1.5	64.2	3.2	161.2	44.9	0.0	1267.7	1239.1	97.7%
2011	7.7	5.8	8.8	234.1	9.9	6.9	2.1	0.0	9.4	0.0	370.7	391.9	15.4	0.0	0.0	69.6	8.9	153.1	0.0	0.0	1294.2	1284.3	99.2%
02-11總計	80.8	98.5	114.1	1277.1	1067.7	340.5	115.6	0.6	133.1	2.8	2718.5	2286.1	599.3	0.9	1.5	1005.9	99.9	2234.7	183.0	336.8	12697.2	11629.5	91.6%
排名				4		7			10		1	2	6			5		3	9	8			

資料來源：李展其，2012。

---

3. 此所指農業用地為《農業發展條例》第 3 條第 10 款所定義之農業用地，因而包含都市與非都市土地。

表1-3　1995年至2009年農業用地變更面積統計　(單位：公頃)

西元(年)	小計	住宅社區	勞工住宅	工業區	工商綜合區	高速鐵路	高速公路、快速道路	遊樂區	高爾夫球場	大專院校	都計農業區變更	新訂或擴大都市計畫	科學工業園區
1995-2001	37,802	985	177	2,964	79	1,559	2,323	208	930	147	3,971	24,462	
2002	728	27	5	131	0	46	4	106	0	63	354	38	-
2003	325	74	0	26	0	0	19	0	0	75	-612	743	-
2004	485	0	0	0	0	0	33	563	0	0	-512	401	-
2005	571	14	0	155	0	0	15	0	0	1	159	228	0
2006	1,824	0	0	0	0	0	65	6	0	0	337	1,187	228
2007	1,945	72	0	137	0	0	7	0	0	14	260	1,427	28
2008	2,192	0	0	75	0	0	19	187	0	48	227	1,608	27
2009	3,790	19	0	12	0	0	83	0	0	4	-	3,583	90
合計	49,711	1,191	182	3,500	79	1,605	2,569	1,070	930	351	4,184	33,677	374

1. 本統計係彙整各目的事業主管機關核定計畫涉及農業用地變更之面積；「新訂或擴大都市計畫」部分係依據區委會核定變更計畫內容統計；「都計農業區變更」係營建署於 2008 年彙整各直轄市及縣（市）政府農業區變更統計資料，惟目前尚缺 2009 年統計。

2. 「遊樂區」統計資料，交通部觀光局以觀光遊憩業申請案件為統計基礎。

資料來源：行政院農業委員會全國農業與農地研討會附錄一。

　　於此，台灣農地資源之流失，主要仍因政府放棄保護農業之態度，由推行休耕政策開始，不斷地降低農地利用之程度，乃至於後續之農地釋出方案與《農業發展條例》修正之政策調整，對於農地而言形成迅速流失之困境，而成為台灣長期於農業依附典範下之一大隱憂。

　　至於最近的重要資料則是屬 2017 年 8 月由農委會所公布的盤點數據（表1-4），農委會宣稱全台可供糧食生產的農地約為 68 萬公頃，然而，實際生產中的農地則約僅是 57 萬公頃。在這 57 萬公頃中，農糧作物用地為 521,400 公頃，養殖魚塭用地為 43,524 公頃，畜牧使用用地則為 11,378 公頃，而現存廢耕狀態的土地則為 105,861 公頃。這 57 萬公頃，與政府所設定的為了維持 40% 糧食自給率而必須保有「74 萬至 81 萬公頃」農地總量底線相去甚遠，幾乎有 16 萬公頃的差距，這是一個很值得重視及警惕的課題。再者，此次農地盤點結果也顯示，農地遭佔用情形非常的嚴重，在「法定農地非農業使用」的部分，平地有 45,261 公頃的違章工廠、農舍、商場、餐廳與寺廟等，而在山坡地範圍內規定可農用的「宜農牧地」也有 52,837 公頃遭變更為非農業使用。當

農委會公布上述盤點數據時，整個社會幾乎都是為之震驚，想不到農地流失問題這樣的嚴重，已經亮起了嚴重的警訊。

表1-4　2017年農委會所公布的農地盤點數據　　（單位：公頃）

使用類型	全台農業及農地資源盤查總面積（T=P+Q）（2,806,498公頃）											非法定農業用地	可供糧食生產土地（R=A+B+C+E+Q）	實際供農林漁牧休閒使用土地
	法定農用地（P=H+O）（2,772,502公頃）													
	平地範圍（620,135公頃）（H）				山坡地範圍（2,152,367公頃）（O）									
	農業使用			非農業使用（D）	宜農牧地（E）	宜林地（F）	加強保育地（G）	未查定地（I）	不屬查定土地（J）	林務範圍（K）	生產使用（Q）			
	露天生產（A）	生產型設施（B）	管理型設施（C）											
1. 農糧作物	362,535	8,415	215	----	117,637	19,288	309	9,303	3,405	18,763	32,598		521,400	572,468
2. 養殖魚塭	41,854	41	66	----	165	10	0	18	101	15	1,398		43,524	43,668
3. 畜牧使用	9,262	-	-		2,116	162	4	155	100	4	-		11,378	11,803
4. 林業使用	28,675	-	-		184,678	288,510	3,309	38,184	14,073	1,172,942	-			1,730,371
5. 休閒農場	340	-	36		312	237	0	23	14					962
6. 農村再生設施	-	-	14		7	-	-	-	-					21
7. 農水路使用	-	-	25,555		981	216	8	315	1,725	-				28,800
8. 潛在可供農業使用	76,000				29,861	12,102	418	20,980	1,712	72,042	-		105,861	213,115
小計 (1-8)	518,666	8,456	25,886	----	335,757	320,525	4,048	68,978	21,130	1,263,766	33,996		682,163	2,601,208
合計			553,008	----						2,014,204	33,996		682,163	2,601,208
9. 道路或道路設施（含停車場）	----	----		6,456	7,193	2,925	29	1,634	918	1,690				
10. 河川或水利設施	----	----		15,410	3,456	2,552	220	1,462	2,355	23,522	----			
小計 (9-10)	----			21,866	10,649	5,477	249	3,096	3,273	25,212				
11. 農舍	----	----		4,930	1,907	130	1	77	24	-				
12. 住宅	----	----		6,795	4,962	576	5	972	648					
13. 工廠	----	----		13,859	1,854	151	3	401	316	5				
14. 商場或餐廳	----	----		3,017	992	113	1	215	115					
15. 殯葬設施	----	----		1,914	2,151	330	2	994	608	173				
16. 宗教寺廟	----	----		1,055	1,179	373	1	331	124	7				
17. 公共或公用設施	----	----		2,369	1,641	320	3	830	311	11				
18. 土石採取或堆置	----	----		1,448	341	219	1	47	65	324				
19. 遊憩設施				878	1,364	412	1	222	334	21				
20. 其他使用	----			8,996	36,446	17,223	319	4,002	2,072	3,937				
小計 (11-20)				45,261	52,837	19,847	337	8,091	4,617	4,478				
合計 (9-20)				67,127						138,163				

資料來源：行政院農業委員會統計資料。

　　然而，問題並非只是數量減少的問題而已，農地除了量的不足之外，這次盤點結果也顯示一個嚴重問題，即全台現在約有 1,118.3 公頃遭到重金屬的污染，[4] 而這分布在全台灣西部的縣市，即重要的糧食生產區域卻也是農地重金

---

4. 環保署土壤及地下水污染整治基金管理會 2017 年整治年報顯示，截至 2017 年之全國累計農地控制場址面積為 1,118.3 公頃。

屬污染區域，如彰化縣及台中市等，這主要是因為農工混雜情形嚴重，約有13,859公頃的違章工廠散落於農業生產區域內，它們的工業生產卻造成了嚴重的環境外部性，污染了生產糧食的優良農田。而國人針對農地污染所造成的食品安全問題已經是嚴重的關切，根據本研究團隊的社會意象調查（表1-5），受訪者中有74.1%表示「很擔心」、20%表示「擔心」，二者加總就高達94.1%，這表示食安風險已是國人非常關切的課題，至於有關農地污染除本章外，也將於下兩章做進一步深入的論述。

表1-5 台灣的部分農地污染導致食品安全問題，請問您會不會擔心？		次數	百分比	有效的百分比	累積百分比
有效	很擔心	951	6.1	74.1	74.1
	擔心	257	1.6	20.0	94.2
	不擔心	61	.4	4.8	98.9
	很不擔心	14	.1	1.1	100.0
	總計	1283	8.2	100.0	
遺漏	不知道	8	.1		
	拒答	2	.0		
	遺漏值或跳答	14307	91.7		
	總計	14317	91.8		
總計		15600	100.0		

資料來源：本研究團隊社會意象調查。

三、農地流失所產生的糧食安全風險

一直以來台灣人的飲食熱量來源，除油脂類外，以穀類中之稻米與小麥為最大宗。而近幾十年來，由於受到過去美援及戰後中國移入人口的影響，使得國人的飲食習慣在潛移默化之下，受到改變；再加上自由化貿易後，糧食之選擇性增添許多，使得米飯不再是唯一可以填飽肚子之選擇，麵食、餅皮類食物亦逐漸由點心成為主食之一，然而此轉變，造成台灣對於小麥、大豆、玉米等穀類作物需求量大增，不僅於農業政策上將種植玉米等作物視為輔導轉作項目，更透過國際貿易的方式大量進口小麥、大豆等，導致台灣除稻米外，其餘穀類大量依賴國外進口。

　　由 1984 年至 2011 年，台灣綜合糧食自給率趨勢圖（圖 1-2）中可看出整體綜合糧食自給率呈現下降趨勢，[5] 尤其以連續休耕政策施行，與台灣加入 WTO 後之時期為最主要時刻，糧食自給率由 1984 年之 56.1%，下降至 2005 年為最低點的 30.2%。而其中造成綜合糧食自給率偏低原因，在於穀類之糧食自給率不到 30%，其中小麥之自給率幾乎為零，因此縱使台灣稻米之自給率仍維持於 90% 以上，整體之糧食自給率仍然嚴重偏低。然而台灣稻米自給率亦受到 WTO 與休耕政策之影響，自 2002 年的 109.6% 降至 2010 年的 91.9%，降幅達 16%。台灣目前綜合糧食自給率，雖因小麥、大豆等穀物仰賴進口而偏低，但是因休耕政策所導致種稻面積下降亦連帶使得台灣稻米自給率下降。

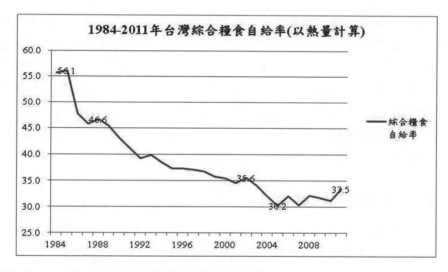

▲ 圖1-2　1984-2011年台灣綜合糧食自給率（以熱量計算）

資料來源：行政院農業委員會農業統計資料。

---

5. 糧食自給率，指國內消費之糧食（包括食用及非食用）中，由國內生產供應之比率。分為以價格加權衡量或以熱量加權衡量。「價格加權衡量」，指各產品生產量與其價格之乘積總和，與國內各產品消費量與其價格之乘積總和相比；「熱量加權」，指各產品生產量與各產品每百公克所含熱量之乘積總和，與國內各產品消費量與各產品每百公克所含熱量之乘積總和相比。參照行政院農業委員會，糧食自給率編算方法。本文所指之糧食自給率，為熱量加權之糧食自給率，總稱之綜合，乃包括穀類、薯類、糖及蜂蜜、子仁及油籽類、蔬菜、果品、肉類、蛋類、水產與乳品類。

　　再者，政府為計算當安全存量不足時，應將多少面積之休耕田地復耕，成立糧食安全專案小組以進行作業，就其計算結果而言，因台灣稻米生產週期平均約四個月，因此適量之安全庫存，應足以因應一般緊急狀況，如持續發生緊急情況，則可採取調整國內糧食生產面積等措施，將目前每年二期約 22 萬公頃休耕田，恢復種稻，以增加稻米產量穩定糧食供應。然而因休耕政策實施已有一段時間，而休耕地平時之維護管理是否得當，此將影響其復耕能力，以及先前提及休耕政策，導致務農人口流失等，都可能影響政府該策略能否成功之關鍵所在。即休耕地欲復耕，得視該休耕地之管理維護，與耕作人力配合而定，並非規劃好配套措施就一定得以施行。

　　因此，長期休耕政策，縱使短暫減緩台灣加入 WTO 後對農業所造成之衝擊，然而卻於糧食存量上產生了負面影響。而世界上農業生產大國若受氣候變遷之影響而產生糧荒，對外因而減少輸出時，這必將對我國糧食消費造成嚴重衝擊。因此，農業及農地於穩定糧食安全之功能非常的重要，可否仰賴國際貿易，甚或應改變相關做法來取得，不僅考驗著政府之因應對策，亦是對於台灣農業依附於自由化貿易的一大挑戰（彭明輝 2011）。以上所述，皆表示台灣的糧食安全及食安風險皆出現了相當大的危機，大多國人似已經意識到問題的嚴重性，但是卻又好像不願意認真面對，這讓人相當的擔憂。

四、農地流失的問題根源

　　台灣的土地分類大抵分為三大類，一為都市土地、一為非都市土地，另一則為國家公園土地。所謂的都市土地乃是指依《都市計畫法》的規定，已經發布都市計畫的區域，其面積約佔全台灣的 13%，這也就是說，台灣絕大多數土地皆是屬於非都市土地，約佔了 78%，而其主要之組成類別則為農牧用地，供做為農業使用。非都市土地則是屬《區域計畫法》的範疇，在此法之下，政府又制訂頒布了《非都市土地使用管制規則》，運用土地使用分區管制（zoning）的概念，對非都市土地進行編定及管制。對於非都市土地，法令上有嚴格的使用及變更管制，惟相對地，也採取開發許可制，針對某些特定使用目的，在經過申請及審查許可之後，允許做開發使用。依前述管制法規，農地應該是要做農業使用，但許多農地卻明顯不做農業使用，而是在農地上違規使用，為什麼？這是我們必須深思探討之處。

　　農地上若有違規使用狀況，依法是必須予以查報、拆除，並要求其回歸至原先的編定使用狀況，惟其權責單位在於直轄市及縣市政府，並由當地鄉鎮市區公所隨時檢查，但是，長期以來，直轄市及縣市政府對於這些違規使用卻大抵是視而不見，若未有民眾檢舉，甚少有主動積極的實際執法行動，致使農地上的違規使用狀況四處可見，也造成了糧食安全及食安風險。為什麼地方政府沒有依法行政？沒有確實執行？底下提出一些詮釋。

（一）政府長期忽略農業，農民所得偏低

　　自 1968 年以來，政府對於台灣農業政策之主要目標，是由提升農業生產轉為提升農民生活福祉，藉以改善農民耕作意願不高之困境，及與非農業部門所得落差過大之情形。由圖 1-3 可知，農家所得總額自 1976 年之 108,162 元快速成長至 2010 年之 884,547 元，其中快速成長之時期為 1976 年至 1995 年之間，自 1995 年後成長趨勢減緩，呈現平穩情況。然而，非農家所得總額，於此期間亦同時大幅成長，亦由 1976 年之 134,662 元成長至 2010 年之 1,142,343 元，使得此三十餘年間台灣農家所得與非農家所得之間之比例，穩定維持於 78% 左右，於此，政府之一系列提高農民所得之政策，確實使得農家所得提升許多，但若與非農家所得相較之下，難謂真正改善農業所得與非農業所得間之差距。

　　再者，農家所得又分為農業所得[6]與非農業所得，因此以 1976 年為例，該年農家所得為 108,162 元，但實際透過務農（包含補助）所獲取之所得僅為 41,349 元，兩者之間之比例可稱做農業依存度，即農家收入中有多少比例是仰賴純農業收入，而非其他非農業之所得。而 1976 年之農業依存度為 38%，代表農家收入中有 62% 是仰賴非農業收入賺取，此後三十年間，台灣之農業依存度緩步下降，至 2010 年為 21.8%，約有近八成之收入仰賴非農業所得。因此，在農民所得之中，若農業所得之比例過低，即呈現出農家子弟多仰賴非農業所得以維持生計，實際上仍呈現出純務農所獲取之所得太低之困境，並且可以推論政府對於農民提升所得之照顧，並非真正落實，而且並未針對農家收入進行改善。

---

6. 農業所得涵蓋各項農業補助之收入。

　　此外，若透過農業所得對消費支出之充足率[7]指標來觀察，便可得知農業所得於一般農家消費過程中所佔比例，亦可表示農業所得是否足以支持一般家庭之正常開銷。而1976年農業所得對消費支出之充足率為50.5%，即表示農業所得於當年僅得以支付一般生活開銷之一半，然而直至2010年，該充足率降至33.3%，而且亦呈現緩步下降趨勢，表示純農業收入愈來愈無法支持一般消費支出，必須仰賴其他收入進行補充。

　　因而，農家收入總額近幾十年來雖成長許多，但是若加入農業依存度，與農業所得對消費支出之充足率加以分析，便可發現農業所得增加幅度有限，多數增加為非農業所得，如此恐難謂政府推行提升農民福祉與收益之政策目標有明確之成效。另一方面，由上述兩項指標趨勢皆為緩步下降，可視為提升農業所得成效之落後，因此將使得農民思考欲仰賴農業所得過生活是愈來愈困難之事情，進而對農業投資與發展失去信心，而離開農業生產。

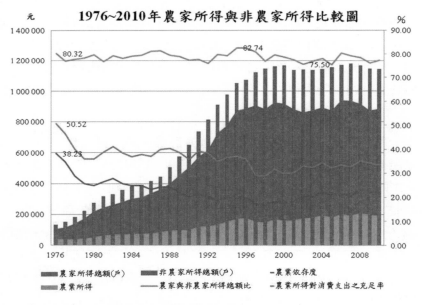

▲ 圖1-3　1976-2010年農家所得與非農家所得比較圖

資料來源：李展其，2012。

7.（農業所得／消費支出）所得之值。

（二）地方政治及土地政策治理機制出現了嚴重問題

除了農民所得偏低，造成農地違規使用之外，本文主張，土地使用管制乃是地方政治的範疇，目前非都市土地使用管制之所以無法發揮應有的功用，其主要的原因之一乃是因為地方政治及土地政策的治理機制出現了嚴重問題，這使得非都市土地使用管制無法發揮作用，因此，欲解決這個問題也就必須由地方政治及土地政策的治理機制來著手，而不是再完全將其著重於上層制度法規的檢討與健全設計，因為縱然有良好的制度法規，倘地方政府不願意執行，再多、再好的美意，恐也都會付諸流水。

在地方政治方面，是著重於「成長機器理論（growth machine theory）」（Logan and Molotch 1987）及「都市政權理論（urban regime theory）」（Stone 1989）的詮釋，及強調地方政府的統治能力和發展的想像，基本上是政府部門與非政府部門之間相互協調、合作、整和的結果（王振寰 1996），其主要之目的乃是要創造資本的積累（accumulation）。地主也聯合地方政客、房地產業者、資本家、保險業者等，聯盟成為成長機器，主導著土地開發事業，由此造成了非都市土地的違規使用問題。上述政商聯盟的情況在地方政治中特別的明顯，在我國則又需加入地方派系（陳東升 1995），由於地方派系大部分是靠土地開發與炒作來獲取暴利，而地方政府又大抵是由地方派系來掌控，這使得我國土地政策治理機制（如都市計畫及非都市土地使用管制）大抵都是掌握在成長機器的手上，致使法律的執行更顯困難，甚且是不可能。

（三）計畫體系的扭曲：工業生產問題，卻被轉變成土地區位問題

再者，若以農地上的違章工廠為例，為了降低生產成本，許多污染性工廠並沒有設置於工業區裡面，而是違法設置於農地上面，這使得違章工廠問題似乎完全是土地使用區位的問題，即農工沒有分離的問題。但是，Lake（1992, 1993）則是持不一樣的見解，他以美國毒害廢棄物品處置規定為例，認為：

> 毒害廢棄物品處置規定的許多基本假設，都把毒害廢棄物的處置方式化約成政府的土地區位（location）問題，而不是工業界的生產（production）問題，這種問題的轉變，鼓勵了工業界在生產過程

中，將生產出來的毒害廢棄物外部化（externalization），把一個原本是資本生產的經濟問題，化約成一個政府必須涉入的政治問題。（Lake 1992: 671）

Lake（1993: 88）說，「工業區的區位問題或廠址設置地點的轉變，隱含的是政府行政單位在面對經濟危機時，只會不斷的減少資方的成本，並將此一成本轉嫁給社區」，變成是土地區位的問題，而當社區不願意接受這種安排，並群起反抗時，政府就給他們安插一個自私自利的罪名，Lake 認為這是問題的誤導，也是一個很不負責任的做法。

由此進一步觀之，政府在處理環保抗爭事件時的最主要考量是如何不影響經濟的再生產及資本的再積累，至於民眾的生活品質或是社區民眾的心聲則比較不是政策制訂的主要重點。另外一方面，Heiman（1990）的見解也與 Lake 一致，Heiman 認為我們往往把「不要在我家後院（Not In My Back Yard, NIMBY）」的抗爭運動視之為是土地區位的問題（siting problems）；事實上，這個運動具有許多改革的深意，其主要的目的是要挑戰目前資本主義體制底下的生產方式，而那些環保抗爭問題其實正顯露出政治經濟結構性的衝突，而非僅是土地規劃及區位的選擇問題。

即問題本來應該是工業界生產的問題，但是卻被轉變成土地區位的問題。這除了要求工業界必須承擔外部性問題之外，很關鍵的問題是台灣的工業區或現在所稱的產業園區，到底是由誰規劃及設立？當初經濟部工業局主管機關在提出工業區興辦事業計畫時，到底是如何的規劃？又是為誰來規劃及設立？為何這些工業區或產業園區無法容納那些設立於農地上的違章工廠？然而，經濟部工業局或地方政府當初卻又往往是以安置農地上的違章工廠為名而來設立，為何無法實現？

如上述，台灣的工業區或產業園區設置及管理的主管機關乃是經濟部工業局，在彰化縣田野調查訪問中，得知工業局所設置的工業區，如以彰濱工業區為例，所規劃的個別坵塊，其土地面積相對都很大，中小型的工廠其實是不需要那麼大的設廠面積；更重要的是，彼等也沒有經濟能力可以購買那些土地。訪談時，彰化市水五金二代陳先生表示：

　　　　現在政府就是把電鍍都趕去彰濱，去彰濱的話就是，有個觀念是要有財力才能過去，像我們這種小型的根本就沒那個財力過去，如果說你在那邊做，面積300坪的話根本就不用過去，因為沒辦法跟人家競爭。

　　這也表示，工業局所規劃的工業區實際上並不是要用來容納那些設置於農地上的中小型工廠，工業局僅是表面上虛晃一招罷了。

　　而當研究團隊再進一步詢問工廠主，工業區在規劃之時，是否有被詢問彼等的需要時，答案都是否定的。惟每次工業區規劃設置時，理由之一都是說要用來容納農地上的違章工廠，但是，事實卻非如此。因此，經濟部工業局對於現有農地上違章工廠問題其實應該要承擔主要的責任，因為那才是源頭，而不是源頭不解決，卻是把問題轉變由內政部及農委會農地主管機關來承擔，這相對是很不負責任的作為。即當政府不正本清源，沒有在問題的源頭多下功夫，卻把問題留待土地規劃及管制相關單位來解決時，可預見的結果是事倍功半、及另外環保抗爭問題的產生。[8] 因此，我們應該努力把問題回歸到它本來的位置，讓經濟部工業局及工業生產者來承擔此一責任。

　　再者，計畫行政程序的扭曲則是另一嚴重的問題，即政府在開發工業區或產業園區時，其實並不僅只是一個法定計畫而已，它大概會包括興辦事業計畫、環境保護計畫、土地使用計畫，及土地徵收計畫等，合理的正當行政程序應該要在這四個計畫全部都審議通過之後，才可以進入核定及執行階段。但是，長期以來主政者為求行政效率，往往是在目的事業主管機關（如經濟部工業局）提出興辦事業計畫之後，即送交國發會（其前身為經建會）審議，而國發會及行政院也立即予以核定並編列預算付諸執行，但是這時候後續三個法定計畫其實都還沒有開始發動，更遑論審議了。

　　這也就是說，我們國家的重大建設計畫大概都是在興辦事業計畫階段就已經確定，國家重大公共政策也因此幾乎都是由目的事業主管機關在主導。也因此，後續的這三個法定計畫大抵都必須配合興辦事業計畫，這致使後續三個法

---

8. 與環保顧問公司的訪談中，受訪者表示，身為第一線的污染處理人員，面對農民得知土地重金屬污染時的憤怒與無奈感到非常沮喪，畢竟污染整治事後端的處理無法真正解決問題，面對土地二度被污染的農民，更是感到相當無奈，表示若源頭的污染防治沒有解決，問題就會重複的發生。

定計畫的擬定及審議都缺乏自主性，大概都僅是做做樣子，這也難怪長期以來它們皆被譏笑為花瓶、附庸、為虎作倀，根本不獲重視，甚且被鄙視唾棄。更嚴重的問題是，後續三個法定計畫所欲維護的重要價值，如環境永續、農地保護、社會公義、基本人權等也都一併被犧牲了，而這也是農地上散布許多違章工廠的原因之一。

五、農地流失問題的解決

農地流失問題表面上似乎僅是地方政府沒有確實執行《區域計畫法》及《非都市土地使用管制規則》的相關法令規定，但問題恐非是這樣的簡單，本文認為它涉及了更深層的政治經濟及權力結構問題，因此在法令規定之外，本文嘗試提出以下四大面向來予以解決，其分別為：好的農民所得及保險、好的計畫行政程序、好的土地政策治理機制，與好的政治及優質的公民社會。

（一）好的農民所得及保險

台灣農村凋敝的根本原因，乃是在於農業及農地的多功能或多元價值長久以來都被嚴重忽視了（李承嘉 2012），致使這些價值並沒有如實反映在農民的所得當中。農業及農地的多元價值包含生產、生活及生態三生價值，而它也已經成為我國農業及農地政策的主軸，而這也是比較符合地方永續發展之理念（蕭新煌等 2008），但是，遺憾的是，這個三生價值並沒有充分體現於農民的所得當中。例如，農業及農地提供了重要的環境生態價值，它涵養了重要的地下水，農作物吸收二氧化碳，也相對釋放出許多的氧氣，但是農民有因此增加所得嗎？沒有。又例如，農業及農地已經是重要的文化景觀，許多都市居民喜愛於週末假期到農村享受田園風光，但是農民有因此增加所得嗎？除了少數休閒農場經營者外，絕大多數農民都是沒有的。

至於生產價值有否受到重視？答案也是讓人失望的。著名的紀錄片《無米樂》昆濱伯故鄉所種出來的頂級稻米，他說「一斤米的價格竟然比不上一瓶礦泉水！」這是何等強烈的諷刺，而這是政府長期以來低糧價政策及忽視農業所造成的結果。總之，農業及農地的生態及生活價值無法經由市場機制來體現，而政府又常常為了穩定物價，又是刻意壓低糧價，兩相夾擊下，農民的所得因此陷入於萬劫不復的境界。

　　但是，國外的一些經驗卻非是如此的。縱然是在 WTO 體制內，歐盟許多先進國家都費盡心血，直接對個別農地進行補貼，因為農業及農地有生態及生活等文化的重要價值。舉瑞士為例，在 2006 年，瑞士的農業直接給付佔農業支出的 67%，約為新台幣 750 億元，如此龐大的財政資助，使得 2006 年瑞士河谷地區的每一農戶獲得的直接支付約為 120 萬台幣，在高山地區平均每一農戶獲得的直接支付約為 140 萬台幣。

　　反觀我國，過去僅有「老農津貼」可以勉強算是針對農民之補助，但是以往老農津貼發放對象不僅限制年齡必須在 65 歲以上，又有排富條款，因此性質上其實較接近於對低所得農民之社會救濟。實際上，對農地直接進行補貼的概念，應是將農地做農業使用所提供之外部利益內部化，也就是感謝農地做農業使用所給予的回饋，因此不應設有排富條款，反而應該是要由此盡可能的提高農民所得，才能構成繼續將農地做農業使用之誘因，以提供更多的外部利益。因此，政策上若儘速建構直接對農地進行補貼，將農業及農地之多元價值反映在農民所得上，並增加農民的相關保險，或能吸引新一代青壯年人口投入農業，農村亦或能逐漸擺脫窳陋凋敝。而據 2018 年資料顯示，農委會確實也是在往這個方向努力，例如，這兩年實際從農就可以加入農保，這算是很大的突破，而 2018 年 11 月也將推出農民職業災害保險，避免看天吃飯的農業保險更已積極推動和立法，接著也要推出農民退休制度，由此都可以看出農委會的努力。

（二）好的計畫行政程序

　　如前述，我國的重大開發計畫大概都是在興辦事業計畫階段就已經確定，國家重大公共政策也因此幾乎都是由目的事業主管機關在主導，本文主張這樣的計畫行政程序必須進行根本的變革。

　　首先，國發會及行政院應該在所有法定計畫皆審議完成並通過之後，才開始進行審議及核定，而不是跑在最前面，在興辦事業計畫階段就予以核定並編列預算。過往及現行的做法就如同是個霸凌的行政程序，是經濟部及交通部等目的事業主管機關在霸凌環境保護、土地規劃、土地徵收等主管機關及人民，這絕對應予改變。即當經濟部工業局及地方政府於提出工業區或產業園區興辦事業計畫之時，即應嚴格審視是否有將農地上違章工廠的需求納入於實質規劃

的內容當中，而非僅是提出一個模糊抽象的宣稱，但卻沒有吸納農地上違章工廠的實質計畫。另外，後端土地使用計畫擬定與審查之時，也必須確實核對多少違章工廠會遷入於工業區內，又有多少農地面積會因此回歸做為農業生產使用，這些都必須詳細列入各個法定計畫當中。

再者，目的事業主管機關在擬定最初始的興辦事業計畫階段就應該公開讓民眾參與，並同時考量環境保護、基本人權，及土地適宜使用等重要因素，這才是行政效率得以提升的關鍵要素。即經濟部工業局或地方政府在擬定工業區或產業園區興辦事業計畫時就應該讓那些違章工廠的工廠主參與，瞭解他們的需求，並為其做規劃，由此來引導他們進入工業區內進行生產。而這也表示，經濟部工業局或地方政府在提出工業區興辦事業計畫時，就應該要清楚明列到底是什麼樣的廠商要進駐，會吸納多少目前座落於農地上的違章工廠，而不是像以往一樣都僅是抽象的文字敘述，並以此來進行土地徵收，侵害人民的基本人權（徐世榮 2016）。

由此也相對陳述一個極為嚴重的問題，即以往由目的事業主管機關所主導的計畫行政程序出現嚴重的偏差，不論是中央或地方政府，經建單位浮報經濟成長及就業增加數字、科技單位浮報廠商設廠增加數字、都計單位浮報人口增加數字、交通單位浮報運量及旅客增加數字，政府各單位的計畫藍圖似皆成為謊言計畫，裡面充斥浮誇數字，所使用的辭藻也都是夢幻般的華麗與抽象。附隨地，各單位也都隱約地培植了許多顧問及規劃公司，它們配合著政府及產業界需要，成為夢想及謊言的製造機器。

更嚴重的，這樣的謊言計畫是與偏差的知識體系緊密連結。學者建構了許多預測推估模型，並運用數學或統計公式、符號及數字，讓民眾誤以為那就是單純科學及客觀知識。他們信奉價值與事實分離原則，假設政治及社會情境不變，並將無法量化的價值排除，由此生產出許多不食人間煙火的預測報告與論文。許多學者並進而受聘為各式委員會的成員，為此謊言計畫背書，產官學三方共同建構了這個「謊言計畫共和國」。都市計畫及土地徵收大概就是建立在這些謊言計畫之上，不少土豪劣紳更是趁機大撈一筆，至於農地及社會弱勢，則是隨時準備要被犧牲。然而，這樣錯誤的計畫行政程序必須徹底的改變，不應再讓它繼續下去。

（三）好的土地政策治理機制

　　眾所皆知，《國土計畫法》已經在 2015 年 12 月 18 日完成三讀程序，並於 2016 年 1 月 6 日公布，2016 年 5 月 1 日發布實施。依照《國土計畫法》的規定，中央主管機關已於 2018 年 4 月 30 日公告實施全國國土計畫，而直轄市、縣（市）主管機關也應於全國國土計畫公告實施後兩年內，即 2020 年 5 月 1 日之前，公告直轄市、縣（市）國土計畫，主要包括直轄市、縣（市）空間發展計畫、成長管理計畫、部門空間發展計畫等。此外，直轄市、縣（市）國土計畫公告實施後兩年內，即 2022 年 5 月 1 日之前，一併公告國土功能分區圖，直轄市、縣（市）主管機關公告國土功能分區圖之日起，區域計畫即不再適用。

　　根據《國土計畫法》，未來的國土功能分區將分為國土保育地區、海洋資源地區、農業發展地區，及城鄉發展地區四大類。雖然「全國國土計畫」已公告實施，但是其內容還是相對抽象，至於國土功能分區分類之劃設乃是直轄市、縣（市）之重要職責，地方政府並可因地方之需要自行研訂土地使用管制規則，地方政府明顯擁有較過去更為主導性的規劃管制權責。也就是在四大功能分區後，農業發展地區及城鄉發展地區之使用許可、許可變更及廢止之審議權主要是掌握在直轄市、縣（市）的地方政府。另外，直轄市、縣（市）政府所應擬定的計畫為：空間發展計畫、成長管理計畫、部門空間發展計畫、都會區域或特定區域計畫，與定期通盤檢討及適時檢討變更（賴宗裕、蘇偉強 2018）。若再加上前述的時間流程，可以明顯得知，未來四年（2019-2022）對於國土計畫的實現乃是非常關鍵的時刻，而這也直接關係著未來國土計畫的成敗。

　　在上述《國土計畫法》正式上路之後，本文所關心的農地，未來將直接由直轄市、縣（市）政府所管轄，權力將由中央政府移轉至地方政府，然而直轄市、縣（市）政府所擁有的土地政策治理能力主要是在於都市計畫的擬定、擴大及變更，在《國土計畫法》正式實施之後，以往地方政府的都市計畫治理能力是否足以肆應未來的需要？農地上的違章工廠會否因新的國土計畫治理機制而出現轉機？問題會否獲得解決？再者，未來直轄市、縣（市）國土計畫的治理機制與現行都市計畫的治理機制是否有重大的變革？如果沒有重大的改變的話，那現行農地上的違章工廠是否會繼續存在？這是非常值得探討的課題。不過，首先必須瞭解現行都市計畫治理出現了什麼樣的問題？

1. 偏重專家知識，忽略地方及經驗知識

　　過去基於現代化的理念，都市計畫各部門計畫之間的衝突往往被定義為科學問題，需由專家來予以解決。專業化被視為是追求完美的最佳途徑，專家們被視之為科學家一般，透過他們對於科學工具的運用，問題的解決似乎是輕而易舉。許多的專家也皆相當的自負，以為他們專業的知識可以用來解決任何政策的問題；因此，所謂的「公共利益」也必須是由這些少數專家及由其組成的委員會來給予詮釋及界定。但是，都市計畫所要處理的是單純的科學問題嗎？還是複雜的社會問題？

　　上述都市計畫專業化的理念在近代規劃理論的研究中，其實早已遭到揚棄，這是因為在一個社會多元的環境裡，我們開始瞭解最困難的地方是如何去定義問題，及如何去放置問題（在複雜的因果體系中，問題要被放置於何處），尤其是當我們把價值的因素放進來一起思考之後，問題就顯得更為棘手。都市計畫所面對的問題其實並不單純是科學問題，它們更是難纏的社會及公共政策問題，因為我們無法排除價值及意識形態的影響。因此，許多社會問題的定義並非是客觀中立的存在，其中包含了各種力量運作的可能性，也就是說，這中間包含了權力、利益、價值及不同的意識型態等。這些難纏的社會問題，無法單純用科學的方法來予以馴服。

　　上述的論點也可以由知識論觀點尋得註腳，這也使得過往純然立基於科學理性知識論觀點受到相當大的挑戰。許多學者指出過去的社會科學往往是以科學及技術為主要之判準，以此來決定學術研究是否具有價值，也唯有透過科學及技術驗證的知識才算是真正的知識，其他的知識則是皆可棄諸於一旁。但是，這樣的知識論是帶有濃厚的扭曲及偏差，因為它用科學理性來對抗及排除政治與價值的選擇，因為後者皆錯誤的被視之為不理性，並不屬於知識的範疇。然而，知識其實是一種社會主觀的建構，它並不純然是由科學及技術的層次而來，其實，人們日常生活之經驗，也是充滿了知識，如經驗知識或地方知識，而這些知識是都市計畫制訂時必須給予尊重的。因此，未來都市計畫及國土計畫在制訂之時，都應該充分的讓民眾參與，經由溝通協商來為農地上違章工廠做適當的安排。

2. 偏重實質規劃，忽略程序規劃

近年來許多激烈的抗爭，看似是針對土地徵收或市地重劃，但是，其實都是源自於現行偏頗的都市計畫。都市計畫的發布實施會產生強大的法律效果，它會影響人民的財產權、生存權及工作權，也會改變人民的生活環境與方式。目前都市計畫除了上述知識論的偏差外，至少還包括了底下三大問題：

第一、我國都市計畫非常欠缺實質民眾參與的機制。都市計畫是公共事務，關鍵在於人民的價值抉擇與對未來的想像，而不是在於工程技術或是成本效益，因此應該要很重視民眾參與。我國《都市計畫法》第19條規定，主要計畫擬定後，送該管政府都市計畫委員會審議前，應公開展覽30天及舉行說明會。須注意的是，它是在「主要計畫擬定後」才讓民眾參與，也就是在政府內部已經定案之後，才對外公開，並徵求民意，而這是否牴觸了儘早讓民眾參與的原則？另外，現行不論是公開展覽或說明會，多為消極被動參與方式，缺乏實質的溝通對話及討論，因此監察院及學界多建議應依照《行政程序法》之規定，將其改為聽證會。

第二、我國都市計畫非常缺乏公正合理的審議機制。如上述，政府故意把都市計畫形塑成非常「專業」的事務，致使都市計畫僅能由極少數的專家學者及行政官僚所組成的都市計畫委員會來進行審議。都委會成員中，政府行政官僚幾乎佔了半數，而其他委員的遴聘也完全是由首長決定，這使得都委會的審議如同是球員兼裁判，結論總是偏向政府這一方，犧牲人民的權益。而政府所遴聘的學者專家及熱心公益人士有許多位皆是熟面孔，他們不僅游走於內政部的都市計畫委員會、區域計畫委員會、環保署環境影響評估委員會等，身兼數職；也穿梭於中央與地方政府，如內政部、環保署、台北市、新北市及桃園市等，這邊做完，換那邊做，如同是萬年委員。

第三、我國都市計畫非常欠缺行政救濟保障。當人民的權益因都市計畫而遭致剝奪時，卻不能依法提出訴願或行政訴訟，這影響人民權益甚鉅。都市計畫的法律性質到底為法規命令？還是行政處分？學說上見解分歧，在司法院做成釋字第156號解釋之後，行政部門與行政法院判決多認

為依照《都市計畫法》第 26 條所做的都市計畫之擬定或定期通盤檢討，不為行政處分；而僅肯認依照《都市計畫法》第 27 條所做的個案變更，尚具行政處分之性質。這樣的區分使得大多數的都市計畫皆被視為是法規命令，人民無權提起行政救濟。然而，這樣的區分卻遭致學界嚴厲的批評，許多學者主張不論是主要計畫或是細部計畫之新訂或是變更，皆應以一般處分視之，並讓權益受侵害之利害關係人得以提起行政救濟。

在經過不斷地努力後，大法官終於在 2016 年做出釋字第 742 號解釋：

> 都市計畫擬定計畫機關依規定所為定期通盤檢討，對原都市計畫做必要之變更，屬法規性質，並非行政處分。惟如其中具體項目有直接限制一定區域內特定人或可得確定多數人之權益或增加其負擔者，基於有權利即有救濟之《憲法》原則，應許其就該部分提起訴願或行政訴訟以資救濟，始符《憲法》第 16 條保障人民訴願權與訴訟權之意旨。本院釋字第 156 號解釋應予補充。

因此，從 2018 年年底開始，對於都市計畫的通盤檢討，人民終於擁有救濟的權利，冀望未來在國土計畫體系底下，也能夠一併適用。而大法官也於 2019 年做出釋字第 774 號解釋，「都市計畫個別變更範圍外之人民，如因都市計畫個別變更致其權利或法律上利益受侵害，基於有權利即有救濟之《憲法》原則，應許其提起行政訴訟以資救濟，始符《憲法》第 16 條保障人民訴訟權之意旨。本院釋字第 156 號解釋應予補充」。

由上可知，欠缺實質民眾參與、欠缺公平合理審議，及欠缺行政救濟保障，可謂我國都市計畫的嚴重問題，而這也違背了美國都市計畫學界及實務界非常強調的「規劃道德倫理守則（Ethical Principles in Planning）」。因此，未來的都市計畫及國土計畫應該徹底改正前述兩大關鍵課題。即面對著國土計畫來臨的年代，未來國土計畫是會繼續限縮台灣社會的知識體系及論述空間，並以科學知識來掌控國土計畫的決定權？還是會民主開放及包容，接納不同的知識體系與價值，經由國土計畫來整合各個部門計畫，轉化彼此之間的衝突為和諧？並由此來解決農地上違章工廠及肆應嚴重的糧食安全風險課題，這是非常關鍵之處。

（四）好的政治及優質的公民社會

　　若以農地的違規使用為例，以往通常是將其歸因於缺乏健全的非都市土地使用計畫及管制制度，但本文嘗試要突破這個傳統的觀點，主張非都市土地使用計畫與管制主要乃是屬地方政治的範疇，目前非都市土地使用管制之所以無法發揮應有的功用，其主要原因之一乃是地方政治出現了嚴重問題，這使得非都市土地管制無法發揮作用，因此，欲解決這個問題就必須是由地方政治來著手，而不是再完全將其著重於上層制度或計畫的檢討與健全設計，因為縱然有良好的制度與計畫，倘政府不願意或無法執行（implementation），再好的美意，恐也會付諸流水，而這也就是規劃學者 John Friedmann（1969）所稱「行動規劃理論（action planning theory）」的主要重點，我們要由實際執行面及衝突面所面臨的問題來著手，而這也就是地方政治的領域。

　　地方政治大抵包括了三個重要的行動者，其分別為政府、資本，及公民社會（蕭新煌、劉華真 1993），政府的施政除了促進資本的積累（accumulation）之外，也必須在公民社會中維持其施政的合理性及正當性（legitimation），而公共政策或都市計畫的產出乃是在於這三者之間的權衡，甚且是衝突之下的產物。由於地方政府與都市政經菁英與資本形成了非正式的結盟關係之後，並在經濟掛帥及成長的意識型態掛帥底下，國家計畫（如經建計畫、都市計畫及非都市土地使用管制）大抵是偏向於彼等的利益，這該如何改變？本文認為這時改變的主要動力可能是要歸諸於這個成長機器權力結構之外的公民社會，公民社會裡的非政府組織（NGOs）或非營利組織（NPOs）透過所謂的新公民運動（new citizen movement）來重新建構地方政治的良善治理機制。

　　這涉及了所謂的新社會運動理論（new social movement），其重點及關心的議題可以大概敘述如下：首先，Fisher（1992）認為新社會運動理論大抵是注意於人們的生活品質及文化認同，他說，傳統的社會運動是關心經濟及物質的獲取或重新分配，但是，新的社會運動則是強調價值（values），並向科技的目的（ends）及環境品質的破壞進行挑戰，同時也反對社區的商品化（commodification），及生活品質的降低。無獨有偶的，根據 Klandermans（1986）的觀察，新社會運動已經不再認為社會必須無條件接受經濟成長的這個假設，此運動的成員也質疑資本主義的傳統價值，並且尋求重新建構與大自然的另一種新的關係。

　　而都市社會運動是新社會運動研究中的主要建構者之一，其理論的主要貢獻者是 Castells（1983），他認為都市社會運動是一種集體的行動，其目的是要改變並創造新的都市意義，使它不再由統領階級（dominant class）來決定其邏輯、利益及價值。他認為地方的社會意涵（social meaning of places）已經是逐漸地喪失，因為統領階級在全球的生產秩序底下，為了追求利潤，已經使得人們與他們的地方失去了關聯或連結，城市及其社會意義已經不再由居住於那裡的人來決定或是控制，許多人們也因此而流離於不同的地方，此類的發展模式已經受到被統領階級（dominated class）的抵抗，居民們欲透過集體的行動來重建人與地方之間的關係。

　　近年來，公民社會透過彰化反國光石化、溪洲反搶水運動、守護宜蘭工作坊、地球公民基金會、環境法律人協會、惜根台灣協會、台灣農村陣線等民間力量的展現，都可以看見公民社會對於糧食安全風險的關切，及它們對於保護農地的貢獻。

六、結論

　　如何減少農地質量的流失？最為重要的乃是國家發展的思維與路徑必須予以改變，進行典範的轉移（paradigm shift），政府不應該繼續死守著經濟掛帥及犧牲農地與環境的掠奪式成長模式，而是必須採取以農業多功能體制為主軸的永續發展典範，畢竟農業對社會產出了許多重要的貢獻，惟這些貢獻長久以來都被嚴重忽視，並且無法完全呈現於農民的所得當中，這是亟需迅速予以改正之處。這也就是老生常談的「生產、生活，及生態」三生價值，而它也已經成為我國農業及農地政策的主軸，但是，遺憾的是，這個三生價值並沒有充分體現於農民的所得及保險裡，這直接造成了農村的凋敝及農地的流失。

　　再者，這也涉及了計畫行政程序體系的扭曲，過往在經濟掛帥的目標下，往往將工業生產的問題轉變為土地區位的問題，由此來降低資本積累的成本，這使得目的事業主管機關所提的興辦事業計畫凌駕於土地使用計畫之上，造成土地使用計畫失去了它的相對自主性。又未來在國土計畫體系底下，地方政府將會擁有比過往更大及更多的權力，由於土地是重要的資產與資源，土地政策治理的良窳會直接與資本積累與永續發展有關，因此地方政治及土地政策的治理將會是關鍵，而公民社會在未來也會扮演著非常重要的角色。

　　總而言之，台灣農村的窳漏敗壞及農地的流失並不是自然現象的產物，相反的，它是根源於狹隘的意識型態及長久以來公共政策的嚴重偏差，它也是政府有意圖作為下的結果，這對於台灣廣大的農村地區是很不公平的，這個問題亟需予以正視，並由上述所提之思維模式及策略來予以回應與解決，由此更創造出一個永續的農業生產環境與適宜的鄉村生活環境，而我們的糧食安全及食安風險由此也比較有解決的可能性。

參考文獻

- 王振寰，1996，《誰統治台灣？——轉型中的國家機器與權力結構》。台北：巨流。

- 李承嘉，2012，《農地與農村發展政策——新農業體制下的轉向》。台北：五南。

- 李展其，2012，《台灣農業典範變遷之研究》。台北：國立政治大學地政學系研究所碩士論文。

- 徐世榮，2016，《土地正義：從土地改革到土地徵收，一段被掩蓋、一再上演的歷史》。新北市：遠足文化。

- 陳東升，1995，《金權城市》。台北：巨流。

- 賴宗裕、蘇偉強，2018，〈國土計畫法下地方政府之責任與挑戰〉。《土地問題研究季刊》17(1): 25-39。

- 蕭新煌、紀駿傑、黃世明主編，2008，《深耕地方永續發展：台灣九縣市總體檢》。台北：巨流。

- 蕭新煌、劉華真，1993，〈台灣的土地住宅問題與無住屋者運動的限制〉。《香港社會科學學報》2: 1-19。

- Castells, M., 1983, *The City and the Grassroots: A Cross-Cultural Theory of Urban Social Movements*. Berkeley: University of California Press.

- Fisher, R., 1992, "Organizing in the Modern Metropolis: Considering New Social Movement Theory." *Journal of Urban History* 18: 222-237.

- Friedmann, J., 1969, "Notes on Societal Action." *Journal of the American Institute of Planners* 35(5): 311-318.

- Heiman, M., 1990, "From 'Not in My Backyard!' to 'Not in Anybody's Backyard!' Grassroots Challenge to Hazardous Waste Facility Siting." *Journal of the American Planning Association* 56: 359-362.

- Klandermans, B., 1984, "New Social Movements and Resource Mobilization: The European and the American Approach." *International Journal of Mass Emergencies and Disasters* 4: 13-37.

- Lake, R. W., 1993, "Rethinking NIMBY." *Journal of the American Planning Association* 59: 87-93.

- Logan, J. R. and Molotch, H. L., 1987, *Urban Fortunes: The Political Economy of Place*. University of California Press, Ltd.

- Stone, C. N., 1989, *Regime Politics: Governing Atlanta, 1946-1988*. Lawrence: University Press of Kansas.

第二章

農地變形記：
蔓爬於農地的違章工廠

吳沅諭、蔡宜錚、徐世榮

一、前言

　　1960 年代，我國積極引進外資、發展外貿並鼓勵產品出口，[1]家戶紛紛在農地上蓋起工廠，承接大廠外包的訂單，加入生產的行列。1974 年《區域計畫法》公布施行，非都市土地於 1975 年到 1986 年分期分區完成編定公告，當時依現況編定土地，既有工廠的土地，即編定為工業用地，可視為第一波的工廠就地合法化。現今蔓爬於農地之上、不符合土地使用管制規範的工廠，即為地方政府取締不周、執法怠惰而生的結果，使得農地違章工廠[2]成為台灣西部突兀卻習以為常的農村地景。近年來，隨著農地污染的情形加劇與國民對環保及糧食安全愈加重視，農地違章工廠成為各界所關注的問題。

　　農地違章工廠所造成的水源污染、土壤污染、農地破碎化與食安等問題，近年來逐漸受到關注，尤其食安問題，依據社會意象調查，有高達 94% 的民眾擔心部分農地導致的食品安全問題，然而，在農地違章工廠現場、實際發生污染的地區，農民卻會選擇隱蔽風險資訊。農民為什麼會選擇隱蔽風險資訊？為何會與社會大眾出現差異？最終呈現在社會大眾前的農地違章工廠風險，是如何建構？本研究將藉由深度訪談與個案研究，針對農地違章工廠相關行動者對風險的感受與採取的行動進行分析、探討。

二、風險理論與文獻回顧

　　我們誕生在快速、方便的世界，科技不斷進步、超越，但同時，巨大的風險也像影子一般，緊緊黏在前進的腳步下，越來越大，越來越見不著邊。

---

1. 1960 年代，系列政策確立引進外資擴大出口等目的。如 1960 年政府頒布了《十九點財經改革與投資條例》，鼓勵華僑及外國人在台灣投資設廠；1965 年又制定《加工出口區設置管理條例》，設立高雄、楠梓與台中加工出口區，鼓勵出口。1960 年代的系列政策也促使家戶於農村興建許多工廠，順著這個趨勢，於 1972 年謝東閔擔任台灣省主席時，倡導「客廳即工廠」，鼓勵家庭代工，擴大外銷。

2. 於非都市土地配合 1974 年《區域計畫法》公布施行，劃定為十種使用分區及編定為十八種使用地，於 1975 年到 1986 年分期分區辦竣編定公告，全面完成編定。也就是在分區與使用地編定之前，是沒有所謂的「違反土地使用分區規定」的使用，於是，農地違章工廠，是在分區使用編定之後，才開始出現。

德國社會學家 Beck 在 1986 年出版《風險社會——通往另一個現代的路上》，立基近代社會學的經典理論——風險社會理論，直指工業化後，社會運作仰賴工具理性，認為透過精確的計算便可以到達最大的功效。然而，人類真能如全知上帝一般，將所有的狀況化為一條條的公式與數據嗎？

風險的定義，過往認為是一種「機率」、「發生可能性」。近幾十年來，風險從「賭注」轉變為「危險」（Graubard 1990），許多未知隱匿於精確計算的前提假設，隨著科技持續發展，伴隨而至的是愈來愈無法估計、測量的風險。

風險從早期工業化至今，一直存在於我們的生活，過往人類物質貧乏，飢餓與貧窮是社會主要關心的面向，科技所帶來的副作用並不被顧及。之後生活逐漸富足，隨著知識水平的提升與媒體的揭露，人們才意識到伴隨科技而來的巨大風險。然而，儘管資訊擺在眼前，人們對於風險知識也會選擇性地接受或傳遞，有時也可能是沒有能力瞭解、誤解，或不願意去瞭解（周桂田 2005）。這也指出人類對於外界現實的認識，具有主觀的性質，換言之，風險是社會建構的產物。

不同社經背景、不同地區的人們身上，對於風險的感知會不同，像是農、漁民會關心污染造成的「自然資源受損」，而關心糧食安全的有志之士則會關注「身體健康受害」面向（或是兩者兼具）（劉華真 2011）。以地區做為觀察對象，簡子翔（2014）於基隆 A 社區觀察居民對於污染性設施的環境風險感知，察覺以下現象：居民的生命經驗與當地緊密的人際網絡，會牽動居民是否揭露風險資訊的行動。顯示同一個地區的民眾，住在共同的空間、經歷同樣的生活經驗，民眾的風險感知呈現社區化、地方化的傾向（黃于芳 2008）。

探討風險感知的社區化傾向，便可發掘出該社區共享的風險文化：身處相同地域、擁有共同生活經驗，且關係密切的人們，經常養成相似的文化——慣習、價值觀、信念。同樣地，文化也引導了人們認識風險、想像和論述風險概念的方式；引導人們將某些事物視為風險，並以特定方式應對它（Douglas and Wildavsky 1982）。然而，隨著政治、經濟及社會條件的變動，文化亦隨之改變，而人們的風險感知及行動也受其影響。換言之，風險乃是一種開放性的社會建構（顧忠華 1994）。

　　總結上述討論，本研究認為：風險乃是一種主觀的社會建構，欲探討個別地區民眾對於農地污染風險感知及其採取的行動時，須回到農地污染現場，觀察及詮釋行動者的行為及觀念，才能進一步釐清各種因素和民眾風險感知及行為之間的關係。如此才能理解，在污染現場，風險的建構過程中，風險相關資訊如何被隱蔽與掩蓋。

三、違章工廠圖像

（一）支離破碎的農地現況

　　2016 年《天下雜誌》的專欄報導敲響了一記警世鐘，農地上欣欣向榮的不是人民賴以維生的稻作，而是密密麻麻的廠房。自《區域計畫法》於 1974 年頒布以來數十載飛逝，然而土地使用並未朝向計畫藍圖邁進。在這幾十年的光陰中，國人汲汲營營於工商業發展的腳步不曾停歇，在農業無法支撐「更長遠的未來」的生計壓迫下，面對政府教條似地編定的使用分區分類，不知情也好、鋌而走險也好，農村的樣貌不停地改變，田野中的廠房接二連三地蔓延開來。當國人仍沉醉於經濟發展的迷幻歌謠時，違章工廠早已蔓爬台灣西部的農地，建物的陰影遮蔽了農作生長所需的陽光，竄流的廢水污染了大自然賜予的沃土，儘管汗滴禾下土的景象依舊，農民的心血結晶卻孕上污染留下的毒瘤。

　　根據行政院農委會 2017 年農業及農地資源盤查結果，全台平地範圍有高達 67,127 公頃的法定農地被轉做非農用，其中做為工廠使用者為 13,859 公頃，佔比將近 21%，其中，彰化縣農地工廠所佔面積 2,348 公頃更為全台最高，台中市 2,170 公頃次之，兩者佔全國農地工廠面積比例高達 33%，足見台中、彰化農地種工廠事態之嚴重。下文將針對違章工廠之生成脈絡及所隱含的危機進行論述。

（二）農地違章工廠成長史

1. 產業面：

　　由產業面來看，可追溯自台灣農工產業交替的 1960 年代。以出口導向

為發展策略的 1960 年代為快速工業化的起點（莊奕琦、林祖嘉 2006；梁明義、王文音 2002），1960 年頒布的《獎勵投資條例》，以租稅優惠吸引外資，同時外銷輕工業產品帶來大量外匯，加速發展的工業吸取了因農業技術改良而釋出的勞動人口，農業佔家庭經濟收入的比例下降，逐漸成長的工業產值並於當時首度超越逐漸萎縮的農業，產業結構發生急遽變化。在農工邁向不平衡發展之時，1972 年台灣省主席謝東閔為推動「台灣省消滅貧窮綱要——小康計畫」而提倡的「客廳即工廠」政策，鼓勵家庭從事為加工出口區材料半成品加工的副業，目的是提高生產效率吸引外資帶動經濟發展，進而改善國民所得狀態（徐學陶 2011），此項政策使工業逐漸步入農村，當時的農村家庭進行輕工業加工的情形相當普遍。城市地區因為工業化造成資本累積而使都市地區物價、地價逐漸上漲，許多離鄉工作者於習得工廠技術之後選擇回到農村、或以家中的地產興建廠房、或以變賣田產方式籌措資金開設小工廠（胡台麗 1978），自始農村地景已由 1940 及 50 年代農田景致轉變為中小型工廠錯落之景況。

2. 制度面：

在 1973 年以前，台灣的國土僅有都市計畫範圍內之土地依《都市計畫法》規定實施規劃與使用管制，其餘土地使用型態仍由私人決定其使用行為；而 1973 年為因應世界糧食危機，依頒布的「限制建地擴展執行方案」及《限制建地擴展執行辦法》，對「田」地目土地實施限建以保存優良農田，其他地目土地則未管制使用，直至次年，即 1974 年《區域計畫法》公布實施，將非都市土地分區分類，並於 1975 至 1986 年間按現況編定為原則，分期分區完成編定，並依循 1976 年《非都市土地使用管制規則》之規範對非都市土地實施管制，並於 1984 年修正後，規定由鄉（鎮、市、區）公所負起檢查責任，檢查土地使用是否符合規定，發現違規情形時，報請直轄市、或縣（市）政府、或目的事業主管機關會同有關機關處理。[3]

3.《非都市土地使用管制規則》於 1983 年修正公布，其中第 5 條第 1 項規定：「非都市土地使用分區劃定及使用地編定後，由直轄市或縣（市）政府管制其使用，並由當地鄉（鎮、市、區）公所隨時檢查，其有違反土地使用管制者，應即報請直轄市或縣（市）政府處理。」

　　因此不論是都市土地或是非都市土地，於區域計畫發布實施後，皆應符合計畫使用原則，若有違規使用之情形，則應依法處罰，意即在 1974 年《區域計畫法》實施之前所生成於非都市計畫範圍之農村工廠，因其為產業政策下之產物而已予以依現況編定成為合於土地使用之工廠，而在 1974 年後違反《非都市土地使用管制規則》興建於農地之工廠，便是所謂的農地違章工廠，政府聲稱「歷史共業」所造成者，早於《區域計畫法》發布實施時予以合法化，現在蔓爬於農地之上、不符合土地使用管制規範的工廠，即是因地方政府取締不周、執法怠惰而生的後果。

（三）經濟糖衣下的環境污染

　　伴隨工業化而來的生態環境破壞是全球面臨的一大考驗，早期邁入工業化的歐美日等國相繼於 1930 年左右發生震驚國際的環境公害事件，[4] 工業帶給國家經濟發展的糖，但包裹其下的污染卻也毒害了國土資源與國人的健康。1962 年美國生物學家卡遜所出版的《寂靜的春天》喚醒人們對環境的重視，聯合國更於 1972 年提出了《人類環境宣言》，成為世界各國政府重視環境保護的開端。

　　在台灣的環境運動史上，1980 年代新竹李長榮化工廠事件與彰化鹿港反杜邦事件，並稱為喚醒國人環保意識的起始點與環保運動的里程碑。然而環境公害事件仍不斷發生，1982 年桃園縣觀音鄉大潭村爆出鎘米事件後，1984 年桃園縣蘆竹鄉又傳鎘米、2001 年西部沿海出現被工廠排放之重金屬污染的綠牡蠣、2004 年陸陸續續地在台中、彰化、雲林等地亦傳出鎘米新聞、2005 年彰化縣線西鄉戴奧辛毒鴨蛋事件以及 2016 年彰化縣和美鎮再度驗出鎘米，血淋淋的工業污染一而再、再而三地囓食著環境資源，同時侵蝕著國人的生命安全。由於農工混雜的生產模式，四十幾年來工業污染造成的環境公害大多縈繞著農業生產，不論是廢氣污染或是廢水污染，都會匯集至農地或漁場毒害農產品，再被國人吃下肚，農地非農用所影響之層面不僅是農地資源的破碎化不利於農作生產，灌排不分而導致工業廢水竄流於農田之間所造成的

---

4. 例如 1930 年比利時的馬斯河谷事件、1948 年美國多諾拉事件等造成大量人民罹病、作物枯死的空氣污染事件；1953 年於日本爆發的因重金屬污染所致的水俁病事件等。

污染規模更是直接衝擊國人的糧食安全。

　　圖 2-1 與圖 2-2 為對土壤及地下水污染整治網國內污染場址查詢系統之農地污染場址資料進行整理後繪製，資料蒐集截至 2019 年年初，所佔數量最多之縣市亦為彰化與桃園，在地理分布上相當聚集。又根據本研究整理之統計數據，2019 年 1 月止全國農地污染場址共 5,991 處，彰化為 2,323 處，桃園為 2,814 處，台中為 662 處，該三縣市在 2008 年即為全國筆數最多之縣市。本研究爬梳歷年環境公害事件（詳見表 2-1）發現，桃園與彰化為鎘米事件復發性極高的縣市。[5]

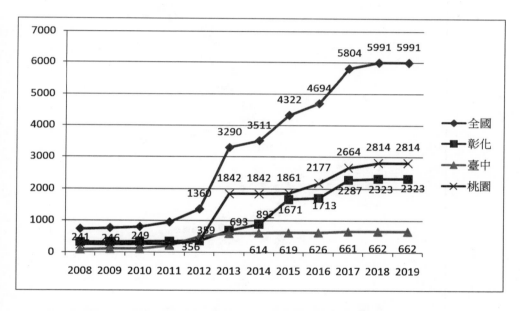

▲ 圖2-1　主要農地污染縣市歷年累計農地污染廠址統計資料（單位：處）

資料來源：土壤及地下水污染整治網，本研究繪製。

5. 此處所謂之農地污染廠址處數，包含土壤及地下水污染整治網國內污染場址查詢系統之土壤及地下水污染，廠址狀態包含公告解除劃定地下水受污染使用限制地區及限制事項、公告地下水受污染限制使用地區及限制事項、公告解除控制場址、公告為控制場址、公告解除整治場址以及公告為整治場址，公告日期自 2008 年 1 月 1 日至 2019 年 1 月 6 日止。

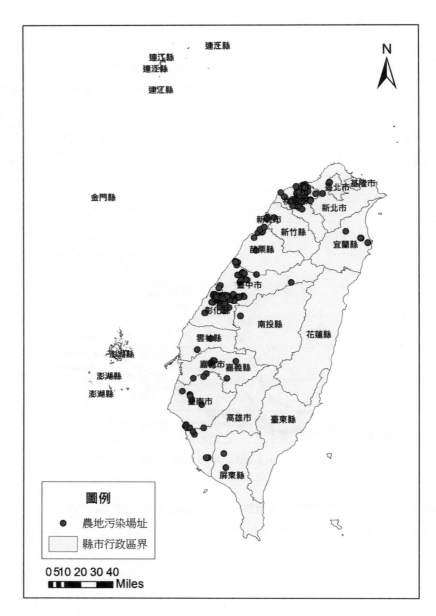

▲ 圖2-2　全台農地污染廠址分布圖

資料來源：土壤及地下水污染整治網，本研究繪製。

表2-1 歷年污染事件彙整表	
時間	事件
1980	・新竹李長榮化工廠事件（將廢水、福馬林等直接排入河川，造成魚跟稻作死亡、空氣污染，並嚴重影響當地居民生活。後經清大等院校共同抗爭，始於1987年迫其關廠，為台灣史上第一樁因為人民集體力量而成功的社會運動）。
1982	・桃園縣觀音鄉大潭村鎘米事件。
1984	・桃園縣蘆竹鄉鎘米事件。
2000.7	・高雄昇利化工高屏溪污染事件，長興化工公司路竹廠申報不實的有害廢棄溶劑，將包含酚、二甲苯、苯乙烯等有害溶劑偽稱為次級溶劑，傾倒於台灣西部各溪流間。
2001.9	・雲林縣虎尾鎘米污染事件，坐落於農地之台灣色料廠。
2004	・台中、彰化零星驗出鎘米污染。 ・台南香山綠牡蠣事件（事件源於二仁溪兩岸的五金業者，把廢水排進客雅溪的竹科，焚燒、酸洗、電鍍等五金類，直接將未經處理之廢液傾倒至溪中），台西沿海如彰化鹿港、王功亦有驗出重金屬超標的牡蠣。
2005	・彰化縣線西鄉毒鴨蛋（戴奧辛）事件。
2006	・華視新聞報導彰化出現鎘米，所幸22萬公斤鎘米未流入市面已全面銷毀。
2009	・高雄台塑仁武廠污染事件，環保署驗出地下水及土壤含有超標的二氯乙烯、氯乙烯、苯等污染物質。
2012	・《天下雜誌》報導雲林虎尾、彰化和美、台中大甲鎘米污染事件。
2013	・華視新聞報導廠商偷排廢水，致彰化和美228筆農地重金屬污染。 ・ETNews報導，彰化10間工廠共25個地點涉排放有毒廢水，經由彰化市的大竹排水溝及東西三圳排到彰化市及和美鎮稻田，環保署表示，彰化地區東西三圳污染相當嚴重，流經彰化市及和美鎮等兩地共44段區域，主要以種植水稻為主，總灌溉面積達1,812公頃。 ・高雄日月光廢水污染事件，業者將含重金屬與強酸之污水排入高雄後勁溪，造成當地土壤與水質污染。
2015.8	・台南市學甲區明祥馨環保公司於將軍溪畔農地倒爐渣事件。
2015.11	・桃園縣蘆竹鄉700坪農地遭填放強鹼廢棄物及污泥。
2015.12	・台中清水底渣污染農地事件。
2016	・上下游報導彰化和美東西二、三圳流域近日再度驗出鎘米。
2017.4	・彰化縣芳苑鄉戴奧辛雞蛋案（真正原因不明）。
2018.8.31	・彰化花壇皮革廠暗管排廢水至洋仔厝溪。

資料來源：歷年新聞與報章媒體，本研究整理。

（四）生計與環境間的拉扯

　　透過 1980 年以來的環境公害事件之彙整，顯示出儘管歷史一再警惕國人農工夾雜所隱含的風險，但我國依舊持續步上過往的後塵，因污染所導致之糧食安全問題及國民健康問題數十年來層出不窮。

　　在早期環保意識未開的台灣社會，真正重要的是該如何在眼前的未來生存下去，農工交替的 1960 年代，農業產值已無法追上日漸攀升的物價，農村逐漸凋零，單靠農事收入已無法支持工商業社會下的生活，為了使子女有受更高教育的機會得以翻身，紛紛於農田蓋起了工廠，工業帶來的產值代表著不愁吃穿的生活與子女更加璀璨的未來。而隨著工商業持續發達，農地轉作工廠已不再僅以支持家計為目的，地價低廉的農地成為創造生產利潤並吸引更多資本投入的利器，中小企業崛起帶動地方經濟，並逐漸壯大成為地方，甚至國家「不能倒」的重要經濟支柱，但污染在土地上所烙下的難以磨滅的傷痕，卻是環保意識興起的現代社會無法忽視的重大創傷。

　　本研究將農地受污染場址資料製成分布圖（圖 2-2），並輔以內政部全國土地使用分區資料查詢系統檢視，發現桃園地區受污染農地主要分布於蘆竹與大園地區（圖 2-3），其中蘆竹區受污染農地明顯集中分布於南崁溪下游至竹圍漁港流域之一般農業區，以及黃墘溪下游之蘆竹（大竹地區）都市計畫區，南崁溪在流至出海口前，支流流經鄰近之工業區，事業廢水匯入河川後污染周圍農地，導致農地集中污染，另一部分則集中於五股楊梅交流道一帶，即黃墘溪流域，其因流經上游之中壢工業區，並遭中壢工業區污水處理廠注入污水，導致土壤嚴重污染。桃園大園區之農地污染則聚集於桃園高鐵站特定區至大園都市計畫，及大竹交流道一帶，成帶狀分布（圖 2-3），故桃園的農地污染可能與工業區較密切。

　　而彰化縣內之農地污染廠址大面積地分布於和美及鹿港之特定農業區（圖 2-4），除部分鄰近和美都市計畫區外圍之乙種工業區、彰濱工業區與丁種建地（丁建，即農業區的工業用地）外，亦無其他工業區或特定區，將受污染農地分布圖與彰化縣農田水利會之灌溉區域圖相比對，發現受污染農地場址與東西二、三圳之灌溉範圍多有重疊，又根據監察院新聞稿所示東西二、三圳

因長年受嚴重產業廢水污染，加上地方政府稽查不利而成為農地污染範圍擴大之原因。

　　台中市之農地污染廠址主要聚集於大里地區，部分零星分布於南屯、潭子、大雅、神岡及后里區（圖2-5）。大里之農業區由於位處流經大里都市計畫內工業區之大甲溪流域範圍，因此可能是受到上游工業區污染之影響；南屯、潭子、大雅、神岡區與后里區之農業區則因分別鄰近烏日都市計畫之乙種工業區、高速公路豐原交流道附近特定區計畫之乙種工業區以及后里都市計畫之工業區，污染廠址也多位於工業區附近，因此亦推測污染之原因與工業區有關。

▲ 圖2-3　桃園市農地污染廠址分布圖

資料來源：土壤及地下水污染整治網，本研究繪製。

▲ 圖2-4　彰化縣農地污染場址分布圖

資料來源：土壤及地下水污染整治網，本研究繪製。

▲ 圖2-5　台中市農地污染廠址分布圖

資料來源：土壤及地下水污染整治網，本研究繪製。

　　其後本研究比對農委會農業及農地資源盤查結果之工廠分布，在涉及工業區之桃園市與台中市，發現與工業區有關連性之農地污染廠址附近亦有工廠之分布（圖2-3、2-5），加上污水皆排入同樣之渠道、河川，故工業區與農地上之違章工廠均有可能是污染之元兇；而彰化縣農地污染廠址主要集中於和美及鹿港地區，污染範圍主要含括於灌溉渠道東西二、三圳之灌溉範圍（圖2-4），且其農地污染廠址與違章工廠分布之範圍亦有高度重疊（圖2-7），故污染源極可能來自坐落其上之違章工廠。由於污染具有流動性，不論是工業區或農地違章工廠，只要其未將工業廢棄物妥善處理而排放，即會因自然的河川或空氣的流動、或是人為的農民引水灌溉而造成農地污染。故不論是農地違章工廠或是工業區所導致之農工混雜皆隱含著農地污染風險已為大眾所知，然在環保意識與糧食安全議題日益重視之情況下，何以農地違章工廠之數量仍逐年攀升？又依前述空間分布之分析，可知彰化和美鹿港一帶與台中大里同時為主要農地污染廠址分布區與違章工廠之聚集地，因此本研究後續將聚焦於彰化鹿港頂番婆聚落與台中大里，針對與農地違章工廠所涉之行動者，在面對污染時所採取的行動，分析農地違章工廠隱含的污染風險是如何被感知與隱蔽。

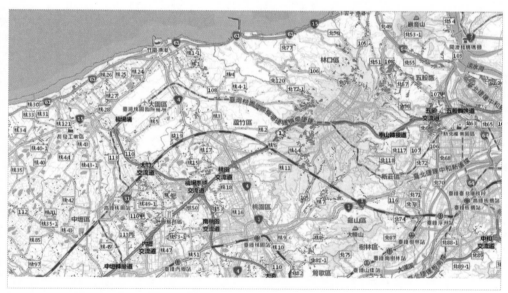

▲ 圖2-6　桃園市工廠分布圖（紅色區塊）

資料來源：農委會農業及農地資源盤查結果查詢圖台（網址：https://map.coa.gov.tw/）。

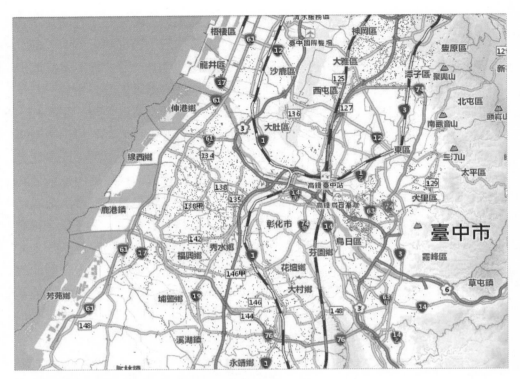

▲ 圖2-7　彰化縣、台中市工廠分布圖（紅色區塊）

資料來源：農委會農業及農地資源盤查結果查詢圖台（網址：https://map.coa.gov.tw/）。

（五）農地違章工廠與衍生風險

　　農地違章工廠的風險到底是什麼？本研究於各地深度訪談後，[6] 整理出農地違章工廠對農作所造成的影響與風險：從廠房基地的填土、廠房建物的陰影遮蔽，到地下水系的流通等皆會影響農作物之生長與品質。

1. **爐渣回填：**從工廠的基地填土來看，我國含有重金屬的廢爐碴（廢棄物的一種）外表跟一般土壤相似，難以辨別，經常混入水泥內，有時連水泥廠商也不察有問題。有些不肖廢棄物業者會與水泥廠商合作，以免費鋪水泥地的名義，將混有廢爐碴的水泥填入土地，經過水系的流動，造成周邊農

---

6. 本研究探訪宜蘭、桃園、台中、彰化、嘉義、雲林、高雄各地農地資源破壞之相關行動者，所做出的整理。

地的重金屬超標，也形成重金屬污染的風險。[7]

2. **影響日照：**廠房建物因太陽斜射而形成的陰影，造成靠近建物的作物日曬不足，較難生長。

3. **淹水：**隨著越來越多的建物與重物壓在農地上，將造成雨水無法順利滲入地底，使農地失去滯洪的功能，當地淹水情形可能會愈來愈嚴重。[8]

4. **污染：**農地違章工廠最讓人擔憂的，便是工廠生產過程中所產生的污染。工廠生產過程中，可能會有空氣污染、噪音、水污染等問題。造成的污染因產業類別與製程而異，如電鍍業酸洗的廢水直接排入溝渠、腳踏車零件工廠的廢機械油直接沖入河溝、紡織業的粉塵直接向外排出、橡膠工廠發出的惡臭等等。

在這些危害之中，水污染是最難以管理的。由於我國農作的灌溉渠道與排水渠道並未分離，上游灌溉用水使用完畢後，會排入同一渠道，一旦上游有工廠將廢水排入灌排渠道內，將會使下游引水灌溉的農田受到污染。農地的污染與農作物的污染，不僅使我國農業生產環境破壞，還會造成糧食安全[9]與糧食總量的問題，宏觀來看，在極端氣候下，若是爆發糧食戰爭，更會影響國家安全。

在瞭解農地違章工廠可能造成的風險後，回到農村現場，探討為什麼如此巨大的風險，在農村現場卻被隱蔽。

四、農村現場，農民不能與不願面對的風險

本研究將針對農地污染首當其衝之受害者——務農工作者，進行風險感知與行動分析，以探討農地違章工廠風險資訊被隱蔽之原因。為了尋找能夠呼

---

7. 相關內容可參考 2014 年《遠見》新聞，〈當廢爐碴填入農地，種出來的東西誰敢吃？〉。宜蘭專業農訪談：「農地填土後，後來下雨後，邊緣流出白色不明物，然後之後土壤檢測金屬超標。」

8. 宜蘭縣工務課課長的訪談：「我想你們會來問這個問題應該就是你們也意識到說，我們的農舍蓋越多，我們的農地被回填的就越多，然後我們每次遇到下雨的時候就沒有，就喪失了這些先人的滯洪池，然後就會淹水，所以現在隨便一個大雨，我記得以前小時候那種雨、三天裡面下那種 1、2,000 公釐的這種雨的時候才會淹大水，我們現在是隨便下個 1 小時，大概下個 100 公釐就夠了，大概就淹大水了。」

9. 關於因污染所致之糧食安全問題，於表 2-1 之歷年污染事件彙整表中可見一斑，如桃園、彰化層出不窮之鎘米事件與台灣西部海岸之綠牡蠣事件。

應現在政策趨勢的農村地域，本研究從農委會 2017 年農業及農地資源盤查結果，瞭解我國平地法定農地範圍中，彰化與台中為工廠佔用面積最大者，接著將範圍縮小至彰化北部、台中郊區，進行前期調查，最終選擇了彰化頂番婆聚落與台中夏田里做為田野地點，進行深度訪談：此兩地域都是違章工廠聚集之處，農地污染情形嚴重，同時，政府亦分別對兩地研擬工業區開發計畫，試圖解決前述問題。

頂番婆位於彰化縣鹿港鎮東北部地區（圖 2-8），以行政區來看，大約包括頂番里與頭崙里，整個村莊被洋仔厝溪分隔兩岸，洋仔厝溪直通彰濱工業區旁的出海口，距離出海口不到 1 公里。1950 年代以前，頂番婆還是典型的農業社區，以務農維生，居民也會在洋仔厝溪捕撈河蜆等漁產。而早在 1946 年，鐘情、謝簾、葉何等人就在當地創立了簡單的小型銅器鑄造工廠，運用在日本工廠學習到的技術，以翻沙鑄模冶銅並製造銅器發售。由於利潤豐厚，吸引許多當地人紛紛投入此產業。大約在 1961 年間，愈來愈多大型工廠的學徒由家庭代工開始創業，而後頂番婆聚落成為當今著名的水五金產業聚落（李宜修 2011: 29-30）。值得注意的是，在水五金生業鏈內，電鍍是一項高污染的產業，製程中產生大量的重金屬廢水。這時，洋仔厝溪與農田的灌溉渠道便成為工廠排放

▲ 圖2-8　頂番婆聚落之區位示意圖

圖片來源：Google Map。

污水的管道。然而此舉也造成嚴重的農地污染：附近的農民取用受污染的灌溉水，進而污染農地。長期下來，頂番婆地區至今已成為台灣重金屬污染最嚴重的地區之一。面對頂番婆興盛的水五金產業與飽受污染的農地，近年來政府欲將此區開發為水五金產業專區，以回應農地違章工廠與農地污染的問題。

夏田里位於台中市大里區西側偏南（圖2-9），南緣有大里溪流經，北緣則是有中興大排水溝。自1920年後稻米品種改良，大量生產蓬萊米，除了稻米以外，甘蔗、菸草與芥菜也是常見的作物。當時的大里地區，整體上仍是維持農村地景。直到1960年代，國家轉而重視工商業，於是工業在1970年代後快速成長。政府於1973年，開始在大里實施都市計畫、設立大里工業區，並吸引投資者、外來移民進駐大里地區（大里市史 2012）。整個大里區因為工業發展使得地景上有了很大的轉變。不過相對於整個大里區，夏田里至今仍保有較多的農業人口。但是夏田里農業卻飽受工業污染之害，由於夏田里的灌溉用水引自大里溪，當上游的大里工業區與違章工廠不當排放廢水時，下游的夏田里便遭受其害。農地污染事件層出不窮，為了解決反覆發生的污染問題，台中市府便研議將夏田里的農地開發為產業園區。

▲ 圖2-9　夏田里聚落之區位示意圖

圖片來源：Google Map。

（一）頂番婆緊密的社會鑲嵌影響風險建構

夏田里與頂番婆最大的不同，在於工廠與農民的社會關係。夏田里的農地違章工廠於近十年逐漸出現，廠主多來自外地，與地方居民關係疏離；在頂番婆，廠主與農民多是長久的鄰居關係或親友關係，廠主不僅與當地存有社會關係，有些廠商也會定期以捐獻或舉辦在地活動聯繫當地情感，使得頂番婆的廠主與農民間，關係良好、互動緊密。

在頂番婆，經濟活動與社會關係緊密鑲嵌。若將農民的親戚與人際網絡展開，會發現其社會關係之糾結與重疊：親友、鄰居，可能就是工廠主，或是於工廠內就業。

> 其實很多的關係是從第一代，他們可能是鄰居。我覺得那關係不一定是親戚，而是我會把它稱做是一個工業的聚落，那種關係是一種地域性的情感網絡，過去許多家戶都在自己的農地、三合院的稻埕架起鐵皮、放置機台進行水五金加工，而隔壁鄰居看到水五金做得不錯就也來做做看。（A1）

有些農民，則是自己的小孩與家人就在工廠裡工作，當地專業農表示：「她（女兒）一天回來就領 600 元回來啊，啊我們 100 斤的米也只能去賣 200 多元回來。」這點出了工廠裡工作收益較高，農業耕作難以維持生計。而詢問曾為農民工廠主，為何從農民身分轉業為工廠主，對方回答「種田只能吃飽飯，不能夠賺錢」。這都指出從事現行農業生產，難以追求更好的生活品質。而從一個農民變成工廠廠主，僅是為了追求更多的錢與更好的生活品質所做出的選擇。

在這種緊密社會關係下，農民儘管會抱怨隔壁工廠偷排廢水，但基於情面，使得檢舉行為被隱沒在緊密的鄰里關係中。家裡曾經開過農地工廠的居民表示：「我有一個國小同學去檢舉違建，結果人家找上門來說你怎麼可以來檢舉，變成一個惡性循環。」

在第一線處理污染整治，與受污染土地的農民直接接觸的環保顧問公司員工表示：

　　他（農民）可能三更半夜打電話來，開始罵自己的農地怎麼變成這樣……，我問他問對方知不知道是誰污染，怎麼不去檢舉時，（農民）卻又支支吾吾，覺得大家都是鄰居，不用弄得對立。（C1）

　　七十多歲的農民阿明（化名），他的農地遭受污染，問阿明知不知道污染的來源時，他手指遠方，說那是以前電鍍工廠排放廢水造成的。問他污染源會不會是緊鄰農地的工廠造成時，阿明搖頭直說「不可能，那只是組裝零件的工廠」，後來才知道，那間組裝零件的工廠就是阿明兒子開的工廠。

　　阿明對農地違章工廠的態度，也是當地農民常有的態度，農民並不認為所有農地違章工廠皆存有污染風險，而會再依產業類型做區隔。在他們認知中，有污染風險的便是電鍍工廠，這也讓他們對於非電鍍業的其他違章工廠，並未存有敵意。

　　此外，當地務農者多為兼業農，在農業式微之情況下，其生計的主要收入並非來自於農作，因此農地受到污染，並不會直接影響生計來源，農地違章工廠的風險對當地農民經濟而言，影響不大，而對於有土地的農民而言，有的甚至可以藉由出租廠房或出售農地來換取價金。訪談結果發現，當自己與違章農地工廠間存有利益時，可能是自己出租土地給工廠、親友的工廠在周邊營運等等，便會使農民的風險感知選擇性地降低，並且接受這些工廠存在時的污染風險。

　　而在地指標性的農地違章廠商──帝寶車燈，也勤於發展與在地居民間的關係，在地政治工作者便觀察到：

　　帝寶老闆，如果你單指就傳統意義上，他是一個，好人嗎？算吧，董事長啦，他們老董事長啦，其實算是一個好人，但從整體的環境角度去看，或是從未來的發展角度去看，你就會覺得，他就是一個製造污染的人……（但從在地觀點時）因為就是地方上的就業機會，然後再來是他們會捐錢給地方，像地方這邊的里的那個里的什麼辦公大樓啊，辦事處啊，或是一些地啊，或是一些錢，或是一些地方上要辦活動的經費他們都會贊助，所以對於他們（在地居民）來說，他們（帝寶）有在參與這個地方，對，就是很老實講，他們會覺得他們有在參與這個地方。（C2）

　　面對違章工廠風險時，農民只會將工廠衍生的農地污染視為風險，只對電鍍工廠警覺應對。從訪談結果發現，農地違章工廠已成為當地生活的一部分，農地違章工廠同時提供工作機會，廠主又投入在地社區活動時，情感與生計兼具，農民與違章工廠間並無二元的對立關係，而是一種心理雖然會懷疑周遭工廠排放污染，但基於緊密的社會鑲嵌與鄰里社會關係，而選擇忽視違章工廠所衍生的風險。

（二）夏田里的生計考量而隱蔽風險資訊

　　在夏田里，1990 年代就有些零星的車床銑床工廠，但農地違章工廠主要於 2010 年左右開始增多，工廠主多來自外地，與在地關係疏離。

　　　　這些工廠來夏田這邊了不起十年，甚至有些七、八年，外地（台中市區）移來的……（提到頂番婆農地工廠聚落經驗）夏田不多，現在工廠很多都外地的，很少有像你講的這種狀況。遇到頂多點個頭，他們上班門關起來、下班騎車就走，不會有什麼碰頭啦，別說什麼互動了。（B1）

　　二、三十年前夏田里便傳出市地重劃的風聲，吸引外地人買農地投資，然而等了多年重劃仍未實施，投資客開始填土蓋起工廠，出租或自用。

　　　　一些工廠聽到風聲（夏田未來的產業園區規劃）早就在投資，他們等到不能再等了，乾脆把工廠蓋起來。他們（買了都放著，所以）一開始都還是農田，過五年沒消息，先整平，再沒有（消息）就蓋了，蓋了再說。有些是地主出租給工廠，有些是地主自己在用。台灣農業，地都是投資人在買的，農民沒辦法買地。夏田里這邊，馬路旁邊一坪大概 8～10 萬，一分地大概……像這兩分地就 6,000 萬了！農夫不可能，我們一年收入才多少錢，那東西一定是老闆買的，老闆買了不會種田，委託我們代耕來做。老闆投資放著漲、放著賣。（B2）

　　當時重劃未成的原因，在於老人家之祖產觀念而不願出售。然而隨著代間差異、土地分割與繼承，許多 60 歲以下的中年人，認為農耕無法有實質的收入，而轉以投資的角度來出售土地或出租做廠房。

　　　　老人家的觀念認為是祖產，不能賣。60 歲以上都有這個觀念，可

是 60 歲以下的中年男子就不一樣，他認為要投資，你放著只是農田而已，種農作物沒辦法有產值。他們也不敢蓋，本身是小康家庭，如果是老闆就敢蓋。（B3）

就夏田里之務農工作者來看，可區分為有地農民與代耕業者，由於人口老化，老農民多將農地出租給代耕業或是部分工作外包給代耕業者。在生計方面，由於在地多為兼業農，農地污染並不會造成經濟收入頓失，這也減緩違章工廠污染風險的威脅性。而專業農或是代耕業者，以農業耕作與農作物銷售為主要生計來源者，農地污染便會帶來極大的衝擊，但是在當地，這些人卻也會隱蔽風險資訊。由於農地污染的訊息會影響夏田里作物之形象，進而影響區域的作物價格，儘管務農工作者是農地污染的受害者，但基於擔心自己生產作物價格大跌或可能牽連其他農民，甚至會被米商封殺等，而寧可選擇不張揚污染訊息。

在夏田里，儘管工廠廠主與在地關係疏離，卻未也形成與農地違章工廠對立的情勢，當地農民面對農地污染與周遭林立的工廠，卻也只是表達莫可奈何，並未再採取其他行動，而這樣的行為態度，除了上述所述的原因，還有污染源難以辨識的問題。

（三）污染源的難以辨識

地方居民對於農地污染的感知，多是透過風險的可見性，主要是灌排渠道水體的顏色或泡沫。

那種洗金屬洗出來的髒水就這樣往別人田裡排，顏色怪的很可怕啦，也不用住在這裡，只要是人都嘛看得出來有污染。有時候沒有顏色你去看那個泡泡，我問你一般的水會沒事冒泡嗎？不會嘛。（A2）

若與過往生活經驗做對照後，也會發現差異。

以前我跟我二哥放學下課都會拿根釣竿，在引水的渠道那邊釣魚，釣滿一個桶子之後再丟回去。那之後工廠多了之後，你看現在哪裡還有魚，一隻都看不到嘛，我就在想應該是水有問題才會這樣。（A3）

在生活中，存有許多跡象知道水源有污染問題，然而對於污染卻難以防範，也難以得知來源。

> 在農地污染案例中，位於受污染農地旁的工廠，往往被認為是嫌疑最大的污染源，但未必全然如此，含重金屬廢水，因水系不同，而有其特殊的污染途徑，有個案例，受污染農地附近有三家電鍍廠，被認為有極大的關聯性，但溯源查核結果，污染源是在受污染農地上游二十幾公里外。……因為水系的複雜性，造成污染查核上，面臨很大的挑戰。（C3）

經過訪談，發現農民對於自己是否受害的認定，往往是在農地受到污染列管後，被插牌[10]的那一刻才真正意識到自己的土地受到污染。農民雖能觀察到灌溉水的顏色有異而選擇不開水閘，當大雨或夜晚，人不在田地旁時，工廠偷排廢水時，若當時水閘門是開啟的，那麼污染廢水便會流入農地內。一線的污染整治人員便表示：

> 一般來講，他（廠商）偷排不會排整個晚上都是，是一小段時間，大部分會搭配大量的清水把它稀釋，所以這樣子，假設進到農田，一個晚上的時間很長，它可能只有前面一小段累積（重金屬），但後面看起來都是清水，（農民）隔天早上看也沒有發現，可是它其實已經沉澱到土壤，所以從目視比較難直接發現說這是正在發生污染的事件。（C1）

現今農村多為兼業農，鮮少能全天巡守農田水源，這也使農地的污染難以即時被務農工作者察覺。詢問當地務農工作者是否檢舉排放污染廢水的廠商時，他們皆表示，根本不知道污染廢水何時出現，也不知道廢水從何處而至，這都使得就算想要檢舉，也不知道從何下手。

（四）土地財產權的單一想像

兩地也有一些共同的狀況，一個是代間觀念的轉變，另一個則是對私有財產權的單一想像。隨著農民家庭分家，過往農一代將農地視作祖產，不願出售，儘管農地遭到污染，還是會請代耕業者或親自耕種，他們認為農地就宛如他們的名片，一塊整齊且作物豐沃的土地，代表著農人的勤勞與高超的耕作技

---

10. 農地污染列管後，會插一個牌子，上寫「農地污染控制場址」。

術，也代表珍惜祖先留下來的資產。然而，隨著後代分家，「祖產」概念逐漸淡化，後代會以投資的角度，將土地出租或是出售來蓋工廠。

在農村，對於他人土地使用權的想像，是基於一種個人的絕對財產權，與農民訪談時，常會有「別人在自己的土地上蓋工廠，我們也管不著」的心態，認為地主對於土地，有絕對處分與使用收益的權益，較無財產權的社會義務與集體環境利益的考量。

> 工廠如果說不行（排放廢污水），環保局直接給他取締。農民的話，只要不影響他們，他們還算 OK 啦，反正你（工廠）賺你的嘛，他（農民）也沒有什麼權力去管你。但是政府既然說違建新蓋的不行，這是全面性的問題嘛，不是我下給你的問題。（B3）

在地的農民對於風險的感知，存有想像的限制，思考的範圍僅在污染對於自家農地生產的侵害，或是祖產的破壞，而無法再上升連結到與台灣糧食安全、農地多功能性等的關聯。

深度訪談過程中也發現，誠如李丁讚、林文源（2000）風險意識轉變的詮釋：隨著政府針對工業污染，陸續制定法令、執法、推廣科學教育，才逐漸養成了民眾的風險感知及環境權利意識。當政府依法行政，查緝廢水、拆除農地違章工廠時，會讓當地民眾逐漸意識土地使用有違法與合法的差異，也漸漸意識到農地違章工廠的風險，而具有風險意識，進而敢於採取行動。政府依法行政的同時，也具有教育意涵，使當地民眾瞭解自身的權利與義務。

（五）污染風險持續向外轉嫁

工廠將生產成本外部化，使農地暴露於污染風險之中，而這也不單只有污水。

> 很多人其實不是排水的問題，很多污染其實是它本身的油污經由沖刷的問題，譬如說腳踏車零件，我之前有認識一個腳踏車零件的老闆、或是做板金的，他們可能用完之後的機械油直接沖進河溝裡，很多時候是這種情況。或者是說紡織業，他們粉塵直接讓它出去。或者是橡膠，像是彰美路上有些橡膠工廠，每天都發出惡臭，但是沒有人去抓，檢舉也沒有用，因為每次只要稽查員一來就剛好不會臭，大家都知道它很臭可是抓不到它。（C2）

而生產出來的具有污染風險的農作物，最後也將會賣到消費者手中。

　　在田裡一輩子當然會知道什麼味道不對，有時候引來的水就算有味道你還是會知道那是乾淨的，但工廠那種水不一樣，那種味道遠遠聞到就知道這個不對。那種生產出來的，其實你也不敢自己吃，我種給自己吃的田都是拿自來水來灌溉，那其他的就用水圳引來的水灌溉給別人運到北部，啊台北人吃也不知道，他們怎麼吃都不會死。（A4）

　　依據訪談發現，在農村現場，從事農業耕作的人，風險感知相當高，然而其所採取的行為會因為生計考量或是鄰里關係而消極處理。而農地違章工廠衍生的風險，並未因此消失，只是再進一步轉嫁至消費者。

　　綜上所述，從農村現場觀察，會發現影響風險感知與行動的原因，與社會關係還有生計緊密相關，此外，還有農民代間關係的觀念轉變，與私有財產權的單一想像、政府是否確實依法行政等。探討了頂番婆與夏田里農村現場的社會文化特性所造成的風險隱蔽後，須更進一步探討相關行動者如何一起促成風險資訊的隱蔽。

五、風險資訊的系統性隱蔽

　　風險的隱蔽大致可以區分成三種體系，第一種是農作物銷售過程的風險資訊隱蔽；第二種是透過設立安全標準隱蔽風險資訊；第三種則是國家角色的失靈。

（一）食破天驚，你的米不是你想像的米

　　依據務農工作者的訪談資料，我國有的米商會藉由操盤來賺取價差，此舉將造成風險的溢散：

　　照理講機器買了要運作，我們去屏東發現跟想像不一樣，上百台米店乾燥機沒在運作。你問老闆不會告訴你，我問在地資深農民，他說這些（屏東）米都賣給台中！！所有拖車、板車、聯結車，把米倒下去馬上用輸送帶送到大卡車，載到台中，當台中米賣。盤商操盤，一樣的東西，他今天收9.3，到台中賣9.5。相對來講我們這邊採收，到別的地方賣掉。（D1）

　　訪談資料指出，不同地區的買賣價格並不相同，當一地的買賣價確定時，會將米快速運往賣價較高的地區出售，藉此賺取差額。而這樣的做法，造成米袋上包裝的產地與實際產地不同。當我們以為購買南部米比較沒有重金屬污染時，其實農地污染重災區的米，可能早已被自己吃下肚，農地違章工廠造成的食安風險，已籠罩於全國。

（二）合法納管，隱蔽污染風險事實

　　工廠廢水排入灌溉渠道內，污染物藉由水體的流動，累積至土壤裡。污染對農業的傷害，不只是生產出有毒農作物，更讓農地永久性的污染。依據《土壤污染監測標準》第 4 條規定，污染物之監測項目及監測標準值（濃度單位：毫克／公斤）如下（表 2-2）：

表2-2　土壤污染監測標準項目及標準值	
監測項目	監測標準值
砷（As）	30
鎘（Cd）	10（食用作物農地之監測基準值為 2.5）
鉻（Cr）	175
銅（Cu）	220（食用作物農地之監測基準值為 120）
汞（Hg）	10（食用作物農地之監測基準值為 2）
鎳（Ni）	130
鉛（Pb）	1000（食用作物農地之監測基準值為 300）
鋅（Zn）	1000（食用作物農地之監測基準值為 260）

資料來源：本研究整理。

　　我國於食用作物農地中的八大金屬[11]設立相對嚴謹的監測標準，但重金屬在生物鏈當中不能分解，就算土壤合乎安全標準，只要土壤仍含有重金屬時，產出的作物仍含有重金屬污染的風險。人類是食物鏈的高級消費者，長年食入的重金屬在人類體內累積，對於國人健康會造成重大衝擊。

---

11. 八大金屬分別為鎘、銅、汞、鉛、砷、鋅、鎳、鉻，作物會吸附這些金屬，人類食用後會造成嚴重的身體疾病。

受污染之農地除了休耕之外，會視污染程度來改善土壤污染狀況。我國整治污染土地的工法主要有兩種，一種為翻轉混合稀釋工法，重金屬廢水藉由灌溉水流入農田時，重金屬濃度通常以表土層（一般指 0～30 公分土層）最高，因此將表土與底土混合，可以降低表土層的重金屬濃度。另一種為排土客土法，移走重金屬濃度高的土壤，再須以有害事業廢棄物另行處理。由於花費較大，排土客土法的施行，僅針對嚴重污染之小規模區塊，通常只取走表層土壤（如 40 公分土層）。

目前國內土壤污染場址之整治工法，以使用翻轉混合稀釋工法最多，然而這種方法並未真正減少重金屬總量，而只是稀釋土壤之重金屬濃度，儘管土壤的重金屬濃度符合國家標準，污染的風險卻未減少。

重新看待污染的發生過程時：污染發生、對不符標準之土地進行整治、最後宣稱整治完畢，但重金屬卻依舊留存於農地，如同是就地掩埋。這看似合乎專業與標準化作業的流程，卻是充滿風險與危險。農民面對土地污染的噩耗，心中的憤怒與不滿也只能向實際接觸的人——土壤整治單位發洩，這都讓農民與土壤整治單位氣憤疲憊卻又莫可奈何。面對農地重複的污染與整治，形成無止盡的絕望與無奈。

（三）無止盡的農地霸凌，國家角色的失職失能

污染發生、不符監測標準之土地進行列管與整治，最後宣稱整治完畢。從設立相關的放流水安全標準、土壤安全標準到土壤污染整治，這些方式皆僅是污染後端的處理，污染的根源並未斷絕。

污染持續發生的根源在於農工混合使用。農業活動比其他產業更倚賴自然環境，當自然環境被破壞，農業生產便是首當其衝。而工業則是比其他產業更容易產生有害廢棄物，當這兩種極端的產業比鄰而居時，其後果便是農業生產環境不斷遭受到侵害。

於規劃上，農工分離是一基本原則，但台灣怎麼會走到如此地步，讓工業生產與農業生產緊密相鄰。這些問題的背後，有工業區的位置不佳、工業土地價位過高、違規使用監督失靈、中小企業發展長期被忽略等複雜原因，這些原因，地方政府、經濟部與規劃部門皆無法卸責。

1. 地方政府，土地管制的失靈

依據《區域計畫法》第 21 條第 1 項：「違反第十五條第一項之管制使用土地者，由該管直轄市、縣（市）政府處新台幣六萬元以上三十萬元以下罰鍰，並得限期令其變更使用、停止使用或拆除其地上物恢復原狀。」第 2 項：「前項情形經限期變更使用、停止使用或拆除地上物恢復原狀而不遵從者，得按次處罰，並停止供水、供電、封閉、強制拆除或採取其他恢復原狀之措施，其費用由土地或地上物所有人、使用人或管理人負擔。」各地方政府於法上，有絕對權力可以拆除違規使用的工廠，但地方政府應執行而未執行。

地方政府對於違反土地管制規定的農地違章工廠，至多是幾個月開一張 6 萬元到 30 萬元的罰鍰，卻鮮少進一步限期改善並斷水斷電。地方政府對於農地違章工廠虛應形式的原因有以下幾種，其一是罰款取代稅收：我國停徵田賦，農地對於地方政府而言並無土地稅之收入。反觀農地違章工廠，藉由連續開罰，[12] 從中還可獲取收入。其二，以選票利益為優先考量，由於農地違章工廠所代表的是地方眾多中小企業的工作機會與選票，地方首長往往以不造成大變動、不得罪選票的考量下，維持現狀。

這些原因，使得地方政府違規查處失靈，與農地違章工廠形成共犯結構。

2. 經濟部，天馬行空的天上官

產業發展荒腔走板是經濟部無法卸責之罪，產業政策的制定、我國產業狀況的掌握、規劃廠商所需的工業區等等，這些皆是我國經濟部須負起的職責。

廠商選擇在農地上蓋工廠，主要理由為工業區地價太高、工業區區位不良等原因，還有工業區依照廠商購買的土地面積來分配水資源，造成佔地面積小需水量大的廠商，難以負擔大面積的購地成本。

---

12. 然而，地方政府這種連續開罰，卻不進一步限期改善並斷水斷電的做法，違反我國《行政處罰法》第 24 條所規定的「一事不再罰原則」。地方政府的做法，有違法的疑慮。

　　我國經濟部與地方政府皆涉及工業區的開發，尤其在我國中央集權式的管理下，經濟部具有主導地位，工業區的開發不符廠商需求，經濟部須負最大責任。再者，經濟部面對農地違章工廠的議題，多次以收容農地違章工廠為由來開闢工業區，但收容成效不彰，一再顯示經濟部輔導農地違章工廠遷廠與協助產業升級機制的失能。在規劃上，將工業區設立於眾多農地的上游，造成下游農地遭受嚴重污染，或是在輔導與牽引計畫尚未成熟時，[13] 便允許農地違章工廠劃定特定區來變更使用地，使違章工廠就地合法。農地違章工廠的根源之一，便是經濟部失職失能，經濟部面對過往的錯誤，未加以反省，反而便宜行事欲將農地工廠就地合法化，實乃不該。

3. 國土規劃政策失當的遺毒

　　依據 2013 年至 2014 年檢警環於彰化地區查核的資料顯示，查獲涉及環保行政刑罰規定的 35 家廠商中，有 6 家屬於未登記工廠，而剩餘的工廠為合法丁種建築用地（丁建，即農業區的工業用地）。1974 年《區域計畫法》公布後，我國土地依現況編定，只要土地上有工廠，即編定為丁建，可視為第一波的工廠就地合法化，然而從上開查緝結果來看，會發現過去任意就地合法化、未集中管理工廠，造成廠商有機會合法掩蓋非法排放污染物，形成嚴重的土地污染後果。

　　在經查獲有嚴重違規的 4、50 家事業單位中，未登記工廠（地下工廠）的比例其實不高，一般人的理解，農地為什麼會受污染這個議題，經常將原罪推給地下工廠，但實際查核的結果，未經合法化的地下工廠，其規模都不是很大，而且怕遭檢舉，在夾縫中求生，產量也無法提高，當合法的工廠做不來的單子，才會轉到地下工廠；反而是合法工廠蓄意偷排廢水造成的問題更嚴重，造成污染的系統性的風險更大，地下工廠當然還是有一個比例，只是似乎沒有合法工廠那麼高，當登記列管的工廠，透過合法掩護非法，將這些大量高濃度廢水排出來所造成的影響，才是農地造成污染的最主要元兇。（C3）

---

13. 目前經濟部研擬出來的農地違章工廠處理方案，以《工廠管理輔導法》第 33 條與第 34 條為核心，配合現今全國國土計畫的未登記工廠指導原則，指出低污染事業，能以劃定特定區或是以擴大都市計畫來囊括，換言之，皆是以就地合法化的方式進行。

　　由於農地灌排渠道不分、廠商增設暗管排放廢水、排放廢水時間點不確定，都導致環保稽查單位查緝困難，突顯農工混合使用所衍生污染難以把關的問題。

　　在查核的過程中有一個共通點，廢水會處理這件事，對業者來說，確實是很大的問題，很多業者其實是逐水草而居，哪裡有排水道，工廠就在附近。可是如果工廠旁邊有一條水道可以讓你排水，業者要去克制說不把水偷排出去，這種天人交戰的心理負擔，是很磨練心志的，最後，有人開始偷排廢水，就會對合法操作污染防治設備的事業，造成惡性競爭，最後演變成共同沉淪，這種現象，直到 2013 年起，透過檢警環合作機制，展現政府執法決心，將無良業者繩之以法後，才得到改善，除了業者不再惡性競爭，將環保成本外部化以外，幾個主要圳道的水質得以恢復，環境正義得以伸張，食品安全得以保障。（C3）

　　當廠商處於易於偷排廢水的環境時，污染便永遠難以防範，這也回應經濟部與全國國土計畫中針對未登記工廠的處理——允許低污染事業的工廠可以留在農地，這種做法不僅使未來環保單位稽查困難，也給予廠商機會排放污染。

　　散落農地上，未集中管理的違章工廠，一旦就地合法化，在難以有效納管與監督之下，造成的風險更大，更可能以合法掩蓋非法促使無數農地重金屬污染。然而現行全國國土計畫的未登記工廠處理方案，恐步上 1974 年後輕率現況編定所造成的污染後果。目前的做法，僅是將陣痛延後，未來國家縱然花費更多的資源與更大的力氣，恐也無法挽回即將造成的農地資源破壞與糧食安全的問題。

　　從以上內容以觀，便可以瞭解，農地與工廠比鄰的地景，背後還有巨大市場與國家機器的運作。面對一個不該存在的問題，各個系統試圖掩蓋並合理化錯誤，使得各個系統偏離本位，未做到應有的職責，也形成每個系統都在編織謊言、掩蓋風險，形成惡性循環。

　　問題的核心有三，第一個是國家過度倚賴工具理性，認為經過精密計算下的安全標準，符合標準便不構成污染問題，忽視標準以下的污染，在土壤中與在人體中，仍會持續累積，持續造成農地污染問題還有人體健康的傷害。官僚

體系信誓旦旦地對大眾保證安全無虞；然而，假若巨大的風險真實地發生，政府、廠商、保險公司皆沒有能力承擔與負起責任。而政府自視安全的做法，僅是鴕鳥式地將巨大的風險推向人民，讓人民承受。

第二個則是，我國過度倚賴土地使用變更來解決所有問題，無論是地方財政、選舉，皆將土地使用變更視為萬靈丹，而未以地方產業的永續經營來維持地方繁榮。這便造成政府處理的只有土地問題，而沒有產業問題。面對農地違章工廠的問題，政府往往將問題導向「區位選址」，認為現在農地違章工廠所在地便是最佳位置，而將就地合法化做為農地違章工廠的處理方式。然而這樣的處理方式就如 Heiman（1990）談論「不要在我家後院（Not In My Back Yard, NIMBY）」所指出的，政府透過公開資訊試圖教化公共事務參與者，讓他們把焦點轉向選址的問題，模糊了生產者應自行負擔廢棄物處理成本之責任。並且認為議題的焦點應由污染處理場的選址問題，回歸到生產者為追求利益時，使大眾暴露在風險下的正當性問題。Lake（1993）也持相同意見，認為工廠設廠，往往不是整體社會所需，而是為了讓資本持續積累。意即，廢棄物的產生本應是工業生產者所應負擔的責任，卻將這樣的問題導向土地區位的問題，意圖以土地的用地變更來解決工業外部性的問題。然而，外部性的問題無法藉由選址或是用地變更來改善，問題核心在於工業生產者必須內部化廢棄物處理的成本。

第三個則是，企業的污染責任喪失。企業從生產產品，到後端的廢棄物處理，這所有的環節都是企業必須負起的責任。污染不該只由環保署負責和由人民承擔，污染的處理本是生產環節的一部分，不得切割。當政府指出，低污染事業便可適用就地合法化的方案時，便是將污染視為工業發展必然。然而，這便是將工廠生產的外部性轉嫁給人民，所有問題皆應回歸到污染製造者。經濟部更是應該將污染防治與環工設施的提升納管。否則，在無相關管制之下，形成一個犯錯不用負責的社會。

六、結論與政策建議

在許多爭議下，皆將問題指向農業價值低落，導致工廠遷入。農業價值低落是農地違章工廠形成的因素之一，但絕非是農地違章工廠可以就地合法化的理由。基於國家安全考量，農地具有多功能性，不僅是生產功能，還有環境生

態、社會文化等多種功能，不能只以農業的經濟價值視作唯一評判的標準。

面對污染頻傳，若要解決核心問題，須回到污染責任的問題。針對既有的農地違章工廠的污染責任，政府應綜合產業政策、土地規劃與資金借貸，從多個面向來指引工廠遷移與生存，並協助與監督企業主將生產成本內部化，如環境工程設備無法貸款等問題。

農地違章工廠議題，若現今不嚴正面對，僅以就地合法這種維持現狀的方式虛應的話，未來面對農地資源破壞與糧食安全的問題，國家將會耗費更大的資源挹注。面對違章工廠議題，絕非一味滅工或滅農，而是正視中小企業的資金困境、正視工業生產將生產成本外部化的問題，管制及引導必須雙管齊下，如此才是真正解決之道。若採取就地合法化的方式，未來讓全民稅金來負擔經濟部與地方政府的失職，如此才是真正的不合理與不公平。

本研究主張：（一）盤點既有產業用地面積，輔導廠商進駐；（二）正視中小企業資金困境，應綜合產業政策、土地規劃與資金借貸等面向多管齊下；（三）就既有土管規範與環保法規嚴格執法，阻絕搶建與工業生產成本外部化的投機行為；（四）嚴厲譴責就地合法化，應將工廠集中管理，須以歷史為鏡，避免再度發生 1974 年《區域計畫法》公布後工廠依現況編定，使工廠有機會以合法掩蓋非法任意排放污染水源。

表2-3　運用在本文中的受訪者代碼					
代碼	訪談對象	代碼	訪談對象	代碼	訪談對象
A1	鹿港在地青年	B1	夏田里代耕業者	C1	一線土壤整治人員
A2	鹿港專業老農	B2	夏田里專業農	C2	彰化政治工作者
A3	鹿港在地居民	B3	夏田里里長	C3	環保稽查人員
A4	頂番婆專業農	D1	台中務農工作者		

參考文獻

- 〈千『金』難買早知道重金屬危害〉。《中榮醫訊》235: 18-19。

- 土壤及地下水污染整治網，取自 https://sgw.epa.gov.tw/public，檢索日期：2018年8月26日。

- 內政部全國土地使用分區資料查詢系統，取自 http://luz.tcd.gov.tw/web/，檢索日期：2018年9月6日。

- 內政部地政司網站，2018，非都市土地編定及管制，取自 https://www.land.moi.gov.tw/pda/content.asp?cid=87&mcid=66，檢索日期：2018年8月30日。

- 內政部國土規劃地理資訊系統，取自 http://nsp.tcd.gov.tw/ngis/，檢索日期：2018年9月6日。

- 尹俞歡，2018，〈環保人員「埋伏」在水溝等抓人「三大困難」難解就是抓不到〉。風傳媒，取自 http://www.storm.mg/article/404387。

- 王美珍，2014，〈當廢爐碴填入農地，種出來的東西誰敢吃〉。遠見電子報，取自 https://www.gvm.com.tw/article.html?id=26264。

- 台中市政府，2009，〈大里市史──電子書〉。

- 行政院主計處歷年農工業國內生產毛額統計表，取自 http://statdb.dgbas.gov.tw/pxweb/Dialog/NI.asp。

- 李丁讚、林文源，2000，〈社會力的文化根源：論環境權感受在台灣的歷史形成〉。《台灣社會研究季刊》38: 133-206。

- 李宜修，2011，《鹿港水五金產業區位形成與生產網絡之轉化》。台北：國立台灣師範大學地理學系在職進修碩士班碩士論文。

- 周桂田，2005，〈知識、科學與不確定性──專家與科技系統的『無知』如何建構風險〉。《政治與社會哲學評》13: 131-180。

- 胡台麗，1978，〈消逝中的農村社區〉。《民族學研究所期刊》46: 95-103。

- 倪宏坤，2006，〈高清波癌症謝世 環保鬥士清影長存〉。環境資訊協會，取自 https://e-info.org.tw/node/13959。

- 陳俊樑、楊純明，2013，〈簡介農地之重金屬污染及其復育〉，《農業試驗所技術服務》93: 6-10。

- 桃園市政府環境保護局河川水質檢測網站，取自 https://www.tydep.gov.tw/tydep/static/river/main5.html#a14，檢索日期：2018年8月23日。

- 徐學陶，2011，〈小康計畫的時代意義與影響〉。《社區發展季刊》133: 224-225。

- 梁明義、王文音，2002，〈台灣半世紀以來快速經濟發展的回顧與省思〉。《金融投資與經濟發展：紀念梁國樹教授第六屆學術研討會論文集》。台北：台灣大學經濟學系。

- 莊奕琦、林祖嘉，2006，〈台灣產業結構變化分析與因應策略：『去工業化與空 化之剖析』〉。《當前台灣經濟面臨之議題論文集》。台北：台灣經濟研究院。

- 黃于芳，2008，《鄉村居民對工廠污染風險知覺的空間特性與決定因素──以彰化縣和美、伸港、線西、鹿港四鄉鎮為例》。台北：國立台北大學不動產與城鄉環境學系碩士論文。

- 農委會，2017，農業及農地資源盤查結果查詢圖台，取自 https://map.coa.gov.tw/，檢索日期：2019年1月9日。

- 彰化縣政府建設處，2017，〈『五不一絕對』彰化縣政府力挺中小企業，農工共榮深植大彰化〉。彰化縣政府，取自 http://www.chcg.gov.tw/ch/03news/01view.asp?bull_id=257690，檢索日期：2018年9月1日。

- 監察院全球資訊網，〈彰化縣東西二、三圳電鍍業稽查不力 農地污染面積持續擴大 彰化縣政府遭監察院糾正〉。監察院全球資訊網，取自 https://www.cy.gov.tw/sp.asp?xdURL=./di/Message/message_1.asp&ctNode=903&mp=1&msg_id=5955，檢索日期：2018年8月23日。

- 劉華真，2011，〈消失的農漁民：重探台灣早期環境抗爭〉。《台灣社會學》21: 1-49。

- 簡子翔，2014，《地方居民如何解讀鄰避設施的環境風險：一個對多元暴露社區的田野研究》。台北：國立台灣大學健康政策與管理研究所碩士論文。

- 顧忠華，1994，〈『風險社會』的概念及其理論意涵〉。《國立政治大學學報》69: 57-79。

- Douglas, M. and Wildavsky, A., 1982, *Risk and Culture: An Essay on the Selection of Technical and Environmental Dangers*. University of California Press: Berkley.

- Graubard, S. R., 1990, "Preface to the issue "Risk"." *Daedalus* 119(4): v-vi.

- Heiman, M., 1990, "From 'Not in My Backyard!' to 'Not in Anybody's Backyard!' Grassroots Challenge to Hazardous Waste Facility Siting." *Journal of the American Planning Association* 56: 359-362.

- Lake, R. W., 1993, "Rethinking NIMBY." *Journal of the American Planning Association* 59: 87-93.

第三章

農地違章工廠的農地環境風險

林耀東、徐世榮、林正錺

一、前言

　　台灣地區因區域排水系統未臻完善，產生部分灌溉用水引自受污染河川、埤地、或事業單位廢水以合法（搭排戶）、或非法（排洩戶）方式排入灌溉渠道，使得灌溉渠道長期累積受污染底泥，致使農田及其農作物遭受污染。政府自 1970 年代持續執行農地土壤重金屬含量分布之調查監測工作，當時統計台灣地區土壤重金屬含量達五級以上者約一千餘筆（每筆以麥氏二度分帶座標表示，面積為 1 公頃）。歷年來農地重金屬污染事件有桃園水利會中福地區、新街溪、礦泉溪；彰化水利會東西二圳系統；高雄水利會鳳山溪；雲林水利會之台灣色料案；台中水利會鄰幼獅工業區之農田案等，農地重金屬污染情事層出不窮。惟農地一旦遭受污染，衍生之問題則涉及環境風險、人體健康、農作物銷毀、休耕、農民權益、污染者或相關係人所負責任等，且農地污染整治復育需付出巨大社會成本，再加上農地污染涉及涵蓋農政、水利、地政、衛生、工業、鄉鎮市公所與地方政府及環保署（局）單位等機關間之溝通協調及整治復育經費籌措問題，使得國內農地污染至今仍未能有效改善且持續惡化中。

二、農地與灌溉渠道污染

（一）歷年灌溉排水系統灌溉水質污染調查

　　農田水利會灌溉面積約 37.8 萬公頃。農田水利會之渠道可大致劃分為灌溉系統與排水系統兩大部分，灌溉系統之設計係將水源輸配至灌溉田區，因此灌溉系統依其功能分為水源、輸水與田間配水等三大設施。灌溉系統之排水功能原本是以排除農田灌溉後多餘水量為目的，但由於台灣經濟成長迅速，都會之住宅區、商業區與工業區之工廠不斷向農業區域擴充蔓延，且政府興建區域排水與污水下水道之意願不高及興建速度緩不濟急，以致現今農田水利會之排水系統額外擔負區域排水或污水下水道之功能，間接導致農地灌溉系統下游需要引用受污染之迴歸水導致灌溉水質嚴重惡化。表 3-1 為歷年與灌溉水質相關之研究計畫報告一覽表，依表 3-1 所列研究報告數量顯示，無論是主管機關行政院農業委員會或各農田水利會，歷年均持續投入龐大經費對轄區內之灌溉水質進行監控，惟農地污染現象依然擴大蔓延。根據各研究報告顯示：

1. 灌溉排水系統之灌溉水質、土壤或作物均受污染，其原因多為農田水利會引用公共水體做為補助水源之地區，因此公共水體水質狀況影響灌溉水質，特別是導電度幾乎都無法符合灌溉水質標準。

2. 灌溉排水系統因受限於天然環境（如彰化與雲林地區灌溉排水系統），灌區水源均依靠地面水源做為灌溉水來源，因此下游灌區須依靠農田迴歸水進行灌溉，導致下游灌區灌溉水質狀況普遍並不佳。

3. 部分灌溉排水系統因灌區內特定事業單位群聚（如彰化水利會灌區內之電鍍業及雲林水利會灌區內之畜牧業），各事業單位將放流水搭排進入灌溉系統，導致特定水質項目（如重金屬、導電度與氨態氮）不符合灌溉水質標準。

4. 工業區污水處理廠之放流水水量極大，雖其排放水質符合放流水標準，但仍超過農地之灌溉水質標準，灌溉排水系統自公共水體（如河川）引水灌溉後，極易發生污染農地事件。

　　針對灌溉排水系統因灌區內特定事業單位群聚並將放流水搭排進入灌溉系統，導致水質不符合灌溉水質標準事件案例，雖歷年農田水利會針對已申請搭排並核可建檔之搭排戶或疑似有污染排放之業者，會定期每兩個月執行一次放流水採樣分析。以 2003 年全台各農田水利會所進行之灌溉水質監視資料為例：2003 年排洩戶初驗計 17,958 點次，不合格數為 10,780 次，佔總檢驗點次之 60.0%。顯示排洩戶所排放之廢污水水質不合格率偏高，進而嚴重影響灌溉水質。2003 年排洩戶複驗計 793 點次，不合格數為 710 點次，佔總複檢驗點次之 89.5%，由此可清楚顯示農田水利會對排洩戶所排放之廢污水水質無法有效管制，更違論農田水利會對農地違章工廠廢污水偷排至灌溉排水系統之掌控與預防能力。故環保署於 2001 年至 2002 年間開始著手調查瞭解農地污染成因，並委託瑞昶科技股份有限公司執行「污染農地灌溉渠道底泥及水質重金屬污染調查計畫」，該計畫係針對桃園、彰化與高雄縣境內水利會灌溉圳路進行灌溉渠道底泥重金屬全量與毒性特性溶出程序（Toxicity characteristic leaching procedure ，以下簡稱 TCLP）含量調查；後續行政院農業委員會亦於 2003 年委託農業工程研究中心辦理「農田水利會渠道底泥與農田土壤中重金屬含量調查與分析」計畫，篩選桃園、石門、彰化及高雄農田水利會可能遭受重金屬污染之灌溉渠道進行調查，並進行彰化水利會所轄 41 條灌溉渠道底泥重金屬含

量之採樣分析。上述計畫分析調查結果顯示，桃園、彰化與高雄三縣市調查區域渠道底泥重金屬含量極高，顯示農地灌溉排水系統水質已遭嚴重污染。

表 3-1　歷年相關單位執行灌溉水質研究計畫報告一覽表
1.　水田排水中農藥殘留量之調查研究，1989，行政院農業委員會研究報告。
2.　水田中農藥殘留量之調查研究，1990，行政院農業委員會研究報告。
3.　瑠公農田水利會灌溉圳路水質監視檢驗，1990-2003，瑠公農田水利會研究報告。
4.　本省嚴重污染灌區之土壤作物與地下水之惡化調查——彰化水利會東西二圳灌區，1993，行政院農業委員會研究報告。
5.　桃園縣 83 年度土壤中樣區重金屬含量調查（桃園縣林口工業區），1994，桃園縣政府環境保護局研究報告。
6.　黃墘溪流域土壤等調查報告，1994，桃園農田水利會研究報告。
7.　本省嚴重污染灌區之土壤、作物與地下水之惡化調查（台中大突寮圳、詹厝園圳灌區），1996，台中農田水利會研究報告。
8.　小型農村社區生活廢水淨化調查，1997，桃園農田水利會研究報告。
9.　大堀溪流域水質及土壤調查後續計畫，1997，桃園農田水利會研究報告。
10. 灌溉用水水質污染危害及管理技術研究－嚴重污染灌區水－土－作物之先驅調查與研究，1998，行政院農業委員會研究報告。
11. 桃園農田水利會灌區各溪流水質與灌溉農田土壤污染情況調查——南崁溪，1999，桃園農田水利會研究報告。
12. 嚴重污染灌區水－土－作物之先驅調查與研究，1999，行政院農業委員會研究報告。
13. 台中農田水利會 89 年度灌溉事業區域內各灌溉系統水質普查（烏溪灌溉系統），2000，台中農田水利會研究報告。
14. 嚴重污染灌區之先趨性調查工作，2000，行政院農業委員會研究報告。
15. 桃園農田水利會灌區各溪流水質與灌溉農田土壤污染情況調查——茄苳溪、崁頭溪與德龜溪，2000，桃園農田水利會研究報告。
16. 台中農田水利會 90 年度灌溉事業區域內各灌溉系統水質普查計畫，2001，台中農田水利會研究報告。
17. 桃園農田水利會灌區各溪流水質與灌溉農田土壤污染情況調查——新街溪與老街溪，2001，桃園農田水利會研究報告。
18. 台中農田水利會 90 年度灌溉事業區域內各灌溉系統水質普查計畫：大安溪灌溉系統，2002，台中農田水利會研究報告。
19. 桃園農田水利會灌區各溪流水質與灌溉農田土壤污染情況調查——新海灌區，2002，桃園農田水利會研究報告。

資料來源：行政院農業委員會，2003，農田水利會渠道底泥與農田土壤中重金屬含量調查與分析計畫期末報告。

（二）歷年污染農地調查

由於灌溉排水系統因灌區內特定事業單位群聚（如電鍍業）導致農地污染，故歷年所進行農地土壤污染調查僅限於農地土壤重金屬含量調查分析，至2002 年年底止，污染農地調查可分區為六個階段：

1. 1982 年至 1986 年

行政院衛生署環保局（行政院環境保護署前身）有鑑於農地土壤遭受重金屬污染情況日益嚴重，行政院衛生署環保局委託中興大學、省農業藥物毒物試驗所及台灣大學，針對台灣地區 116 萬餘公頃農田土壤中銅、鎘、鉛、鋅、鎳、鉻、汞與砷等八種重金屬進行初篩檢測。調查方法為每1,600 公頃為一個單位，每單位選取 20 個抓樣樣本後混樣分析，提出《台灣地區土壤重金屬含量調查總報告》，並依據該報告結果訂定「台灣地區土壤重金屬含量及等級區分表」。

2. 1987 年至 1990 年

行政院環境保護署（以下簡稱環保署）針對前階段調查重金屬含量偏高之 40 萬公頃農地，進行銅、鎘、鉛、鋅、鎳、鉻、汞與砷八種土壤重金屬含量調查。調查方法為每 100 公頃為一個中樣區單位，每單位選取 20 個抓樣樣本後混樣分析，並依據上述「台灣地區土壤重金屬含量及等級區分表」分級，調查樣區內列為四級地區者約有 50,000 公頃，五級地區者約有790 公頃。

3. 1991 年至 1998 年間

各地方政府環保局針對上述調查結果進行中樣區調查。調查方法為每25 公頃為一個單位，每單位選取 20 個抓樣樣本後混樣分析。以桃園縣環境保護局委託辦理「桃園縣 83 年度土壤中樣區重金屬含量調查（桃園縣林口工業區）」計畫為例，該計畫共計調查桃園縣林口工業區南區污水處理廠排放口下游 1,000 公頃農田土壤中之重金屬含量，其中 10.9% 約 109 公頃之土壤列為第四級。

4. 1990 年至 2001 年

各地方政府環保局以 1 公頃為單位之細密調查，經調查結果統計，因灌溉排水系統遭受污染導致重金屬含量達五級標準之農地面積計有 1,024 公頃。

5. 2002 年

環保署委託中鼎工程股份有限公司、中興大學土壤環境科學系與衛宇科技股份有限公司辦理「農地土壤重金屬調查與場址列管計畫」，並針對上一階段 1,024 公頃農地中之 319 公頃（扣除銅與鋅污染農地部分，但包括鎘與汞含量高於 1 mg/L 之農地），進行調查範圍內每一筆農地地段、地號、地目與面積等基本細部資料收集。

6. 自 2002 年迄今

各地方政府環境保護局開始陸續委託辦理農田重金屬污染場址污染源管制調查等相關計畫，針對污染場址與灌溉水系之關連性進行調查，並追查潛在污染源。以桃園縣環境保護局於 2002 至 2003 年間委託顧問機構辦理「桃園縣農田重金屬污染場址污染源管制調查計畫」為例，該報告調查結果顯示農地土壤及渠道底泥中重金屬主要來源為引用黃漧溪為灌溉水源，而黃漧溪水質因受沿岸事業機構製程廢水排放導致灌溉水源受到污染。

環保署土壤及地下水污染整治基金管理委員會將歷年農地污染所列管場址相關資料公告於土壤及地下水污染整治網，根據該網站所提供之資料顯示，目前歷年全台列管土壤污染場址共計為 8,526 件，其中以農地所佔比例最高計有 7,097 件，其餘場址件數詳見表 3-2 所示。若以行政區域統計，污染農地中之農地控制場址面積則以彰化縣佔 601.6 公頃為最多，其次為桃園市之 328.9 公頃次之，其餘行政區域統計資料詳見表 3-3。

年度	農地	工廠	加油站	其他	軍事	非法棄置	儲槽	總計	歷年累計
2002	1,109	6	8	1	0	2	1	1,127	1,127
2003	112	5	21	2	0	0	8	148	1,275
2004	176	3	17	1	0	0	2	199	1,474
2005	273	20	7	8	0	2	0	310	1,784
2006	12	10	18	8	2	3	0	53	1,837
2007	66	27	29	4	5	2	1	134	1,971
2008	236	31	30	10	3	1	0	311	2,282
2009	53	41	23	12	2	4	0	135	2,417
2010	41	70	36	9	4	14	0	174	2,591
2011	143	40	31	33	9	5	0	261	2,852
2012	418	76	31	13	17	13	0	568	3,420
2013	1,944	67	33	15	21	4	0	2,084	5,504
2014	227	68	11	17	10	1	1	335	5,839
2015	821	81	29	16	2	4	3	956	6,795
2016	358	95	14	31	8	5	2	513	7,308
2017	1,108	83	13	10	3	1	0	1,218	8,526
總計	7,097	723	351	190	86	61	18	8,526	－

表 3-2　歷年環保署公告列管污染場址場次數統計表

資料來源：環保署土壤及地下水污染整治基金管理會 106 年整治年報；統計時間截至 2017 年 12 月 31 日止；資料條件為年度已確核之場址數，於 2018 年 4 月 16 日擷取。

表 3-3　2017 年全國農地控制場址分布情形

行政區	2017 年控制場址面積（公頃）	累計控制場址面積（公頃）
台北市	0.0	4.9
新北市	0.4	4.1
桃園市	183.4	328.9
台中市	5.7	88.6
台南市	3.5	19.9
高雄市	0.0	8.5

表 3-3　2017 年全國農地控制場址分布情形（續）		
行政區	2017 年控制場址面積（公頃）	累計控制場址面積（公頃）
宜蘭縣	0.0	1.2
新竹縣	0.0	0.0
苗栗縣	1.4	5.2
彰化縣	284.1	601.6
南投縣	0.4	0.5
雲林縣	0.3	6.1
嘉義縣	0.0	0.5
屏東縣	0.1	7.5
台東縣	0.0	0.0
花蓮縣	0.0	0.0
澎湖縣	0.0	0.0
基隆市	0.0	0.0
新竹市	0.3	36.2
嘉義市	0.7	4.6
金門縣	0.0	0.0
總計	480.3	1,118.3

資料來源：環保署土壤及地下水污染整治基金管理會106年整治年報。

三、農地污染潛勢及風險

　　台灣歷年糧食自給率逐年降低，2016 年台灣糧食自給率僅 31%，遠低於亞洲各國糧食自給率（中國 > 90%、韓國 45%、日本 40%）。依據估算台灣約需 74 ～ 81 萬公頃農地才能達到基本糧食安全存量，惟目前可供糧食生產農地 68 萬公頃，而真正從事農業生產農地約 49 萬公頃（含農糧作物、養殖魚塭、畜牧使用）。但根據內政部調查全國農地約 17% 已遭轉用，農地存量僅剩 32.2 萬公頃。依據農委會盤點清查農地違章工廠約 13 萬家，共計 1.3871 萬公頃。雖違章工廠約佔農地 2 ～ 3%，惟農地違章工廠對台灣糧食自給率及食安等國安議題影響重大，因此本文將討論僅佔農地 1.3871 萬公頃之農地違章工廠對台灣農地品質環境安全風險之影響，並進行農地污染潛勢推估。依據環保署 2010

年辦理全國高污染潛勢農地調查及各地方環保局執行農地污染場址查證結果，初步推估全國約 2.1 萬公頃農地列為重金屬高污染潛勢區，惟截至 2017 年年底全國累計調查出污染列管之農地場址共計 7,016 場次（約 1,118 公頃），因此尚有 94.7% 污染潛勢農地仍未進行調查列管，如何加速掌握實際污染農地分布及阻擋、預防農地污染蔓延為目前當務之急。

（一）建立農地污染控制場址圖檔

　　根據國外經驗，土壤污染整治復育工作不但需支出龐大整治費用與漫長時間，且往往削減土地利用價值與整治意願。陳尊賢（2002）研究認為目前許多開發計畫在進行環境影響評估時，對土壤性質之評估僅著重土壤污染物之調查，惟為達永續土地管理之目的，應更著重在土壤生成及對土地利用歷史之瞭解，再從土地利用歷史探討土壤特性及其功能是否喪失或減少及可能造成之污染評估。張尊國（2002）研究成果顯示土壤污染個案應依該污染項目、特質與土地利用狀況，進行風險評估，以確保受體得以被保護及土地規劃、使用的合理性。積極層面，更應從農地周遭環境現況及現有污染農地，以系統分析技巧釐訂其相關性及評估不同區位農地再次遭受污染之風險程度，政府單位再依此資料以有限資源做更合理之分配，以達到預防及防堵之效。截至 2016 年年底止全國累計已改善完成並且公告解除控制之農地場址 3,030 筆（約 570 公頃），而 2017 年年底止政府於農地土壤改善等相關經費，合計支應約 15 億。依此推算，若無新增農地污染場址，預估政府需耗時 589 年及 552 億整治經費整治復育污染農地。

　　因此本研究之目的是從土地利用、污染源（排洩戶／列管事業）及已受污染農地之土地功能分區的觀點，應用地理資訊系統（Geographic Information System, GIS）套疊圖層資料整合及統計分析技術，分析台灣農地污染整治計畫之農地污染控制場址分布狀況，探討現行土地使用管制下，農地再次受到污染機率及程度。本項研究成果將有利於農地污染場址整治規劃、土地資源有效利用及預防農地污染等後續研究之參考。

　　本研究主要工作可分為三部分，首先是建立、比對及校核 GIS 資料及圖層；接續利用已校核資料及圖層，分析可能污染源與現有污染農地之相關性；最後再利用上述成果進行農地受污染風險等級區位分析。本研究團隊將環保署

及農委會之相關圖層資料檔如灌溉渠道及排洩戶和列管工廠進行比對整合，再進入可能污染關聯性分析及可能污染程度之評估。所運用之空間資料圖層資料檔來源及內容彙整如表 3-4 所示。

類別	圖 層 資 料	比例尺	建 置 方 式
	表 3-4　空間資料圖層資料檔一覽表		
土壤污染管制應用資料	土壤重金屬污染調查網格及資料（1,600、100、25、1 公頃）	---	共用地理資料庫
	土壤 319 公頃調查點	---	環保署既有資料庫
	區域性地下水水質測站	1/5000	共用地理資料庫
	場置性地下水水質測站	1/5000	環保署既有資料庫
	污染控制場址範圍圖	1/1200	共用地理資料庫
	地籍圖（319 調查成果）	1/1200	環保署既有資料庫
	像片基本圖影像（污染場址）	1/5000	共用地理資料庫
	航空照片正射影像（319 調查成果）	1/5000	環保署既有資料庫
污染源資料	列管事業許可管制資料及分布位置	1/5000	環保署既有資料庫、本計畫
	水利會排泄戶	1/5000	本計畫蒐集
	垃圾場資料及位置	1/5000	共有地理資料庫
傳輸水體資料	灌溉排水渠道系統圖	1/5000	農工中心
	水利會灌區範圍圖	1/5000	農工中心
	水利會工作站範圍圖	1/5000	農工中心
	水利會小組範圍圖	1/5000	農工中心
	地下水文測站圖	1/5000	共用地理資料庫
	河川水系及水文測站圖	1/5000	共用地理資料庫
	河川水質測站及監測資料	1/5000	共用地理資料庫
基本背景資料	縣市、鄉鎮界、村里界	1/5000	共用地理資料庫
	道路、街廓	1/5000	共用地理資料庫
	建築區	1/5000	共用地理資料庫
	地名、地標	1/5000	共用地理資料庫
	土地利用圖	1/5000	中興大學土環系
	土壤圖	1/25000	中興大學土環系

　　本研究以農地污染控制場址面積圖檔為本研究範圍區，其建立步驟與方法如下：

1. 在採樣點資料圖層，根據屬性分別選取採樣點值等於管制、監測值，分別繪製土壤管制值分布圖層、監測值分布圖層。

2. 將地籍圖與土壤管制值分布圖層做疊圖分析，並利用地物間特定空間關係，選取所需地物，繪製地籍地號之土壤管制地號分布圖層。

3. 將調查範圍圖層與土壤管制分布圖層做套疊分析，繪製調查範圍區土壤管制地號分布圖層。

4. 根據調查範圍區土壤管制地號分布圖層屬性資料表，進行統計分析，計算各縣市管制地號面積。

5. 應用空間關係分析，調查範圍區農地污染管制地號圖層套疊示意圖，如圖3-1。

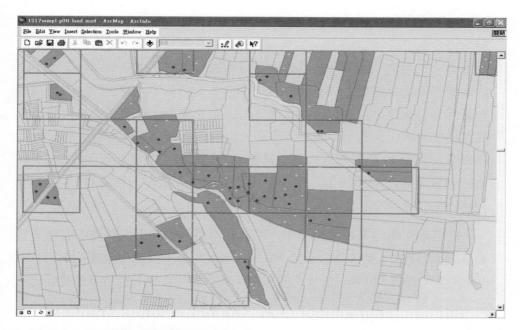

▲ 圖 3-1　農地污染管制地號圖層套疊示意圖

註：1. 套疊分析（overlay analysis）技術，所進行之分析模式主要是同時處理兩張或多張不同主題圖做套疊，應用地物間特定空間關係，選取所需地物，進而得到新的空間及屬性資料。
　　2. 將調查範圍圖（紅色方框）與土壤管制地號分布圖（藍色圖形）做套疊，顯示調查範圍區土壤管制地號分布圖。

（二）污染源

　　根據農委會最新農地盤點結果，農地違章工廠數量不僅超越原經濟部盤查的 6.9 萬家，並加倍至 13 萬家以上，其餘遭佔用之農地比例也突破 17%。惟本計畫無法獲得農地違章工廠之類別、位置、排放污水量及性質，故本研究僅針對環保署列管污染源及水利會建檔之排洩戶資料推估農地污染潛勢分布。

1. 環保署列管污染源

　　本研究調查範圍包含的縣市，分別為台北市、新北市（原台北縣）、桃園市（原桃園縣）、新竹市、苗栗縣、台中市（原台中縣及台中市）、南投縣、彰化縣、台南市（原台南縣及台南市）及高雄市（原高雄縣）等十二縣市，調查範圍內受環保署列管之事業機構總計為 10,578 家，但因資料部分有缺漏（座標、名稱或廠址有誤）而予以剔除者共有 458 家。其中列管事業家數最多之前五大縣市依序為：彰化縣、台南市、桃園市、新北市及台中市，列管之事業機構資料彙整於表 3-5 中。列管家數最多之前十大行業則為畜牧業（一）、金屬表面處理業、電鍍業、其他工業、洗車場、金屬基本工業、化工業、醫院及醫事機構、印刷電路板製造業及食品製造業等，約佔總列管事業家數之 70% 左右。但由於並非所有事業體之放流水皆為重金屬污染之來源，因此再依據水污染防治中之放流水標準業別進行篩選，篩選出放流水中含有重金屬之事業別，如電鍍業、金屬表面處理業等共 19 項事業別，此 19 項業別之列管事業體於本研究範圍內者共有 4,611 家，約佔總列管家數之 44% ，其中以金屬表面處理業者最多，共 1,047 家，如表 3-6 所示。

　　在各項可能污染源事業體中，前五大行業分別為：金屬表面處理業者最多共 1,047 家，其次為電鍍業 944 家，其他工業 656 家，金屬基本工業有 401 家及化工業 380 家。於十二縣市中，各行業列管事業水污染源並經篩選出之重金屬可能污染源之分布狀況，其中以桃園市之金屬表面處理業列管家數最多，共有 202 家；電鍍業以新北市列管家數 243 家最多；其他工業以台南市 233 家最多；金屬基本工業則以台南市 110 家最多，而化工業則是以桃園縣 126 家最多。

　　根據環保署之「事業水污染源管制資料庫」，污染源事業體可獲取之資訊包含有：縣市別、管制編號、名稱、地址、GIS 座標、流放水標準別、許可水量（CMD）、流放口編號、承受水體、排放方式、排放時間每次間隔（小時）、許可證（新、舊）、水質及濃度等。

表 3-5　環保署之事業水污染源管制資料庫資料統計表

縣市別	環保署列管家數	重金屬污染源家數
台北市	256	97
台北縣	1,339	620
桃園縣	1,651	927
新竹市	260	131
苗栗縣	393	143
台中縣	1,175	638
台中市	303	163
南投縣	378	73
彰化縣	1,869	699
台南縣	1,837	758
台南市	156	100
高雄縣	961	262
總計	10,578	4,611

註：由本計畫彙整統計。

表 3-6　重金屬污染之可能污染源統計表

	放流水標準業別	列管事業家數
放流水含重金屬者	金屬表面處理業	1,047
	金屬基本工業	401
	電鍍業	944
	製革業（生皮製成成品皮者）	52
	製革業（濕藍皮製成成品皮者）	16
	製革業（非屬生皮製成成品皮、濕藍皮製成成品皮二類者）	2

表 3-6　重金屬污染之可能污染源統計表（續）	
放流水標準業別	列管事業家數
印刷電路板製造業	293
晶圓製造及半導體製造業	82
其他工業	656
化工業	380
藥品製造業	109
農藥、環境衛生用藥製造業	26
實驗、檢（化）驗、研究室	108
醫院、醫事機構	336
環境檢驗測定機構	5
照相沖洗業	1
製版業	49
廢棄物掩埋場	45
「廢棄物焚化廠」或其他廢棄物處理廠（場）	59
總計	4,611

註：由本計畫彙整統計。

2. 水利會建檔之排洩戶

　　由於農田渠道灌排系統複雜且數量龐大，茲將廢污水排入渠道之污染源分為直接排入與間接排入兩類，分別說明如下：

(1) 直接排入

　　此類型排放方式為將污染廢水直接排放至灌溉渠道內，排放污染廢水可分為合法排放及非法排放兩大類。合法排放乃指工廠廢（污）水有排放至灌溉渠道系統之需要時，向該渠道所屬之農田水利會申請搭排，經水利會依相關規定審核後，申請通過者便有資料登記在案，此污染排放量及性質較易掌握和追查污染來源。前述合法排放申請之依據為「農田水利會搭排申請及管理作業辦法」（主要規定為：申請使用搭排之放

流水水質，排入農田排水系統者應符合《水污染防治法》所訂放流水標準，灌排兼用水路者應符合台灣省灌溉用水水質標準及集中排洩）及收費標準；若未通過申請或未提申請而逕自排放，即為非法排放。雖各地農田水利會對此種污染源之詳細資訊較為缺乏，但其排放口位置若可目視則仍能推求其承受水體（渠道）及估計污染量和污染項目。

(2) 間接排入

此類型排放方式可能為灌溉渠道水體受間接排入之廢水污染，例如渠道系統供水後，送至田間過程中灌溉渠道流經市區、工業區，與區域之其他公共下水道銜接或錯接，以致市區排水混合工業廢水排入；另一種間接排入為下游之灌溉用水來源為上游地區之區域排水，即上游污染源排放廢水進入區域排水系統後再流入下游農地灌溉系統。間接排入於下游農地造成農地污染往往是農地灌溉引用水源不良，加上當地其他受污染之水源直接排入灌溉渠道後之混合效應，因此間接排入類型其在污染責任釐清上極為不易。以彰化縣市的農地灌溉系統為例，東西二圳排水及市區排水最後均匯集至洋仔厝溪，但洋仔厝溪至下游地區（鹿港、和美等地區）時又成為當地農地灌溉水源。因此排入洋仔厝溪之各種廢水即使符合放流水標準，但經過匯集後之水源品質仍有可能超過灌溉水質標準，依現狀上述間接排入不符合灌溉水質標準之水源但仍舊為農田水利會引灌供應為農業用水。

若產權登記屬水利會所有之渠道，排放至灌溉渠道之污染源均須先申請，獲水利會同意後始可排放，於《臺灣省灌溉事業管理規則》第27條中即規定：「灌排系統及集水區域內未經管理機構之同意，不得擅自排放廢污水」。由農田水利會已建檔之排洩戶資料庫中，可獲得排洩戶之所屬水利會、名稱、廠址與 GIS 座標等資訊，共有 4,180 筆資料，但資料有缺漏者有 231 戶，而本研究計畫中之十二縣市其水利會建檔之排洩戶，共有 2,303 戶，其中以彰化水利會所建檔的 1,095 戶為最多。又經篩選後為重金屬污染源者共有 847 戶，其統計資料詳列於表 3-7 中。

表 3-7　農委會建檔排洩戶資料統計表				
水利會	排洩戶數	資料缺漏戶數	場址位於研究範圍內戶數	為重金屬污染源戶數
宜蘭水利會	161	1	0	0
北基水利會	20	0	20	0
桃園水利會	166	14	132	112
石門水利會	90	4	84	54
新竹水利會	25	1	7	5
苗栗水利會	67	2	62	30
台中水利會	367	5	362	212
南投水利會	67	20	47	7
彰化水利會	1,097	2	1,095	338
雲林水利會	1,273	165	11	3
嘉南水利會	421	6	298	50
高雄水利會	201	5	185	36
屏東水利會	187	4	0	0
台東水利會	17	1	0	0
花蓮水利會	21	1	0	0
總計	4,180	231	2,303	847

註：由本計畫彙整統計。

（三）資料比對與篩選

　　由於一定規模以上且產生廢水之事業體，即需納入環保署之「事業水污染源管制資料庫」中列管，此資料庫中各項資料雖完整卻也相對龐大，且並非每筆資料皆與本研究有相關聯性，因此本研究以《水污染防治法》規範之水污染防治措施計畫之事業種類、範圍及規模資料庫，優先以放流水標準業別並針對十二縣市中可能造成重金屬污染之污染源進行篩選，再與水利會建檔之排洩戶資料進行比對以排除與本研究無關之污染源。環保署列管污染源及水利會建檔之排洩戶兩資料庫之事業機構名稱、地址比對篩選，若篩選出雖不是水利會建檔排洩戶，但廠址附近有排洩戶分布之列管事業體資料則列入篩選名單。若環

保署列管污染源之資料其事業機構之名稱、地址與 GIS 座標均無法與水利會建
檔之排洩戶資料比對相符者,則予以刪除。最後篩選出之污染源事業體,即為
潛在污染農地之污染源,潛在污染農地之污染源資料點篩選流程圖如圖 3-2 所
示,而經過篩選後之列管事業,則建議政府相關單位將其列為為優先清查之污
染源名單。

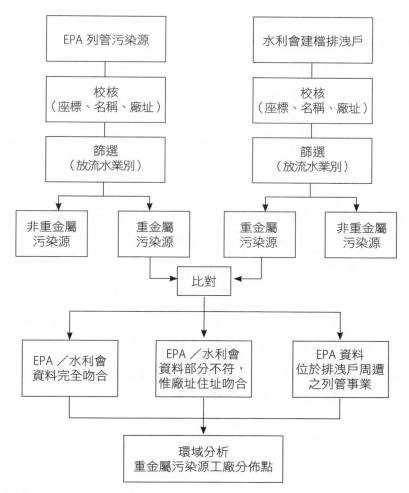

▲ 圖 3-2　重金屬污染源工廠分布點篩選流程圖

(四)篩選後資料之污染輸出總量分級

　　由於各事業體規模不一,對於環境影響之貢獻量亦有不同程度影響,因此

本研究依各事業體之流放水量（CMD）為參考值，進行低、中、高三種輸出總量分級並給予不同之權重，以利後續可能污染源與現有污染農地之相關性分析之進行，其分級步驟如下：

1. 經環保署列管事業資料與水利會排洩戶資料，篩選比對後同為列管事業及排洩戶者有 410 戶，鄰近排洩戶之列管事業則有 369 家，以此為重金屬污染源之基本資料即污染源優先清查名單，共 779 家。

2. 將各事業體之水量（CMD）乘以放流水標準重金屬濃度限值，換算成各事業體放流水中重金屬總輸出量，並將結果遞增排序。

3. 將整個排序資料分成四個等分，每等分各佔 25% 的分配，亦即第一個四分位數（Q1）代表在該數值以下佔總數的 25%，第二個四分位數（Q2）即為中數，代表在該數值之下佔總數的 50%，第三個四分位數（Q3）即代表於該數值之下佔總數的 75%，可將上述結果分為低、中、高三個輸出總量等級：

   (1) 低輸出總量級為污染源優先清查名單中，放流水中重金屬總輸出量排序為最小值至第一四分位數排序者（Min ~ Q1）。

   (2) 中輸出總量級為污染源優先清查名單中，放流水中重金屬總輸出量排序第一四分位數至第三四分位數者（Q1 ~ Q3）者。

   (3) 高輸出總量級為污染源優先清查名單中，放流水中重金屬總輸出量排序為第三四分位數至最大值者（Q3 ~ Max）者。

4. 經由統計結果顯示農地污染源以放流水重金屬總輸出量高者為主（詳見圖 3-3），顯示此類污染源對農地污染影響最為顯著，該類污染源輸出總量佔全體污染源總量 89%，因此將重金屬污染高輸出總量之事業體其廢污水影響範圍設為距灌溉渠道距離 1,500 公尺；中輸出總量級之事業體影響範圍設為距灌溉渠道距離 1,000 公尺；影響最低之低輸出總量之事業體則設為距灌溉渠道距離 50 公尺。

   農地重金屬污染除各事業體之放流水所影響外，因放流水之承受水體部分會成為水利會灌溉水之引用水源，或部分工廠廢污水直接排放進入灌渠中，使灌渠受到重金屬污染，進一步使引用受污染渠道灌溉水之農田遭

受重金屬污染。上述其影響農地範圍主要是以入水口附近為主，約 10 公尺
的範圍，另外一般標準的農地規劃面積大小約為 2 分半，即約 2,500 平方公
尺（50M×50M；100M×25M），因此再將渠道影響範圍分別設為 10、50 及
100 公尺。

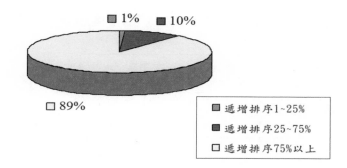

▲ 圖 3-3　污染源重金屬輸出總量分布比例圖

（五）可能污染源與現有污染農地之相關性分析

　　為瞭解潛在污染源與現有污染農地兩者間之相關性，首先以台灣耕地土壤
調查圖（土壤圖）為基圖，套疊上污染源事業體及灌溉渠道分布資料，再疊放
319 公頃農地污染調查場址資料，針對可能污染程度的需要調整風險等級。等
級調整的步驟及方法如下：

1. 以台灣耕地土壤調查圖（土壤圖）為底圖，套疊污染源事業排放總量分級
　　圖（50M、1,000M 及 1,500M 之涵蓋範圍），並給予 1、2 及 3 三種分級數
　　值。

2. 再套疊灌溉渠道分布圖（分析涵蓋範圍 10M、50M 及 100M），依序給予
　　1、2 及 3 三種分級數值。

3. 就上述渠道之涵蓋範圍與排放總量分級圖進行聯集，並將聯集範圍內所覆
　　蓋之排放分級數值加總，成為該聯集之分級總數值（1 ～ 9）。

4. 將上述九個等級（排放總量 3 等級，渠道涵蓋範圍 3 等級）之分布量，分
　　別加總之分數總數值取最大與最小值，並將其範圍劃分為三等分，總數值
　　最大範圍者為最高風險區，總數值最小範圍者則為低風險區。

5. 將319公頃農地污染調查場址疊放於上述三等分，以檢視是否全部（或90%以上）落於高風險區，若是則風險等級調整完成。

6. 若319公頃農地污染調查場址未落於高風險區，則需再調整風險數值範圍，使319公頃農地污染調查場址都能（或90%以上）落在高風險區內。

等級調整之六個階段性步驟，見風險等級調整流程圖（圖3-4）。

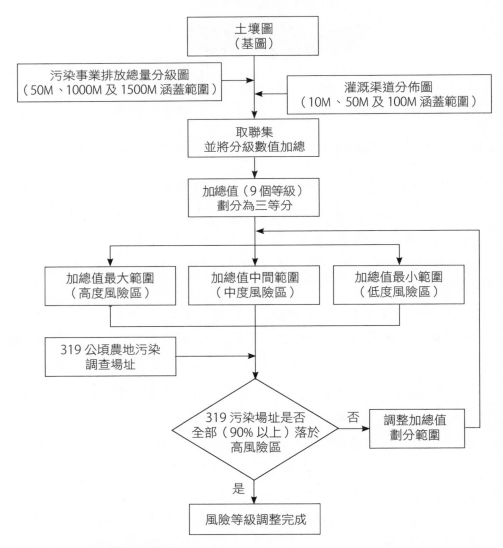

▲ 圖3-4 風險等級調整流程圖

（六）農地污染潛勢

　　上節風險等級調整流程之結果可以得到各風險區範圍，由圖中可以瞭解重金屬污染源與渠道分布在不同涵蓋範圍下之相關性，並調整其風險等級。調整農地污染等級後，既有 319 管制場址均能落於高風險區，該調整分析結果即污染源之分布與農地污染間具高度相關性，本研究結果共有 13 組分級總數值，其中總數值 1 ～ 2 為低風險區、3 ～ 5 為中風險區，而 6 ～ 13 為污染高風險區，且高污染等級與 319 管制場址達 90% 之覆蓋率，農地污染風險分布圖如圖 3-5 所示。

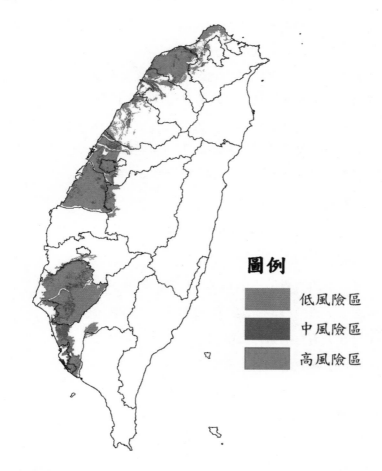

▲ 圖 3-5　污染風險等級分布圖

四、預防及減輕農地污染風險方案

　　由於農地土壤重金屬污染係一長期累積之結果，潛在之污染源資料主要來自環保署「水污染源管制資料管理系統列管事業資料」與行政院農委會之「排洩戶」，但各事業體之污染貢獻量並不一致，且非所有事業體均會造成重金屬之污染，因此建議將位於高污染風險區之重金屬污染源及含重金屬污染風險之事業體進行優先清查，隨時監測污染風險，以降低農地受污染之風險，而非重金屬污染源之事業體則採隨機抽檢之方式進行監測，以確保不會使農地造成污染，建議清查重金屬污染農地之潛在污染源流程如圖 3-6 所示。

　　依據上述分析數據建議預防及減輕農地污染風險短、中、長期方案，並彙整如表 3-8 所示：

（一）挖除灌溉渠道底泥僅為治標之做法，未解決灌溉水質污染問題，其健康及環境風險之降低有限，因此需有相關配套措施。

（二）灌溉排水系統管理方案應針對現行執行缺失及法令要求，配合實務可行性，依法規、管理及工程技術等不同層面擬定短、中及長期之技術與對策以維護灌溉水質，降低農地污染的風險。

（三）短期之對策：

　　1.（法規）增訂管理單位權限委託（《水污法施行細則》第 9 條之 1）。

　　2.（法規）修訂底泥清除方案指引。

　　3.（法規）研訂農地土壤監測點及定期監測方案。

　　4.（法規）研訂農地土壤污染預防性監測方案。

　　5.（管理）清查搭排戶及排洩戶。

　　6.（管理）建立污染量申報制度。

　　7.（管理）針對優先清查／檢測高風險區。

　　8.（管理）污染源名單進行查訪。

　　9.（管理）強化高風險區監測灌溉水質系統。

　　10.（工程）優先清除高風險區渠道底泥。

11.（工程）探討於渠道上游設置沉澱池可行性。

12.（工程）設置農地土壤監測點並定期監測。

（四）中期之對策：

1.（法規）擬定灌渠總量管制標準（《水污法》第9條；《水利法》）。

2.（管理）建立污染源資料庫。

3.（管理）建立灌溉水質即時監測系統。

4.（管理）執行灌渠總量管制。

5.（管理）逐步縮減排放重金屬產業搭排許可。

6.（工程）探討高風險區搭排戶設立排放專管可行性。

7.（工程）於高風險區優先布設公共排水／下水道系統。

（五）長期之對策：

1.（法規）增訂灌排分離法條（《水利法》）。

2.（管理）灌渠禁止排放任何廢（污）水（《農田水利會灌溉排水管理要點》第21條）。

3.（工程）灌排分離工程。

4.（法規、管理）農地嚴禁任何工業設施。

5.（法規）國土規劃於農地周遭劃設緩衝區。

在追蹤潛在污染源執行方案，建議由環保署及農田水利會共同負責執行。在環保署方面，雖已對水污染之列管事業資料進行建檔，但仍有部分資料之座標標示、名稱、廠址有誤及缺漏，需再進行校核以使資料庫更趨完整。而依放流水業別所篩選出放流水含重金屬者，為優先污染源並進行清查，以確實瞭解此污染源是否即為造成農地重金屬污染之成因，並針對重金屬污染高風險區域內，高污染量之事業體水質進行定期檢測，以維持放流水水質之標準，且於管制污染高風險區域中，管制渠道水質之總量，降低承受水體之負荷以減少污染風險，另外，環保單位因稽查人力及其他工作負荷常無法「及時」查處，部分農民亦反映其發現疑似此類違法情事，待通報環保單位會同稽查時已喪失查處時機，因此建議增訂管理機構查證委任權，以有效管理污染源。

在農田水利會方面，《臺灣省灌溉事業管理規則》第 27 條中規定：「灌排系統及灌區集水區域內未經管理機構之同意，不得擅自排放廢污水」。而已建檔之排洩戶資料之座標標示、名稱、廠址仍有部分資料有誤及缺漏者需進一步進行校核，並建立水污染量的申報制度及即時線上監測水質系統，以確實掌控污染量之排放，避免灌排承受過量之污染廢水。此外，再將農地污染高風險區域中，未建檔之搭排戶進行清查，以瞭解污染量排放情況及是否亦會造成農地之污染。設立固定的水質即時監測站，能夠隨時掌握污染源水質狀況，降低農地污染的風險，最後同樣於管制污染高風險區域中管制渠道水質污染總量，以降低農地污染風險。

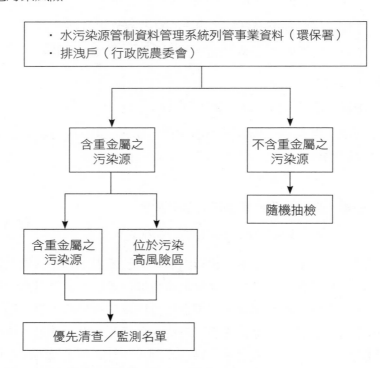

▲ 圖 3-6　建議清查重金屬污染農地之潛在污染源流程圖

執行單位	時程	工作內容
經濟部／農委會	長期	1. 增訂灌排分離法條（《水利法》）。 2. 農地嚴禁任何工業設施。 3. 國土規劃於農地周遭劃設緩衝區。
環保署／環保局	短期	1. 增訂管理單位權限委託（《水污法施行細則》第 9 條之 1）。 2. 研訂農地土壤污染預防性監測方案。 3. 修訂底泥清除方案指引。 4. 清查搭排戶及排洩戶並優先清查／檢測高風險區污染源名單。 5. 強化高風險區污染源排放廢水監控。 6. 設置（農地）土壤監測站並定期監測。 7. 探討於渠道上游設置沉澱池可行性。
	中期	1. 擬定灌渠總量管制標準以執行渠道總量管制（《水污法》第 9 條；《水利法》）。 2. 逐步縮減排放重金屬產業搭排許可。
營建署／縣（市）政府	中期	1. 於高風險區優先布設公共排水／下水道系統。
	長期	2. 執行灌排分離系統工程。
農田水利會	短期	1. 清查搭排戶及排洩戶並優先清查／檢測高風險區污染源。 2. 強化高風險區監測灌溉水質系統。 3. 建立污染量申報制度。 4. 優先清除高風險區渠道底泥。 5. 設置農地土壤監測點並定期監測。
	中期	1. 建立污染源資料庫以執行渠道總量管制。 2. 建立灌溉水質即時監測系統。 3. 逐步縮減排放重金屬產業搭排許可。 4. 探討高風險區搭排戶設立排放專管可行性。
	長期	1. 灌渠禁止排放任何廢（污）水。 （《農田水利會灌溉排水管裡要點》第 21 條）。 2. 執行灌排分離工程。

表 3-8　預防及減輕農地污染風險短、中、長期方案

參考文獻

- 王詠玲，2004，〈高雄市土壤品質中重金屬之分布及健康風險評估之研究〉。高雄：國立高雄第一科技大學環境與安全衛生工程系研究所碩士論文。

- 內政部，2003，國土資訊系統網站，取自 http://ngis.moi.gov.tw。

- ———，2004，內政部營建署全球資訊網，取自 http://cpami.gov.tw/law/law/law.htm。

- ———，2005，內政部營建署市鄉規劃局網，取自 http://www.tcd.gov.tw/tcd /index.asp。

- 行政院農業委員會，2005，「加強灌溉水質管理維護計畫」第二次工作檢討會議會議資料。

- ———，2014，台灣農地資源資訊系統，取自 http://talris.besa.nchu.edu.tw/index.htm。

- 行政院環境保護署，2002a，《農地土壤重金屬調查與場址列管計畫》。

- ———，2002b，《污染農地灌溉渠道底泥及水質重金屬污染調查計畫》。

- ———，2003，〈土壤及地下水污染整治法〉。土壤及地下水污染整治基金管理會網站，取自 http://ww2.epa.gov.tw/SoilGW/index.asp。

- ———，2017，〈106 年度土壤及地下水污染整治年報〉。土壤及地下水污染整治基金管理會網站，取自 https://sgw.epa.gov.tw/public/download/annual-report/e872edde-4bee-4ab0-9e12-a6227ce3c6ba。

- ———，2014，土壤及地下水污染整治網，取自 https://sgw.epa.gov.tw/public/download/annual-report/e872edde-4bee-4ab0-9e12-a6227ce3c6ba。

- ———，2006，《灌溉水及灌溉渠道底泥對農地污染之影響探討計畫》。

- 吳文娟，2003，〈我國土壤及地下水污染整治現況與前瞻〉。論文發表於「第八屆土壤及地下水污染整治研討會」。

- 何勝惟，2002，《應用多變量統計於土壤重金屬污染與土地利用之分析》。台北：國立台灣大學生物環境系統工程學研究所碩士論文。

- 林正錯、林重光、林毓雯、劉滄梣，1992，《土壤污染防治資訊系統建立》。論文發表於「第三屆土壤污染防治研討會」。

- 林正錯，1999，《農地資源規劃利研究》。農委會委託研究計畫報告。

- ———，2003，《台灣農地資源資訊系統（TALRIS）的發展與應用》。論文發表於「國土資訊系統研討會」。

- 梁秋萍、林尉濤，2005，〈加強灌溉水質管理維護執行成效〉。《農政與農情》：30-37。

- 林佳穎，2003，〈誰來保寶山〉。環境資訊中心，取自 http://e-info.org.tw/column/ourisland/2003/ou03121201.htm。

- 林麗惠，1998，《台南特定農業區之區位研究》。台中：國立中興大學土壤環境科學系研究所碩士論文。

- 周天穎，2003，《地理資訊系統理論與實務》。台北：儒林。

- 夏安宙，2004，《鹽酸清洗法整治受鎘污染土壤之實証研究》。台北：國立台北科技大學環境規劃與管理研究所碩士論文。

- 徐世榮。1998。〈環保抗爭與土地使用區位調整〉。頁 49-1-49-11，收錄於汪明生等著，《環境管理與都市發展》（二）。台北：淑馨。

- 張南昌。1998。《以地理統計及地理資

訊系統分析台灣地區土壤重金屬污染分布》。台北：國立台灣大學農業工程學系研究所碩士論文。

● 張尊國，2000，〈土壤重金屬含量資訊系統之建立與應用〉。《國土資訊系統通訊季刊》36。

● 張尊國，2002，《台灣地區土壤污染現況與整治政策分析》。台北：財團法人國家政策研究基金會。

● 許益源、陳淑珍、葉琮裕，2003，《重金屬污染土壤清洗整治技術與案例分析》。論文發表於「第八屆土壤及地下水污染整治研討會」。

● 許永華、洪文宗、李其欣、楊喜男、李以彬、魏佩玉、黃玉瑰、李俊宏、王漢泉、顏榮華、尹開民，2005，《環境採樣規劃設計》。環保署環境檢驗所。

● 黃書禮，2000，《生態土地使用規劃》。台北：詹氏。

● 新竹市政府，1998，《新竹市綜合發展計畫》。

● 農田水利會聯合會，2004，《中華民國九十二年度台灣地區農田水利會資料輯》。

● 農業工程研究中心，1993，《本省嚴重污染灌區之土壤作物與地下水之惡化調查——彰化水利會東西二圳灌區》。行政院農業委員會研究報告。

● 農業工程研究中心，1994，《本省嚴重污染灌區之土壤、作物與地下水之惡化調查（高雄二仁溪灌區）》。行政院農業委員會研究報告。

● 農業工程研究中心，1994，《黃墘溪流域土壤等調查報告》。桃園農田水利會研究報告。

● 農業工程研究中心，1995，《本省嚴重污染灌區之土壤、作物與地下水之惡化調查（高雄鳳山圳灌區）》。行政院農業委員會研究報告。

● 農業工程研究中心，1997，《大堀溪流域

水質及土壤調查後續計畫》。桃園農田水利會研究報告。

● 農業工程研究中心，1999a，《桃園農田水利會灌區各溪流水質與灌溉農田土壤污染情況調查——南崁溪》。桃園農田水利會研究報告。

● 農業工程研究中心，1999b，《嚴重污染灌區水－土－作物之先驅調查與研究》。行政院農業委員會研究報告。

● 農業工程研究中心，2000a，《嚴重污染灌區之先趨性調查工作》。行政院農業委員會研究報告。

● 農業工程研究中心，2000b，《桃園農田水利會灌區各溪流水質與灌溉農田土壤污染情況調查——茄苳溪、崁頭溪與德龜溪》。桃園農田水利會研究報告。

● 農業工程研究中心，2001，《桃園農田水利會灌區各溪流水質與灌溉農田土壤污染情況調查——新街溪與老街溪》。桃園農田水利會研究報告。

● 農業工程研究中心，2002，《桃園農田水利會灌區各溪流水質與灌溉農田土壤污染情況調查——新海灌區》。桃園農田水利會研究報告。

● 農業工程研究中心，2003，《農田水利會渠道底泥與農田土壤中重金屬含量調查與分析》。農業工程研究中心研究報告。

● 楊燦塘，1997，《台灣農地區位分級之研究》。台中：國立中興大學土壤環境科學研究所碩士論文。

● 瑞昶科技股份有限公司，2002，《污染農地灌溉渠道底泥及水質重金屬污染調查計畫成果報告》。行政院環境保護署委託研究計畫。

● 葉琮裕，2002，〈重金屬污染農地整治〉。《工業污染防治》84。

● 劉錦添，1990，〈淡水河水質改善的經濟效益評估——封閉式假設市場評估之應用〉。《經濟論文》18(2): 99-128。

● 劉錦添，1993，〈環境風險降低的價值評估——台灣的實証研究〉。《經濟論文》20(2): 679-695。

● 劉慧甄，1996，《台灣農地區位分級——以台南縣為例》。台中：國立中興大學土壤環境科學系研究所碩士論文。

● 駱尚廉、闕蓓德，1997，《受重金屬污染土壤之整治復育技術及復育方案評估》。論文發表於「第五屆土壤污染防治研討會」。

● 陳正祥，1957，〈台灣氣候之分類〉。《氣象學報季刊》3(2): 1。

● 陳錕榮，2000，《重金屬污染場址調查與復育技術評估之研究》。雲林：雲林科技大學環境與安全工程技術研究所碩士論文。

● 陳尊賢，2002，《土壤資訊在環境影響評估之應用》（頁 151-170）。論文發表於「土壤資訊應用研討會」。

● 陳賜章，2002，《台南縣受重金屬污染農地土壤復育成效之追蹤》。屏東：屏東科技大學環境工程與科學系碩士論文。

● 陳錦嫣，2003，《GIS 技術與實務應用》。新北：新文京。

● 陸雲，1990，〈環境資源估價之研究——非市場估價法〉。《經濟論文》18(1): 93-134。

● 謝添進，2002 ，《高屏地區土壤污染涵容能力推估》。台南：國立成功大學環境工程學系研究所碩士論文。

● 謝靜琪、簡士豪，2003，〈環境敏感地區之保育價值〉。《台灣土地金融季刊》24(1): 5。

● 謝華、廖曉勇、陳同斌、林鑒釗，2005，〈污染農田中植物的砷含量及其健康風險評估——以湖南郴州鄧家塘為例〉。《地理研究》24(1): 151-159。

第四章

原住民居住風險與韌性：
屏東與台東三個部落的探討

紀駿傑、李佩純

一、前言

全球進入極端氣候的今天，台灣也不能倖免。2009 年莫拉克風災重創台灣，成為台灣近十年來最大型災難之一，引發中南部大規模土石災害和海水倒灌的災情。在莫拉克風災之後，2010 年凡納比颱風在台灣南部帶來的強風豪雨，再度重創莫拉克颱風受災區域，甚至高雄市區的單日最高降雨量達到426.5 公釐，超過前一年的莫拉克風災；2015 年又一蘇迪勒颱風重創台灣北部；2016 年莫蘭蒂颱風的強風豪雨也造成台東多處土石流坍方，土石流衝入多處部落，多數山壁崩塌，台東紅葉部落也因此被勘定為危險區域。

從這些逐年增強的災情觀之，原處於多颱風地理區位的台灣，每年颱風等天災規模不斷升級，極大豪雨使得土石流和水災的情形更為頻繁，單日降雨量超過 200 公釐的豪雨標準的情況屢見不鮮。由於原住民族居住區域長年受到歷史性、政策性的土地不當開發和環境生態破壞，導致莫拉克風災有八成以上的災區位於原住民居住區域（謝志誠等 2013），其後的天災也對原住民族居住區域帶來重大災害，在在顯示氣候變遷下，原住民族居住區域是首當其衝的受災前線。

原住民族的居住安全風險反映面對災難時，社會結構的不平等和不同文化模式之間的衝突與矛盾。莫拉克風災後，政府快速通過《莫拉克颱風災後重建特別條例》（簡稱《重建條例》），雖然條例明訂「（第 2 條）災後重建應以人為本，以生活為核心，並應尊重多元文化特色，保障社區參與，兼顧國土保安與環境資源保育」，但執行上還是以「國土保育」為重建原則，未能妥善考慮受災原住民的實際重建需求，致使受災部落一被勘為「危險區域」或「安全堪虞區域」後，政府立即安排異地興建「永久屋」，強制將原住民遷離山區安置，其中以屏東、台東兩地產生最多異地重建案例。儘管《重建條例》提及「災區重建應尊重該地區人民、社區（部落）組織、文化及生活方式。中央政府、直轄市政府、縣（市）政府得就災區安全堪虞或違法濫建之土地，*經與原住居者諮商取得共識*，得劃定特定區域，限制居住或限期強制遷居、遷村，且應予符合前項之適當安置（第 20 條）」。但面對安置，部落對於戶籍和土地所有權的觀念和政府差異很大，強制且倉促遷離原居地等於去除部落的自主性，由政府單方面從戶籍和永久屋的概念安置，就是間接消滅部落原本的紋理和脈絡。因

此安置後，針對劃定區域、「永久屋」與去脈絡的遷村政策，居民一連串的抗議，凸顯政府並未和部落取得共識，也沒有尊重受災居民的文化及生活方式。

儘管 2014 年 8 月 29 日《重建條例》已廢止，政府依然沿襲條例中最引人非議的「永久屋」安置條款。2016 年莫蘭蒂風災重創台東紅葉部落，部落居民提出興建永久屋要求，由台東縣政府主導重建事務，選定永久屋基地，央請行政院中央工程委員會及慈濟基金會協力興建永久屋，重建模式也參照《重建條例》。

原住民部落熟悉原鄉環境及與環境共處的知識，在災害來臨時較為知道如何因應下一次的災害侵襲，災害過後也能較快的恢復原有的日常生活，但離開原鄉後，部落只能一面適應「永久屋」的環境，一面修復被毀壞的社會網絡。受災居民利用鄰近「永久屋」的畸零地或是租賃土地，持續種植小米、紅藜等傳統作物，可以製作傳統食物，在文化活動中使用，試圖恢復原鄉生活模式，但部落遷入「永久屋」後，傳統文化祭儀難以舉行，族人脫離原鄉也斷開了與土地的連結關係，長期在原鄉環境中累積的地方知識與智慧無法延續傳承。

2009 年莫拉克風災後的重建過程與政策爭議，引起了學術界對於原住民族群處境的關懷及研究討論。本研究以 2009 年與 2016 年不同原住民社群受到災難衝擊後災後調適情形的差異比較，探究原住民社群面臨災難、災後重建及安置政策的困難處境。本章以屏東縣來義鄉來義部落與霧台鄉好茶部落為例，分析 2009 年莫拉克風災後的重建政策對原住民部落造成的衝擊，以及重建過程中原住民部落與援建的地方政府團體之間的爭議。2016 年受莫蘭蒂風災影響的台東縣延平鄉紅葉部落，再度沿用先前備受討論的永久屋政策做為安置措施，卻產生不同的結果。從受災原住民社群歷經安置、永久屋遷村，藉由文獻及田野調查梳理永久屋政策對於原住民族居住風險的影響，探究 2009 年與 2016 年不同原住民社群在傳統經濟生活受到衝擊後，原住民社群災後的調適情形，以及其如何面對自身居住環境風險的應變方式。

二、文獻探討

台灣原住民族群多數原居於高山，但基於治理、就學、就醫等考量，甚至拓路、採礦、伐木、農業開發等經濟需求，台灣歷史上的各個政權都曾將原住民部落遷移至不適宜居住的地區。加上長年台灣受到多地震、多颱風的自然因

素影響，當災難發生時，台灣原住民便成為「易受災群體」（紀駿傑 2014）。

　　目前災難研究中也已經指出，族群、社會階級導致的不平等將會使得這些社會階層面臨災難風險的可能性升高（張宜君、林宗弘 2012），對於高度仰賴土地及自然資源的原住民部落，面對豪雨、土石流等極端災害型態的衝擊程度更高。降雨量集中提高土石流對於部落的威脅，影響居住環境安全，道路中斷則使得物資無法送入部落，後者引發產業輸出的中斷，影響原住民的農作物無法賣出，甚且只能離開部落工作。由此看來，原住民部落居住安全所面臨的最大威脅深受自然環境因素影響，同時也連帶影響經濟及生活（王俊豪、陳美芬 2015）。

　　在台灣，原住民是居住最久的群體，與土地共生共存，擁有豐富的生態知識，加上踏入資本經濟社會的時間很晚，原住民社群仍保有相當強韌的社群連帶關係，而得以維持其傳統文化體系（紀駿傑 2014）。原住民族普遍居住在脆弱的環境，漸漸原住民社群培養出一股災後復原的回復力量，社會學家將這種受災社群的回復能力稱為韌性（resilience），也可以說是受到災難的個人或群體的災後調適及回復的因素（Aldrich 2012；林宗弘 2016）。

　　如何避免或降低這些風險對受災群體或社會產生衝擊，這個議題成為災難研究中的重要討論。過往研究都已經指出受災居民在面對災難的時候，對於意外的發生能夠很快的適應，同時積極救災與互助合作，家庭與社區的關係比災前更緊密連結（謝志誠等 2012）。Aldrich（2012）借用社會資本的研究，分析四個國外大型災難，以個人與家庭鄰里連結、其他族群、宗教等不同群體、受災者與援助者（通常是政府及決策者）不同群體之間的連結，發現這些連結可以經由個人與群體之間的牽絆、群體與群體之間的橫跨，決策者與群體之間，綜連社會網絡而取得資源，並傳遞訊息與交流，傳遞彼此可以接受的規範（Aldrich 著、林經桓等譯 2012）。家庭、社區、社會體系越穩固的牽絆式部落比較能夠形成橫跨部落的合作，同時也更能有效地從 NGO 或政府機構獲得所需的重建資源，具備更好的韌性。

　　綜上所述，面對災難時必須透過風險治理，找出適當的因應方式，風險治理中包含風險評估、風險管理、風險傳播等三個元素。周桂田（2013）從台灣面對災難社會的風險治理進一步指出，災難社會的風險與環境因素、氣候變遷兩者密不可分；全球性的暖化現象與劇烈氣候的難以預測性都使得災害風險不

再以自然科學為主流。當科學家無法準確的使用模組去預測氣候變化，或者當劇烈氣候造成強降雨的雨量短時間內迅速超過警戒值，使得全國土石流的潛勢地圖資訊不再準確，都使得災難社會的風險治理必須要從自然科學的「量化」評估，跨領域到社會經濟族群脆弱度的「質性」風險評估，重視同一社會制度蘊含了不同地方的社會條件、文化。

同時，周桂田也指出社會科學領域不以管理科技來談災害風險，而是以「風險治理」來談治理，比「管理」多了責任性，也更強調高度透明。換句話說，藉由跨領域的整合來考量氣候變遷之下的整體社會治理。除了以科學技術建立長期且完整的數據資料庫外，更要將人類學、社會學的質性資料納入整合性的評估，從自然科學、人文社會兩面向的脆弱度去評估某個族群或區域，這樣才能建構出完整的風險治理架構。

從莫拉克風災後的遷村案例來看，受災區許多原住民部落的勘查都被勘應為「危險區域」或「安全堪虞」區域；將原住民遷離山區，由 NGO 團體興建「永久屋」做為安置手段侷限在「遷村」或「不遷村」的二選一難題中，卻未能將原居地的災害風險及遷村後的生活產業的各項風險納入考量（謝志誠等 2012），使得許多受災部落居民對於「永久屋」的反彈相當強烈。這種將原住民的原居地劃定特定區域，讓原住民離開賴以維生的土地，異地重建產生的經濟、社會、文化系統的破壞，也被當時受災的原住民認為是一種「滅村」的行為（莫拉克獨立新聞網 2013）。對原住民部落來說，土地是財產也是生存、信仰、風俗、傳統與文化的基礎（謝志誠等 2012），因此遷離原居地成為災後面臨遷村原住民部落的共同掙扎。

由上述可知，台灣原住民部落面對自然環境風險的同時，也須面臨社會性的資本斷裂或崩解的風險，因此本章從莫拉克風災後，面對重建政策及自然環境風險造成部落內社會關係緊繃的來義部落，探究原住民部落的重建調適過程，以及其看待自身居住風險的方式。而 2016 年受到莫蘭蒂風災後一樣選擇永久屋安置的紅葉部落，與前者在災後應變方式和結果卻大不相同。以同樣在莫拉克災後，原鄉被掩埋而遷入禮納里的好茶部落為例，透過田野訪談以其重新連結社會資本的方式，從好茶部落在無可奈何的情境下，卻堅持維持部落形式不至於分崩離析的社群關係，究析原住民社群特有的社會連結及文化特性，希冀尋找出一套更適宜原住民部落的風險治理方式。

三、來義部落的遷村困境

社會大眾面對災害常存在一種迷思，認為人們在面對或遭受災害時，都會陷入不理性、失常、失能、無助的狀態，這樣的迷思往往放大了國家做為唯一有能力、有知識面對災害及進行災後重建的角色，同時社會大眾也正當化了國家干涉的力量（張宜君、林宗弘 2012）。這樣的迷思，同樣也存在於對國家和原住民在災害管理之角色設定上，例如：原住民不具備水土保持的知識，認為原住民沒有能力面對災害，以及認為國家應該扮演強而有力的主導與決策角色（官大偉 2014）。因此身為結構面和受災面雙重弱勢的原住民族常在災難重建的參與過程被忽略，甚至被決定。

事實上，部落對於原鄉環境的知識比較熟悉，原住民透過長期對於環境的觀察，不斷與環境互動而產生其經驗知識體系，這些知識使原住民對於災害擁有獨特的認知與應變方式。原住民族多數生活地區位於山林，這些地區有獨特不同於平地的地形、地質、水文條件（官大偉 2014）。原住民族幾千年見證山林的生態，也累積豐富的生態知識，社群保留的傳統知識，讓許多原住民社群可以在遭逢大自然或社會變遷之時，具備足夠的社會文化韌性來進行調適（紀駿傑 2014）。這份文化韌性引領原住民族面對並因應下一次的災害侵襲，但一旦離開原居地後，重新適應新的生活則會大大削弱原住民族的調適能力，本節以 2009 年莫拉克風災後，來義部落被遷村過程說明多數原住民族在災後的迫遷過程。

屏東來義鄉的來義部落原居地在台灣中央山脈南端，1950 年代台灣省政府獎勵原住民移住，來義部落從舊來義遷移至林邊溪上游南側的平緩坡地，緊鄰台東縣界，分為東、西兩部落。2009 年莫拉克風災侵襲，來義部落河水潰堤，泥沙沖毀聯外道路和來義國小內社分校和民宅房舍。原先部落居民對於居住環境的風險意識就相當高，得以即時撤離而無人傷亡。2009 年 10 月 1 日，「莫拉克颱風災後部落原居地安全評估說明會」在來義鄉召開，來義村東、西部落皆被列為不安全區域，但來義村長主張來義村的原居地不想荒廢，仍想要規劃在原居地重建，但政府依然強制將部落劃定為特定區域。

2009 年 12 月 12 日，來義鄉村民聚集抗議被劃定特定區域，並以「尊重部落主權」等口號宣告捍衛土地所有權，因此來義鄉災區未被列入特定區域。來義部落的洪嘉明是抗議行動的發起者，他提到族人擔憂劃定特定區域的土地會被降限使用，無法居住形同被迫廢村，因此主張原地重建，並在重建之前有中繼安置的住所，但爭取中繼屋／避難所的想法並未成功。

莫拉克風災後，政府以國土保育做為災區重建的指導原則（行政院經濟建設委員會 2009），全力推行異地重建的「永久屋」安置政策。同時，《重建條例》也首度將「強制遷居、遷村」政策法制化，誇大中繼功能的組合屋弊病，並刻意凸顯「永久屋」的好處與效率。如表 4-1 所示，政府除了積極鼓勵災民選擇異地重建的「永久屋」，同時也間接否定中繼屋的選項，致力將災民遷至政府認為符合國土保育的永久屋基地（謝志誠等 2013）。。

表 4-1 異地重建與原地重建的差別待遇		
重建機構	異地重建（含另行購屋）	原地重建
慈濟基金會	無償贈與永久屋	無
紅十字會	無償贈與永久屋	補助每坪 4 萬元、每戶最高補助 112 萬元
世界展望會	無償贈與永久屋	無
中央政府（含賑災基金會）	1. 另行購屋者（不分配永久屋）補助 50 萬元及提供低利貸款。 2. 配合限期搬遷的遷居者，另有房屋租金、搬遷費與生活輔導金補助。	提供低利貸款

資料來源：謝志誠、陳竹上、林萬億，2013。

2010 年 9 月，凡納比颱風再次帶來龐大的雨量，導致溪水暴漲，大量泥沙挾帶而下，將重建的道路設施、內社分校及民宅再次沖毀。部落居民也開始擔憂部落的居住安全問題，在沒有中繼屋的選項下，高達 80% 的部落居民只能申請「永久屋」避難，但申請「永久屋」的居民只是將「永久屋」認定為避難地，真正的原居地雖然暫時受到天災侵襲，但原居地才是來義部落真正的家。

　　來義鄉的寶望義鄉長主張以集體遷村的方式讓部落維持一個整體；但來義部落屬排灣族，排灣族是長嗣繼承制度，除了長子或長女繼承房屋外，其餘的孩子婚後便分戶，在部落內另蓋違章建築成家（但戶籍仍在長嗣家中），因此部落內普遍存在一址多戶的狀況。即便高達 80% 的居民申請永久屋，但除了長子和長女擁有戶籍和房屋，因此能順利申請到「永久屋」之外，非長嗣居民的居住事實則是由公部門主觀判定，共有 110 戶申請，最後核配的戶數卻僅有56 戶。

　　在文化差異下，政府認為部落居民應該都要有房屋和對應的戶籍，忽略排灣族的長嗣繼承文化，戶籍和房屋並不是有必然的關係，戶籍雖然掛在長嗣家中，但事實上各家各戶並非居住一處。即使政府鼓勵部落異地重建，但在政府的認定標準中，一半以上的部落居民並不被認可為居民。換句話說，政府透過永久屋的申請認定，在空間和情感上同時撕裂來義部落，導致來義部落一半的族人居住在永久屋，另一半的居民則留在原鄉。

　　部落人口流失，族人的分離造成了部落各方面的沒落，脫離熟悉的自然環境和傳統生活空間，阻斷了原鄉孕育族群文化的重要功能，來義部落年輕人越來越少回到原居地就是最大的證明。事實上，國土保育和原住民族的原鄉重建並非是衝突的存在，政府想達成國土保育的目標，並非一味將災民遷移原居地，政府應嘗試從當地原住民族的角度理解災害，使多元的觀點參與到國家對於災害的界定，避免為主流社會之利益而犧牲原住民；更應將原住民族的災害知識納入災害管理之中，創造原住民生存發展與災害管理的雙贏（官大偉2014）。

　　綜觀台灣過去的案例，1990 年花蓮銅門村的太魯閣族人歷經土石流災變後，讓族人更加體認到維護自然環境的重要性，因此整合部落族人的力量，進行兩年的封溪護魚保育行動，並成功推動生態旅遊，不但讓族人留在原鄉保護自然環境，更獲得經濟上的收益。2009 年阿里山鄒族的達娜伊谷也在莫拉克風災毀於一旦，但留在原鄉的族人經由外界的協助，讓生態公園短短兩年就恢復昔日榮景，這些都說明了台灣原住民獨特的社會文化韌性，讓在原鄉的他們可以在巨變後進行適切地調適（紀駿傑 2014）。

四、紅葉部落的異地重建共識

　　「異地重建」通常指因災害造成原居地已經不適合再繼續居住，或為降低面對未來災害的風險，把居民從高度脆弱性地區遷離，並在另外一塊基地安置或重建家園，其中過程不應只是住宅的重建，還包括社區的重新組織、營造與發展，並支持居民在新基地上重新站起來，恢復生活機能。換言之，異地重建不僅是硬體重建而已，還包括生計、社區、環境及社會等恢復（Jha et al. 2010）。

　　為了協助受災居民重新恢復生活秩序，異地重建必須經過審慎評估，但是2009 年莫拉克風災發生後，政府主張「莫拉克颱風重創南台灣⋯⋯從這次慘痛的災變中，我們更深刻體認到國土保育的重要性⋯⋯限期儘速提出以國土保育為上位的區域規劃方案，做為災區重建的指導原則」（行政院經濟建設委員會 2009），原本應該做為主體的災民被政府邊緣化，一力推行異地重建「永久屋」政策。

　　2016 年莫蘭蒂颱風重創紅葉部落，政府的施政方向主調即是異地重建，並引入慈濟基金會協助重建，但慈濟選定的基地與紅葉部落的主張卻不相同。雖然紅葉部落對自身的居民風險認知而認可異地重建的必要性，但同時紅葉部落也拒絕政府和慈濟基金會單方面決策異地重建的基地。紅葉部落凝聚部落內部異地重建的共識，並取得基地選址的發言權，主導遷村議題，提出部落理想的「永久屋」基地。本節以 2016 年紅葉部落異地重建為例，說明結合部落主張的異地重建成功過程。本案例因為考量族群的安危和延續，由部落提出需求，政府退居協助者的角色，成功樹立異地重建的雙贏典範。

　　台東縣延平鄉的紅葉部落原居地位於內本鹿（現台東、高雄、屏東交界處），日治時期受到強迫性大規模的集團移住，紅葉部落移至北絲鬮溪出山口。2016 年 9 月 15 日清晨，受到莫蘭蒂颱風的豪雨影響，部落後方的邊坡坍方，大量雨水挾帶黃土沖入部落，紅葉村房舍損毀，但由於撤離即時，所以無人傷亡。

　　當日凌晨時分土石崩落，村民聽到土石撞擊的巨響，也有村民表示聞到一股特殊的味道，同時村民家中的狗吠聲不斷，讓部落警覺狀況有異。經由村長

廣播通知引導，全村撤離至紅葉國小二樓避難，次日則安置到武陵戒治所。居民認為這次的災害乃是林務局的林道年久失修所致，災前鄉長已經向林務局反應林道的風險，但林務局並未積極處理，颱風侵襲當夜，有賴居民對於潛在危險的警覺，才能順利躲避半夜的土石流（紅葉居民 A14 口述訪談 2017）。

在莫蘭蒂風災之後，紅葉部分村民向延平鄉公所提出興建永久屋的安置措施（延平鄉公部門人員 B7 2018），由延平鄉公所的人員組成重建委員會專門管理捐款、經費等。重建委員會與台東縣政府討論後，原央請慈濟基金會進行興建，但由於紅葉部落提出的「永久屋」地點仍是山區，慈濟基金會則希望「永久屋」的地點應在平地，在部落居民堅持「永久屋」基地必須由部落選擇之下，慈濟基金毅然退出紅葉部落永久屋的興建。

紅葉部落堅持對於「永久屋」的興建和地點的想法，部落居民認為紅葉國小在棒球史上有重要地位，不希望離開光榮且有意義的原居地（延平鄉公部門人員 B8 2018），因此在地方政府協助下，離原部落 100 公尺處找到「永久屋」基地重建部落，總計興建 51 戶鋼筋混凝土房屋，2018 年 5 月完工後村民已悉數入住。

2017 年 12 月，異地重建的過程中，政府通知紅葉部落在「永久屋」完工後，原居地的房子將逕行拆除，引起居民強力反對。經過紅葉部落的一再溝通，台東縣政府不拆除原居地的房屋，只摘除門牌和水電，原屋則做為緩衝綠化帶，以減緩土石流的衝擊及防護；紅葉部落平時仍在原居地耕作活動，汛期則停止耕作，回到「永久屋」避難。

紅葉部落的「永久屋」選址落實「離災不離村」。雖然興建「永久屋」過程中，慈濟基金會一度提出搬離山區的建議，但部落體認土地是財產，也是生存、信仰、風俗、傳統與文化的基礎，因此在部落堅持下，居民在鄰近原居地的「永久屋」落腳安置，生活、文化與經濟模式並沒有太大改變。

從台東紅葉村重建模式觀之，原先是比照《重建條例》，並參考地方政府自訂的細則《屏東縣莫拉克颱風災後民間團體興建原住民族部落住宅管理自治條例》，細則規定：集體遷村安置之配住戶應自行負擔房屋造價的 20%，援建單位則負擔 80%，雙方採租賃契約的方式入住「永久屋」。紅葉部落和台東縣政府溝通協商後，中央政府同意「永久屋」的經費由政府全額負擔，轉成為「有條件贈與」。

有條件贈與的入住居民，依「莫拉克颱風災後民間興建住宅贈與契約書參考範本」第 6 點規定：「在取得住宅所有權之日起三個月內或縣政府公告的遷離期限遷離原居住地，不得再回原住地居住及建造房屋」，這項規定在莫拉克風災重建時便讓許多部落望之卻步，甚至引起極大的反彈，但地方政府仍然便宜行事，不願意檢討「永久屋」政策所帶來的問題。為了這項令人詬病的規定，紅葉部落主動與台東縣政府協商，留下原居地建物做為土石流的緩衝帶，同時部落要求入住「永久屋」的居民在汛期都須待在永久屋，不可回到原居地耕種（紅葉居民 A14 口述訪談 2018）。雖然舊屋已斷水斷電不堪居住，但仍然承載部落的情感，且實際達到緩衝帶的效果，「永久屋」則成為居民生命財產保障的重要措施。

五、好茶部落的文化韌性

（一）霧台鄉好茶村

1. 遷村三十年的社會脆弱性

霧台鄉的好茶村原居隘寮南溪北側，由於對外交通不便，內部耕地不足，在就醫、就學的便利性考量下，1977-1979 年間，因「山地現代化」政策從舊好茶強制遷村至隘寮南溪左岸的河階台地，稱之為「新好茶」（台邦・撒沙勒 2009）。

新好茶海拔約 230 公尺，這個高度在好茶人的生活空間觀念中被認為是氣候濕熱，不適宜農作且獵物稀少的地帶，加上此處同時也是魯凱族與排灣族的古戰場，遷村前部落內的老人家普遍認為此處不適合居住，都對這個遷移地點的選擇感到憂慮，但最後仍由行政單位決定了新好茶做為遷村的地點（台邦・撒沙勒 2012）。遷村後的新好茶位於隘寮南溪行水區上，經常有落石，每當雨季來臨，村民便陷入「上有落石，下有土石」的危險情境中（台邦・撒沙勒 2012），這正反映出遷村決策缺乏居民意見參與，以及決策者缺乏對環境危險性的認識，都是導致新好茶後續受災的因素。好茶族人遷村後仍舊無法解決耕地不足的問題，同時也遠離舊有的耕地與傳統獵場，使得族人無法維繫傳統的經濟生產方式。為負擔新建房舍的費用，且新好茶對外交通較為便利，部落居民轉而前往平地謀職求生，多從

事低工資高危險的工作，部落人口持續外流，部落內呈現高齡化的現象。好茶族人遷移至新好茶後，短短三十年內同時面臨了自然環境的威脅與內部社會崩解之雙重脆弱性因素。

1996 年賀伯颱風使得新好茶後方山壁崩塌，土石流沖毀聯外道路，溪水暴漲也沖毀了部落對外的好茶大橋；2005 年海棠颱風又帶來超大豪雨，原本位於河階台地上的新好茶部落與河床高差僅約 10 公尺，與 1979 年最早剛遷入新好茶時與河床高差 30 公尺對比，河床堆高了 20 公尺（陳振宇2017），部落族人對於不斷升高的河床及每遇颱風時便封閉的好茶大橋，開始有所警覺；因此 2007 年 8 月 13 日聖帕颱風夾帶豪雨使得土石流流入部落內民宅，造成 127 戶 153 人受困，但無人傷亡。災後好茶居民被安置在麟洛鄉閒置的隘寮營區，部落居民認為新好茶長期受到土石流及河床上升所帶來的水患威脅，應該遷村離開。2008 年部落組織了「好茶遷建委員會」（台邦・撒沙勒 2012），由部落年輕的知識分子、退休公務員、教會傳道人組成，希望透過組織加速推動好茶遷村的進程；然而，在與屏東縣政府討論遷村計畫的過程中，2009 年莫拉克風災帶來的超大豪雨，卻又導致新好茶完全掩埋在隘寮南溪的土石堆。這段從舊好茶到新好茶、新好茶到隘寮營區，以及莫拉克風災後新好茶全村覆滅的經驗，使得族人認知到遷村造成的部落社會制度解體、人口外流及文化流失的擔憂（台邦・撒沙勒2012），必須從遷村地點與遷村規劃去著手修正。

自 2007 年開始，屏東縣政府已有將瑪家農場做為暫時安置於隘寮營區的好茶部落居民之預定遷村地點之提案，並與台灣大學城鄉發展基金會合作規劃好茶居民的遷村生活空間。好茶部落族人從失敗的遷村經驗中汲取教訓，部落的集體遷移必須包含能夠讓族人自食其力的耕地及人口增加時的腹地。換句話說，族人經濟條件的維持才能改善長久以來社經條件低落所造成的社會不平等。

由於從舊好茶遷移到新好茶時，遷村的決策過程缺乏公開的資訊及程序，居民對於遷村後帶來的社會、經濟、文化衝擊都沒有足夠的認知，很多居民為了負擔家戶須繳交的遷村費用而犧牲接受教育的機會。遷入新好茶後，部落青壯年人口轉而前往平地謀生，主要從事勞力工作為主，經濟負擔加重也使得居民經濟情況每況愈下。因此汲取舊好茶遷村的經驗，新

好茶之再遷村計畫中為了降低遷村所增加的經濟負擔，也要避免「永久屋」規劃不當（包含家屋面積不足、耕地限縮、文化祭儀空間消失，以及產業配置失當等問題），台大建築與城鄉所特別規劃三個「聚落永續發展區」，每個發展區包含「住宅區」、「未來擴建用地」、「公共設施」、「道路與農地」單元（台大建築與城鄉所 2008）。但是，此項規劃在莫拉克風災之後，原先只單獨安置新好茶的瑪家農場，需要增收安置三個受災部落（好茶、瑪家、大社），好茶部落的農地規劃取消，文化祭儀的社會空間也被迫緊縮。

莫拉克風災後，新好茶全部 177 戶集體遷入瑪家農場；同時，排灣族的瑪家部落和大社部落也集體遷入。在瑪家農場，分屬三個社群、兩個族群的部落遷入住在一起，為避免產生摩擦，因此「永久屋」基地落成時，便以排灣語的「禮納里（Rinari）」命名，希望這三個群體能夠「我們一起走」。

莫拉克風災後，政府以「永久屋」做為重建安置政策的主軸，為了安置更多的部落，卻限縮了新好茶部落的生活空間，使得好茶部落再次面臨缺乏溝通的遷村決策，無法維持原先遷村預定的完整性。相較於大社部落和瑪家部落仍保有原居地的房子和土地，新好茶部落已經淹沒在河床下，失去做為經濟來源的耕地和房舍後已經沒有退路，又無法在瑪家農場發展生計。因此，新好茶部落居民對於政府最後將三個不同的族群放在同一個「永久屋」基地頗有不滿，認為新好茶部落在禮納里「永久屋」的基地上沒有耕地、沒有土地、沒有公墓，缺乏就業的機會與完善生活機能，無法傳承魯凱族共耕換工和互助合作的精神，對於新好茶部落的重建無疑又是另一場打擊（好茶居民 A4 口述訪談 2016）。

2010 年 9 月 1 日，行政院莫拉克颱風災後重建推動委員會及屏東縣政府派員到好茶部落說明集體遷村，好茶族人向重建會執行長陳振川質疑：「土地不是自己的算是『遷村』嗎？這樣的方案只是在處理房子的問題不是遷村，基本的生活機能根本就沒有考量」（柯亞璇 2010）。這正是新好茶部落的困境，遷村後多數新好茶居民都從農耕生活轉而謀求其他工作，禮納里「永久屋」附近沒有山林，無法進行種植傳統作物，傳統祭儀和社會制度也就無法延續傳承。

　　莫拉克風災後，屏東縣政府委請台灣世界展望會在瑪家農場興建「永久屋」基地，將之做為霧台鄉好茶村、瑪家鄉瑪家村、三地門鄉大社村等三大部落共有的「永久屋」基地，這也使得風災前好茶部落與台大城鄉基金會合作規劃的遷村空間被迫縮減。好茶部落遷移至瑪家農場的計畫在這樣的情況下，又重蹈了缺乏耕地與腹地的覆轍，同樣延續了原有的社會脆弱性因素。

（二）好茶部落的社會連結資本

　　新好茶時期旅外工作的人口比例很高，留在部落的都是老年人居多。老人家們從新好茶到隘寮營區，輾轉再到禮納里「永久屋」，一直都堅持待在一起，一起刺繡、一起編織月桃蓆的工作，彼此互相安慰陪伴，同時也透過不間斷的工作讓老人家有事情可以忙碌，減輕災難帶來的痛苦。這種堅持也連帶影響了原本只有假期、部落祭儀才會回到新好茶部落的年輕人們，在新好茶被安置在隘寮營區後比災難發生前更密集到隘寮營區陪伴老人家，一邊兼顧工作和小孩的教育，來回在隘寮營區和自己住處之間，對於部落事務的參與和關心反而比災難前頻繁（好茶居民 A4 口述訪談 2016）。進行部落遷村的推動過程，也有成立文化種子論壇，透過「年輕的、現代的方式」幫助部落爭取福利和權益（好茶居民 A3 口述訪談 2016）。這種行動促使了部落內意見訊息的交流，也將原本部落內舊有的社會網絡再度串連起來。因此，好茶部落居民在住進禮納里之後，雖然缺乏耕地維持原先的經濟模式，部落人口也以老人家居多，卻從部落內開始積極發展「接待家庭」接待訪客／遊客，並成立非營利組織來共同分工、獲利共享，延續魯凱族分享、共享的概念（好茶居民 A3 口述訪談 2016）；目前「接待家庭」的經營也成為好茶部落內的一項經濟型態。

　　除了成立「接待家庭」，部落長者更利用畸零地或是租用地種植小米、紅藜等傳統作物，以製作傳統食物供應「接待家庭」的餐點，甚至販賣傳統手工藝品，包含月桃包、月桃蓆等，積極開發部落的新經濟產業。

　　文化傳承上，族人將魯凱族的文化符號融入生活空間，諸如頭目家族在家屋外刻上百步蛇、陶壺；勇士將百合花意象雕刻在家屋外的「家屋實踐行動」，展現部落原有的傳統倫理秩序，同時也再現了部落內的社會秩序與倫理（台邦・撒沙勒 2012）。因此，部落居民積極投入心力經營家屋的美化與設

計，將一間間「永久屋」用魯凱族的文化符號轉化為自己真正的家屋。由於魯
凱族的石板屋前便是各家戶的聚會場所，各家戶都鋪上石板，用來曝曬小米
和紅藜、招呼親友聚會，不僅有美化裝飾的效果，也是文化空間的延續。這些
家屋及部落空間的變化發展，成為族人一種「自我療癒過程」（台邦‧撒沙勒
2012）。好茶族人再將這些具有文化意涵的家屋轉換成「接待家庭」，招待來到
好茶部落的遊客，先是由族人們一起跳迎賓舞歡迎遊客蒞臨，介紹魯凱族的文
化與習慣，告知遊客入住「接待家庭」的禮儀；進而帶領遊客在部落內參觀，
家屋外所有的裝飾成為向遊客介紹好茶文化的重要媒介。

　　好茶部落在風災前已經從舊好茶遷移至新好茶二十多年，新好茶部落均是
以國民住宅為主，風災前多戶人家將自家的水泥房舍改裝成石板屋外觀經營
民宿，在後來的連年風災中淹沒在隘寮溪底。安置在禮納里之後，族人開始
將「永久屋」從外在改造成具有魯凱族石板特色的地景。從樣式統一的「永久
屋」轉換成具有魯凱族群特色的外觀時，從一片蒼白的房舍，裝飾成各具特色
的石板庭院形塑出對於其所居之處的觀感，好茶部落以石板鋪設在家戶的前
院，強調石板庭院做為待客、聚會，聯絡鄰里情感的用途，賦予自身族群文化
之空間意義，進而將異鄉感轉化為自己的家屋的「地方感」（Cresswell 2004）。
同時，好茶部落內開始經營「接待家庭」，觀光客入住後馬上體驗到有別於禮
納里其他兩個部落的地景特色，透過迎賓儀式向客人說明入住規範，帶領客人
遊覽部落內具有文化特色的地景，在大頭目家前介紹魯凱族的貴族文化與百合
花制度，都是一種在現代化生活中盡可能維持部落社會制度及文化存續／再現
的方式。

　　好茶族人透過家屋營造將新落腳之處加入具有自身文化意涵的石板元素，
使得族人在新舊地方都能「適得其所」（in place），同時連結了人與地方的情
感、經驗、記憶建構了地方，也因此產生歸屬感及主觀性。無論原住民如何離
鄉背井的流動，都會在重塑對於原鄉土地的回憶與復振，從新的土地上的「紮
根」（grounding），這種原住民族群特有韌性，也使得原住民族群在斷裂後仍能
維持其社會聯繫與依存關係（Clifford 2017）。

六、結論

　　從莫拉克風災的重建模式來看，異地遷村的模式將原住民的原居地劃定

為特定區域，雖著眼於擱置山地以休養生息，實則剝奪了原住民賴以維生的土地。「異地重建」破壞部落的經濟、社會、文化系統，被受災的原住民認為是一種「滅村」的行為。莫拉克風災的重建政策反映出政府的多元族群思維不足，以及規劃性不足的政策擬定，未能周延考量原住民族群的生計與長遠發展。

原住民居住風險受到氣候變遷影響的程度日漸加劇，以來義部落、紅葉部落及好茶部落的例子來看，災難的處理不能只放在災後的重建安置，更應重視受災原住民部落與土地的依存關係，文末提出三點政策建議，分述如下。

（一）不應輕易遷移原住民部落

莫拉克風災後，政府推行的重建政策，將受災原住民族的原居地劃定為特定區域，限制原住民使用，造成土地被剝奪感，卻未能將原居地的災害風險及遷村後的生活產業的各項風險納入考量，使得許多受災部落居民對於遷村的反彈相當強烈，屏東來義部落甚至因為遷村議題，部落分居兩處。

原住民部落透過長期的環境觀察，不斷與環境互動所產生的生活經驗及空間知識體系，是原住民與土地的依存關係及應變方式。因此原住民能夠面對一次又一次的災害侵擾，仍能有所因應、強韌生存。以災難治理的觀點來看，災害風險的評估應該包含自然科學對於環境的監測，以及族群社會經濟脆弱性兩個面向。遷移原住民部落反而使得離開原居地的原住民族群，面對全新的土地環境，重新適應新的生活，大大削弱原住民族的調適能力。部落人口流失，族人的分離都造成了部落社會連結的崩解，離開熟悉的自然環境和傳統生活空間，更是阻斷原鄉孕育族群文化的重要功能。從原住民的社會條件和文化背景考量、溝通，才有可能達到有效的風險管理。

（二）原住民部落需擁有與決策者平等協商的機制

莫拉克的災後重建，政府雖提出「離災不離村」、「離村不離鄉」的遷村方向，但霧台鄉的好茶部落遷至位於瑪家村的禮納里永久屋、來義鄉來義部落遷至位於新埤鄉新來義永久屋等都屬於「異地重建」，部落的重建都是「離災也離鄉」。

　　對於原住民部落來說，部落的遷移是需要長時間且集體性的移動，而永久屋政策的規劃是以個人戶籍登記為主，與原住民部落在土地使用、家族觀念截然不同，永久屋政策是缺乏與原住民溝通協商而制定的政策，不僅破壞原住民族群內部的社會連結，也反映了政策思維與原住民觀點的扞格。

　　遷村政策的制定並不重視原住民部落內不同的社會制度與文化習慣，從「永久屋」的申請和核配問題上更是明顯，在受災的原住民部落遷村過程中，普遍遇到遷村土地不易取得、受災居民無法提出土地房屋權狀或稅籍證明、無法申請貸款支付重建費用等問題。尤其申請永久屋須從設籍與否認定，對魯凱族和排灣族兩大族群非常不利，兩大族群普遍為長子、長女繼承制度，部落內一址多戶的狀況屢見不鮮。土地所有權、房屋權狀往往只為長子或是長女持有，而一同居住的手足卻無法配得永久屋，造成家庭內部的摩擦爭執和緊張關係，也對原住民部落產生更大的社會連結崩解的脆弱性問題。

　　而前述的問題使得受災居民難以證明居住事實，使得永久屋申請困難，因此莫拉克風災重建委員會在與地方政府、各部落意見領袖與族人等協商後實施「莫拉克颱風災後原住民部落集體遷村安置民間興建永久屋方案」，由部落會議自行來決定是否要以集體遷村模式進行災後重建，是要尊重部落居民的意願，也是為了避免原住民部落分離或切割，這同時也將申請永久屋資格的認定交由部落決定。

　　但部落決議之後仍須送交地方政府審查，事實上最後仍是由公部門重建單位做最後的決定。說明公部門與部落之間對於居住事實認知的落差，以及永久屋申請資格的最終決定權仍由公部門掌握，而非由部落自決。由遷村政策的制定到重建過程來看，原住民部落的發聲和抗議行動都未能撼動政策的方向，決策者也沒有給予部落足夠的自決權利，足見原住民族群與決策者溝通協商機制之不足，無法真正傳達並落實原住民對自身重建的想法和意見。決策者無法認知到原住民部落在受到外部自然災害和內部社會資本衝擊的影響程度，自然也無法評估災害風險的程度。

　　因此，本章以台東紅葉部落案例對照，紅葉部落確實以居民意願，實踐「離災不離村」的原則選址。雖然興建永久屋過程中，慈濟基金會一度提出搬離山區的建議，但部落共同體認土地是財產，也是生存、信仰、風俗、傳統與

文化的基礎，因此部落從選址到原居地的舊家屋地保留都相當堅持；在與地方政府積極溝通協商下，居民得以在鄰近原居地的「永久屋」落腳安置，生活、文化與經濟模式並沒有太大改變。從來義、好茶、紅葉三個部落的重建歷程可知，以原住民族群的觀點與部落協商、溝通是重建原住民族群最有效的方式。

（三）具有中、長期生活機能的避難安置場所

以莫拉克風災安置模式為例，應由政府派專家人員進行部落災害評估，若是平時居住並不會有立即性的危險，讓部落居民回到原居地生活；在汛期則強制撤離部落居民到永久屋，加強居民生命、財產的安全保障。從以上三個案例來看，原住民部落的生活重建與回復並不適用永久屋的安置型態，原住民部落內部共識需要長時間的運作，與政策講求的效率背道而馳。因此本章認為原住民災難政策需要回到原住民的運作模式，以具有中、長期生活功能的避難安置所為主，讓原住民可以在短暫停留的期間，有可以安定下來、仔細思考的生活場所，才能真正達到凝聚部落居民共識的可能，也才是風險治理的目標。

參考文獻

- 中華民國內政部營建署，2010，莫拉克颱風災後民間興建住宅贈與契約書參考範本，取自 https://www.cpami.gov.tw/filesys/file/chinese/dept/rt/0990800704.pdf，檢索日期：2018 年 8 月 26 日。

- 台大建築與城鄉所，2008，《瑪家農場土地規劃計畫》。屏東縣政府委託研究計畫報告。

- 台邦・撒沙勒，2012，〈災難、遷村與社會脆弱性：古茶波安的例子〉。《台灣人類學刊》10(1): 51-92。

- 台邦・撒沙勒，2009，〈好茶遷村計畫：一個社會人類學的初步考察〉。《台灣原住民族研究季刊》2(2): 115-135。

- 行政院經濟建設委員會，2009，《行政院第 3157 次院會決議報告》。民國 98 年 8 月 20 日第 3157 次會議。

- 全國法規資料庫，2009，莫拉克颱風災後重建特別條例（2009-2014）。

- 李孟霖，2010，〈遷村無配套，來義村決定不遷〉。莫拉克風災新聞網，取自 http://museum02.digitalarchives.tw/teldap/2010/88news/www.88news.org/index2067.html?p=8743，檢索日期：2018 年 8 月 18 日。

- 官大偉，2014，《環境變遷與原住民族部落發展─從民族科學角度出發之土地資源與災害管理─民族地形學與減災：以泰雅族 squliq 語群土地知識為例之研究》。科技部補助專題研究計畫成果報告。

- 林巧璉，2014，〈回首八八風災後原鄉部落面臨的永久屋政策〉。國立台灣大學新聞研究所原住民傳播與文化研究中心，取自 http://indcacrc.blogspot.com/2014/03/blog-post.html，檢索日期 2018 年 8 月 7 日。

- 林宗弘，2016，〈災難風險循環：莫拉克風災的災害潛勢、脆弱性與韌性〉。頁 43-86，收錄於周桂田編，《永續與綠色治理新論》。台北：國立台灣大學社會科學院風險社會與政策研究中心。

- 周桂田，2014，《風險社會：公共治理與公民參與》。台北：國立台灣大學社會科學院風險社會與政策研究中心。

- 柯亞璇，2010，〈部落被土石流淹沒的好茶族人：土地不是自己的，算「遷村」嗎？〉。財團法人九二一震災重建基金會，取自 www.taiwan921.lib.ntu.edu.tw/88pdf/PR064.doc，檢索日期：2018 年 8 月 18 日。

- 屏東縣政府，2015，莫拉克颱風災後民間團體興建原住民族部落住宅管理自治條例。

- 紀駿傑，2014，〈氣候正義與原住民社會文化韌性：一個初步觀察與省思〉。頁 112-121，收錄於中央研究院環境變遷研究中心編，《台灣及太平洋友邦南島民族氣候變遷調適及因應政策研討會論文集》。台北：中央研究院。

- 陳振宇，2017，〈30 年見證滄海桑田──消失的新好茶村〉。農傳媒，取自 https://www.agriharvest.tw/theme_data.php?theme=article&sub_theme=article&id=952，檢索日期：2018 年 8 月 18 日。

- 莫拉克獨立新聞網，2013，《在永久屋裡想家：莫拉克災後三年，「永久屋」與人的故事》。台北：莫拉克獨立新聞網。

- 張宜君、林宗弘，2012，〈不平等的災難：921 地震下的受災風險與社會階層化〉。《人文及社會科學集刊》24(2): 193-231。

- 鄭淳毅，2010，〈長治百合系列（6）永久屋核配爭議，如何才能落幕？〉。財團法人九二一震災重建基金會，取自

http://www.taiwan921.lib.ntu.edu.tw/88pdf/
PR050-06.doc，檢索日期：2018 年 8 月
18 日。

- 謝志誠、陳竹上、林萬億，2013，〈跳過
中繼直達永久？探討莫拉克災後永久屋政
策的形成〉。《台灣社會研究季刊》93: 49-
86。

- 謝志誠、傅從喜、陳竹上、林萬億，
2012，〈一條離原鄉越來越遠的路？：莫
拉克颱風災後異地重建政策的再思考〉。
《台大社工學刊》26: 41-86。

- Aldrich, Daniel P. 著，林經桓 等譯，
2012，《重建韌性：災後復原的社會資
本》。台北：國家教育研究院。

- Clifford, James 著，林徐達、梁永安譯，
2017，《復返：21 世紀成為原住民》。台
北：桂冠。

- Cresswell, T. 著，徐苔玲、王志弘譯，
2006，《地方：記憶、想像與認同》。台
北：群學。

- Jha, A. K., Barenstein, J. D., Phelps, P. M.,
Pitter, D., and Sena, S., 2010, *Safer Homes,
Stronger Communities: A Handbook for Re-
constructing after Natural Disasters*. Wash-
ington D. C.: The World Bank.

第五章

環境不正義的省思：
民間核廢論壇的諍言

杜文苓

一、前言

在日本福島核災發生後，台灣政府在反核聲浪中停建核四，2016 年取得執政的民進黨政府再度宣示非核家園政策，為紛擾多年的核能爭議劃上句點，但核廢處置問題卻一直停滯不前。尤其核一、二、三廠已接近除役年限，燃料池爆滿的高階核廢料，以及承諾移出的蘭嶼暫存低階核廢料，皆為延宕已久的核廢處置問題上緊發條。現行核廢料放置地點多為臨時性規劃，包括核能電廠、蘭嶼低階核廢料暫時貯存場等地，政策缺乏通盤考量，僅能治標而無法治本。至今，民眾並不信任政府的核廢處置能力，選址過程所到之處抗爭不斷，核廢料處置政策日趨複雜而棘手。

台電早期規劃海拋做為低階核廢料的處置方式，在蘭嶼興建貯存場做為海拋核廢料的中繼站，但 1972 年的《倫敦公約》禁止世界各國將有毒廢棄物傾倒入海中，使海拋計畫終止。1982 年蘭嶼核廢貯存場正式啟用，接收第一批來自北海岸核一廠的低階放射性廢棄物，[1] 共計 10,008 桶。1991 年國際社會正式禁止世界各國海拋核廢料。1996 年蘭嶼民眾堵港抗議，台電承諾不再運送核廢料至蘭嶼，且允諾既有的核廢料會於 2002 年遷出。十四年間，蘭嶼接收來自本島共計 97,672 桶低放射性廢棄物，經檢整重裝之後，目前貯存為 100,277 桶。[2] 由於核廢暫存蘭嶼實施之初並未經過居民同意，落址之後的「暫時」中繼站貯存場，更在幾次遷出承諾跳票後，[3] 看不到有離開的一天。

---

* 本文感謝研究助理謝蓓宜協助設計、參與民間核廢論壇的規劃與執行，並就本文資料彙整與初稿草擬等過程提供重要的貢獻。

1. 低階核廢料的內容物除了電廠運轉期間受污染的衣物工具及廢棄的零組件、設備、廢液殘渣、廢樹脂等，其他來源包括有醫院、工廠、學校、研究機構等，所接收的廢棄物包括廢射源、廢液、塑膠廢棄物、鉛罐、過濾器、壓克力、保麗龍及廢紙等。更多關於核廢料的資料，詳見行政院原子能委員會：https://www.aec.gov.tw/popular/%E6%A0%B8%E5%BB%A2%E6%96%99%E7%AE%A1%E5%88%B6/%E4%BB%80%E9%BA%BC%E6%98%AF%E6%A0%B8%E5%BB%A2%E6%96%99/%E4%BD%8E%E6%94%BE%E5%B0%84%E6%80%A7%E5%BB%A2%E6%A3%84%E7%89%A9%9-5_76_80.html。

2. 蘭嶼貯存場營運，台灣電力公司：https://www.taipower.com.tw/tc/page.aspx?mid=219&cid=202&cchk=3d219bde-c8fa-4916-9e0d-ebb0038cf7af。

3. 2002 年政府承諾跳票，引發蘭嶼民眾大規模罷工罷課抗議，當時的經濟部部長親赴蘭嶼溝通，與蘭嶼反核廢自救會達成六項協議。2015 年在立法院促成政府對蘭嶼核廢料遷出的第二次承諾，但 2016 年承諾第二次跳票。

為了規劃核廢遷出蘭嶼，台灣政府於 2006 年通過施行《低放射性廢棄物最終處置設施場址設置條例》（下稱《選址條例》），條例規定選址前端有地方自願場址的「公告與聽證會」制度，後端有候選場址的地方性公民投票制度（詳見圖 5-1）。

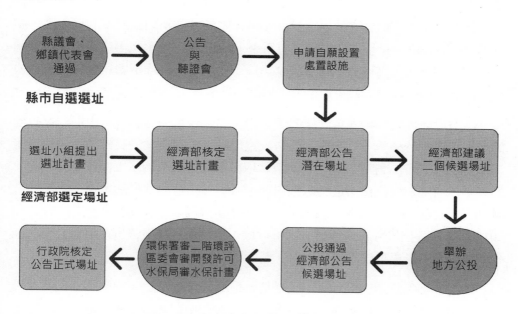

▲ 圖 5-1 《低放射性廢棄物最終處置設施場址設置條例》流程圖

資料來源：「民間核廢論壇」議題手冊（P. 4）。

　　儘管《選址條例》有公投設計被視為是公民參與機制的一大進步，但在公投可行性與回饋金分配等，均引發學者的質疑。例如，湯京平、蔡瑄庭、范玫芳（2009）指出，《選址條例》第 11 條規定地方性的選址公投，所有候選場址（至少兩個）需在同一日辦理公投，但在《公投法》中扮演關鍵角色的地方縣市政府，在《選址條例》中卻未被要求配合選址期程條件辦理，埋下日後選址作業停滯的隱憂。而「雙二分之一」超高門檻公投，也使公投充滿技術動員的弔詭（黃之棟 2014）。再者，以同心圓的劃分方式界定回饋金分配計算，和地方公投以行政區域劃分概念互相衝突，出現「涵蓋間隙」，造成部分地區有回饋金卻無投票權，部分地區有投票權卻無回饋金的不公平現象。黃之棟（2014）認為，《選址條例》與回饋金掛鉤，造成政策買票的質疑，回饋金與

公投的範圍不一致，也使「被選址地區」命運由「全縣」決定，造成更大的社會不正義。

　　上述問題凸顯核廢料選址的困難度。而當 2009 年經濟部選址小組公告台東縣達仁鄉以及澎湖縣望安鄉為低階核廢料最終處置場潛在候選場址，澎湖縣政府隨即通過望安鄉為玄武岩自然保留區，阻斷核廢料前進澎湖的可能性，候選場制只剩一處，選址作業流程只有重來。2012 年選址小組再次選出「台東縣達仁鄉」、「金門縣烏坵鄉」兩個候選場址，但兩地縣府均不願意實施地方性公投。由於《選址條例》並未規劃退場機制，造成此項決策無限延宕。

　　高階放射性廢棄物處置同樣飽受爭議，儘管台電一開始便將中期貯存設施的所在地設計於核一、二廠內，但是設置地點、貯存方式的設計仍引發爭議。2013 年完工的乾式貯存設施，甚至無法取得新北市政府的水土保持合格證照。同一年，台電為尋找核廢最終處置場址，派員在花蓮鑽井探勘地質，引起社會譁然。而乏燃料池頻頻傳出爆滿警報，中期貯存設施無法啟用，更使台電在 2014 年年底提出境外再處理方式緩解危機，但這項計畫最終也在浪費公帑、拖延時間、國際形象不佳等種種指責下無疾而終。[4]

　　以上核廢處置爭議顯示，無論是低階最終處置場選址，或高階中期貯存設施的啟用，傳統仰賴技術理性的決策模式已無法解決複雜的核廢問題。2016 年民間團體組成的全國廢核行動平台有感於核廢爭議政策無法循政府傳統決策模式解決，因此主動提出以審議式民主的方式舉辦論壇，希望在蔡英文政府新上任之際，可以匯集與凝聚民間反核社群的意見共識，為未來核廢政策提出原則性的指引，督促政府積極啟動核廢對策。而本研究團隊則提供審議民主程序設計之技術專業，協助論壇之規劃、資料整理、執行與後續分析作業。

　　本文資料內容主要來自行動研究、參與觀察、深度訪談與次級資料分析，並運用 2016 年中研院社會意向調查中有關核廢料問題之調查結果進行討論。透過規劃與執行核廢審議論壇，我們累積可觀的文本資料，整理公民審議論壇的籌備過程與產出結論。此外，我們也運用報章雜誌、網路新聞、期刊論文、團體文宣等資料，補充論壇舉辦的脈絡。本文嘗試指出，論壇的共識結論所提

---

4. 綠色公民行動聯盟，2014，〈核廢料境外再處理可以解決台灣核廢料的難題嗎？〉。苦勞網，取自 http://www.coolloud.org.tw/node/81079，檢閱日期：2017 年 3 月 5 日。

出的原則性價值論述與建議，突顯政府過去決策仰賴科技理性的不足。這些共識結論顯示，民眾對於核廢問題的看法，呈現了環境不正義的疑慮，以及偏遠地區被都市忽視的焦慮，並明確指出核廢政策應納入多元價值及地方權力保障等原則。

　　以下，我們嘗試解析核廢料物質特性，討論其在科學技術層面、政府管理信任，與風險分配正義等價值層面問題。透過科技與社會的研究視角，我們指出，若政府無法將更前端的信任、公平正義問題一併納入政策考量，未來相關政策可能仍是寸步難行。而如何切實回應受影響社區民眾對核廢政策中無可避免的「犧牲」無奈，敦促整體台灣社會共同扛起核廢處置的責任，更是未來政府風險溝通需著力的重要課題。

二、文獻回顧

（一）核能的「物」性與科技治理

　　核廢處置爭議涉及相當多的不確定性與倫理價值辯證，舉凡核廢政策環評、高放射性廢料中期或永久處置安全、低放射性廢料選址等議題，皆超越了單純只靠工程科學技術所能夠處理的範疇，而須面對各種社會影響的質問。無可避免地，要進行核廢問題的風險溝通，直指核廢問題處理的核心，我們無法忽略其源頭核能運作這個「物」的社會政治特性，及其衍生廢棄物的處理政治。

1. 核能、核廢料的「物」特性

　　核電做為當代技術物的運作特性，Winner（1986）在〈技術物有政治性嗎？〉一文中，說明了科技物與社會的複雜互動關係。他指出，社會「選擇」使用或發展特定技術物之時，也對整體社會生活型態產生長遠影響。一些看來無害的設計，如大眾運輸、水利計畫、工業自動化等，隨著其設計或配備形式的選擇，也會帶來意義深刻的社會選擇與政治效果。舉例而言，當人們「決定」開始發展電腦科技、相關軟體程式，和網際網路時，也等於「選擇」了散布世界各地的工作型態、遠端操控的可能性，以及無所遁形的隱私揭露等生活方式。

　　Winner 的「技術政治」概念在於，一個人類製造並運轉的技術系統，沒有什麼是因為現實或效率上的考量而絕對必須的，但一旦遂行了某種行動進程，一旦技術物——如核能電廠興建且開始運轉，便正當化了要求整個社會和生活型態去配合技術所需之理由。例如，太陽能發電能夠由個人或社區自行管理控制，是較能與民主、平等的社會系統相容的技術。但核電需要一個龐大的管理體系，和一系列複雜且權威層級分明的細緻分工，集權與軍事化的科技菁英集團操作無可避免。

　　對於核能所帶來新的社會政治秩序，Perrow（1984）進一步從技術的系統網絡問題檢視其風險。他認為，核電廠一旦出錯，問題就容易到處溢流，衝垮原本安穩屏障。但這類事故意外並不頻繁，使身處於互為所用且緊密相依組織中的成員，會在運作慣性以及其名望、地位、權力、私利等考量下，否定、隱匿，甚至欺騙意外防範的必要性。在日本福島核災後，他更撰文指出，平凡無奇的組織性失敗將永遠伴隨我們，而知識永遠不完整或處於爭議中，一種稀有但無法避免的常態意外也因此總有存在的機會，因為這不是我們「不想使」這些系統安全，而是我們「無法」使這些系統安全（Perrow 2011: 52）。Klinke 與 Renn（2002）更以希臘神話中「達摩克里斯之劍」為喻，指出核電廠的各種處置看似周全，潛在的核安風險卻始終存在，有如一把劍高懸空中，不掉則已，一旦墜落將直取性命。

　　技術政治論將科技視為帶有政治目的及策略的產物，帶領我們檢視政治人物、科學家及工程師的互動，以及他們之間的緊密合作關係，是如何創造／侷限了許多政治可能性（Hecht and Edwards 2010）。Winner 因而建議，類似這種要求特定社會架構與之配合的科技物，在引進之初，就應該對其社會組織特性與影響公開討論。

　　而日本 311 福島核電廠事故，更讓高橋哲哉（2014: 37-62）指出核能產業結構其實是奠基在一個「犧牲體系」之上。他認為，日本使用核能科技，造成社會的四重（事故、受曝工人、採鈾礦伴隨問題、核廢料處置）犧牲，這四重犧牲過往被國家的「絕對安全神話」所包裹而難以得見，但福島核災卻使此犧牲體系昭然若揭。為了使核能體系順利運作，某些人將自己的利益建立在犧牲另一些人的生活、生命、健康、財產、尊嚴與希望上。以社會進步或國家利益為名的一方無限上綱其發展正當性，而被犧牲

的弱勢社群卻少被社會關注。這個體系倚賴技術官僚與科技人員加持的「核能安全」神話，並要弱勢民眾以完成大我精神接受核設施的意識型態。

　　瞭解核能科技的風險社會性，有助於我們審視核能運作衍生的核廢料這個「物」特性。核廢料的風險社會特質，通常被置放在環境正義（選址）的面向上被討論，或被視為核能科技運作整體的一部分。Wynne（2007）在區分常民與科技專家對於核能風險的界定，就指出一般民眾在意支持核電廠運作所帶來的系統性風險，這個系統包括了鈾料的開採、提煉，核燃料的生產、運輸過程與核廢處置可能發生的問題。雖然核廢料較少被單獨放在技術政治的面向討論，但輻射值、半衰期與蘊含核種差異，其風險社會性的複雜度，並不亞於核能電廠的運作，更因為缺少發電的經濟誘因，而成為鄰避效應下一般社會避之唯恐不及的輻射幽靈。

　　就物的政治社會特性來看，核廢料雖然不若核電廠運作可能產生反應器事故而導致大量輻射外洩，但不論高階或低階的放射性廢料，都需要有能隔絕於外界干擾少則三百年（低階核廢），多則十萬年（高階核廢）的空間屏障，以防止對自然環境中的輻射傷害。從對此物管理的時間尺度來看，其所需要的組織模式與社會秩序安排，除了需要對核外洩嚴密的監控與管理，更需要有超乎人類歷史尺度長時間的穩定性。換言之，選擇了核能運作，就無法避免地必須接受與核廢料長期共存的社會體系，必須創造出一個長期穩定而嚴密的核廢料監控組織與設施，做為風險控制的條件。而這將高度影響鄰近社區的環境使用、文化傳統，甚至對於未來發展形式的選擇權，更與倡議權力分散的民主多元體系有所扞格。

2. 核廢料處置風險與科技理性決策侷限

　　核廢料具複雜性、不確定性與歧異性的風險特質，要如何處置，除了技術安全的問題，更涉及社會利益分配、世代正義與環境風險等多層次面向。但傳統決策模式仍期待專家運用科學資料，採取客觀中立的做法，運用成本效益分析等經濟理性的工具，針對風險問題提出政策評估解決問題。以台灣核能爭議為例，過去核電總被官方宣傳為便宜的能源，符合經濟成本效益的發電，攸關核能運作的輻射風險，更被視為科學技術層次問題，認為可以透過科技工程控制來確保安全（杜文苓 2015）。而核廢料的選

址，除了強調地質等自然條件的技術規範外，更有著降低社會成本的經濟效率（土地成本）考量。

誠如 Beck 於《風險社會》一書中指出，科技專家所宣稱的真理是建立在科學的「假設」與「資料」基礎上，但假設僅是一種推測過程，並不代表完全正確，而資料則是製造生產而來的，不同的研究方法、專家、研究實驗室，可能會生產出不同的「事實」（Beck 著，汪浩譯 2004）。決策過程中，基於不同價值／認同立場的科學社群會針對各自研究發現進行相互批評與競爭，政府永遠無法在完美的知識下進行決策。面對科學知識的不確定性，環保團體與政府部門更賦予管制決策知識不同的門檻，致使風險爭議不斷（Kao 2012）。尤其，核能發電所牽涉到的議題相當廣泛，涉及環境、工程、建築、政治、社會等問題，究竟誰才能被視為核能專家的這個問題，本身可能就充滿了爭議。胡湘玲（1995: 13）即觀察到，「核工專家」名正言順被決策者拿來做核能安全保證科學依據，並非完全來自科學權威，還有與政策制訂方向相符與媒體加強塑造的結果。

換言之，僅強調特定專家治理的核能決策，難以釐清核能爭議，更遑論解決複雜的核廢料處置問題。周桂田（2005）即指出，由「專家」與「科技官僚」全權把持的核電政策，認為「風險溝通」是透過科技教育或訊息傳遞，來增加民眾對核能的認識與接受度，以彌補知識上的落差。但一些研究已指出，政府與科技專家界定的風險，有時無法完全涵蓋風險的社會經驗，民眾對科技風險判斷，也展現了部分的社會、政治價值（范玫芳 2008；Fiorino 1990；Slovic 1999）。當政府無法理解民眾或不同利害關係人風險知覺形成特性，甚至忽略民眾風險感受度時，將導致處理風險課題的失敗，進而升高社會衝突，並重創大眾對政府治理能力的信心與信任。

但一般視科學與政治截然二分的風險決策機制，認為科學知識無涉價值選擇與判斷，可以為決策建立起較為客觀中立的基礎。但這樣的機制忽略風險課題中科學之外的社會、價值、倫理與政治運作等層面的爭議，除了無法妥善處理科學不確定性的問題，更可能造成風險問題的隱匿與風險治理的遲滯性（周桂田 2000、2005、2008；杜文苓 2010、2015）。Funto-wicz 與 Ravetz（1992: 254）提出了「後常態科學」（Post-Normal Science），強調一些具有高度複雜性、高度異議及高度不確定性後果的科學，必須重

視其「事實的不確定性、價值具有爭議、利害關係高及決定相當緊迫」的特色。面對核廢料處置與選址等複雜風險議題，我們須重新思考與探討不同風險爭議評估範圍與領域，開放對不確定性的討論與評估，由社會、倫理與生態理性來和科學共同對話、溝通。

（二）環境正義、社會健全知識與公共審議

核廢料的處理常被放在環境正義的脈絡中被討論（黃之棟、黃瑞祺 2009；范玫芳 2017），紀駿傑（1997）指出環境正義是「社會大眾享有社會的資源分配與永續利用，每個人、每個社會群體對乾淨空氣、水、土地，和其他自然環境有平等享用的權利。同時，任何少數民族及弱勢團體都應該有免於遭受環境迫害的自由」。一些研究發現，環境持續被破壞的主因之一是來自於社會不正義（紀駿傑、蕭新煌 2003）。不受歡迎的嫌惡設施常放在經濟弱勢地區，而資源擷取與廢棄物丟棄造成的環境破壞，往往是循著最小抵抗原則。決策者考量時間、金錢物力、抗爭力度等成本，選定偏鄉弱勢地區，使其承受風險分配不正義的惡果，加深困境，在美國，更與族群不平等的空間分布息息相關（Bullard 1990；紀駿傑、蕭新煌 2003）。在台灣，早期蘭嶼反核廢運動訴求「反殖民」，近年來雖強調「環境權」，但環境與原住民正義的落實仍是運動的核心（黃淑鈴 2015）

環境正義論述探討結構不正義與政治、經濟運作過程，解析社會差異、不公平分配等議題間的關聯（范玫芳 2012、2017）。高橋哲哉（2014）進一步將核廢料問題納入犧牲體系的討論，他認為核設施的場址選定，是讓都市居民享受利益，而將風險推給地方鄉鎮，這之中隱含了龐大的結構性歧視，若無經過嚴密且有邏輯的方式闡明意涵，一般民眾難以察覺到生活在都市中的自己，也是造成他人犧牲的幫兇。

要促進環境正義，Ottinger（2010）認為應透過公民賦權方式，協助弱勢社區改善環境不正義的狀態，她舉出賦權行動，是使居民可以主動地定義問題，挑戰法律與管制架構的能力，增加自主選擇，包括與當權者協商對話的力量。但以科技理性為主要決策依據的核廢料政策，往往忽視環境正義的重要性。專家決策常欠缺對文化多樣性的瞭解與在地知識的肯認。而環境正義的考量更需要考慮分配面、差異肯認及程序面等問題（范玫芳 2017）。

一些研究因而強調應以彈性、公平的原則將常民知識納為環境知識生產的一環（Renn 2002; Bucchi and Neresini 2007）。Jasanoff（2004）提出「共同生產」的概念，她認為在風險爭議政策中，科學不該是「給定的」不可變更，而是經由專家與常民之間的批判性對話，讓民眾通過質問科學知識的生產、運用、抱持的價值等過程，重建對政府及科學專家的信任。Bucchi 與 Neresini（2007）從科技民主化的觀點，主張創造一個「混合論壇」揉合專家與常民的觀點，通過社會行動、多元溝通，補充科學知識的不足。周桂田（2005）則強調「做中學」，強化科技風險認知價值與複雜的政治決策判斷，擴大科技信任的社會基礎。

Nowotny（2003）認為主流科學路徑生產的可靠性知識有其侷限，科學知識生產應用民主方式，納入更多社群參與，來拓展知識論述與建構。這樣的「社會健全知識」（socially robust knowledge/SRK）強調社會討論過程，讓討論者之間產生連結，將專業知識與實際經驗整合，在互相瞭解中產出行動方案。而這樣的知識來自於重複性測試、擴張與修正。社會健全性的知識在認識論、制度與政治層次上與專家知識不同，其使人更加瞭解知識是如何形成、如何聚集。公眾不僅是科學知識的接收者，更是積極創造社會知識的參與者。Nowotny（2003）認為社會健全知識彙集了問題生產與解決要素，投身於此的參與者具有協商的可能，透過公眾知識與經驗達成審議。

不過，審議民主並非只是把人聚在一起審議如此的簡單，要產生社會健全知識，需要細膩、專業的制度設計，根據不同議題的屬性與發展階段，設計不同規模的會議形式與討論議程，促進與會者間平等、理性的討論，在充分資訊下檢視問題內容，擬出對爭議議題與公共政策更好的方向（Renn 2014）。審議民主也是達成公民賦權的重要做法，通過公共討論，讓民眾對於公共決策有所貢獻。較常被提到的審議式討論包含公民會議、審議式民調、公民陪審團、參與式預算、世界咖啡館、學習圈與願景工作坊等。

在問題認定、政策規劃階段就納入專家與民眾之間的對話機制，可以促進爭議政策的風險溝通，藉由多元、跨領域的論述來補充單一價值論述的不足。必須特別注意的是，有效的風險溝通是建立在雙方資訊對等、互相尊重的前提，單純建制專家與民間的對話平台而忽略彼此的對等關係，將造成失敗的溝通對話。2013 年由行政院主導的「民間與官方核廢料處置協商平台」在經過一

年共四場正式會議之後就破局，民間團體聲明指出，政府表面上透過協商平台進行與民間的風險溝通，只是在拖延時間，並造成地區弱弱相殘。

　　台灣的核廢政策長期以來仰賴核能科技官僚，選址地點的考量以科學地質條件、環境影響評估為主，忽略地方的文化脈絡，在由上而下的政策治理中，不僅可能撕裂地方情感，也容易造成政府信任的崩解。上述討論顯示，風險分配與環境正義已是核廢處置無可迴避的價值原則；而促進科技與社會融合的溝通對話機制，更是處置核廢問題、重塑社會信任的不二法門。

三、核廢政策中的公民審議

　　民間核廢論壇舉辦的目的是為了凝聚民間反核社群對核廢料政策的共識，並向政府提出政策訴求。其主辦單位為 2013 年成立的全國廢核行動平台，由遍布於北、中、南、東的 126 個團體加入組成。[5] 2015 年 11 月，全國廢核行動平台召開工作會議，決定舉辦以全台為範圍的民間核廢論壇。

　　台灣於日本福島核災事件後逐漸確立非核走向，但長期忽視核廢處置政策的後果也在核電廠逼近除役年限、核燃料池爆滿、乾式貯存設施無法如期啟用等爭議下浮現。台灣社會雖然明確反核，但反對聲浪多聚焦在被稱為「核能拼裝車」的核四，其於 2014 年 4 月 24 日封存，為台灣非核之路立下里程碑，也使年度反核遊行訴求轉向能源轉型及重視核廢議題。[6] 但過去各地反核社群主要以「非核」為理念，並未就核廢處置政策有更多討論與共識，2016 年民進黨再度執政，全國廢核行動平台希望透過舉辦民間核廢論壇，凝聚各地反核社群對核廢處置的共識意見，運用新的政治機會窗，影響新政府的核廢處置政策。

　　民間核廢論壇工作小組於 2015 年 11 月 12 日啟動論壇舉辦的前置作業會議，討論資料收集、盤點各個反核團體提出的主張與爭點，進行比較分析與歸納整理，同時擬定議題設定、會議流程、邀請成員名單等。民間核廢論壇預設參與者對核廢議題有一定瞭解，在有限經費與舉辦目的衡量下，採團體推薦邀請制，經過數個月的資料準備與議程討論，擇定以「核廢處置應具備的條件」

---

5. 全國廢核行動平台相關資訊，詳見：https://www.facebook.com/stopnukesnow/。

6. 2015 反核遊行主題「告別核電‧能源新願」、2016 為「告別核電‧面對核廢」、2017 為「核廢處置動起來　節能綠能作伙來」。

及「核廢處置的機制與程序」兩大方向為論壇討論主軸，並細分以下子題：

（一）核廢料處置場選址條件。

（二）高／低階境內或境外處理。

（三）台灣核廢料應由誰負責處理？

（四）地方參與的權利有哪些？

　　自工作小組成立到最後的論壇會議於 2016 年 10 月 15 日舉辦完成，耗時約一年。其間，工作小組在各地召開準備會議，包括資料準備、論壇說明、工作人員培訓等至少二十五次，磋商具體舉辦論壇的時間、地點、形式等內容，顯示相關論壇的完善規劃需要的準備功夫。本研究團隊在這個過程中提供議題盤點、資料準備、流程設計等審議專業的學術支援。

2016/3/26 北海岸場論壇	2016/5/21 台南場論壇	2016/9/3 台東場論壇
2016/4/30 屏南場論壇	2016/6/5 屏北場論壇	2016/9/23 NGO場論壇
2016/5/14 高雄場論壇	2016/8/14 蘭嶼場論壇	2016/10/15 全國總場

工作小組會議(共七次)
- 議題討論
  - 確定社群在核廢議題的爭點與共識
  - 決定議題方向
  - 論壇議程及舉辦地區討論
  - 盤點地區利害關係人
- 資料分工
  - 核廢議題時間軸製作
  - 議題手冊
- 活動議程設計
  - 審議論壇流程
  - 分區論壇議程與題目設計
  - 確認小組結論格式
- 確認預備會議的名單、時間、內容

2016/2/2 共識預備會議
- 各地區代表團體介紹、議題報告
- 說明分區論壇形式、內容；加入在地脈絡、時間、議題的調整
- 各地區利害關係人分析

籌備會、會前信件往返(共七次)
- 確認議題設定、議程、規則
- 確認舉辦時間地點、邀請對象
- 工作人員分工
- 規劃桌長、紀錄培訓

桌長、紀錄培訓(共三次)
- 論壇規則及議題內容說明
- 手冊印製、分組名單確認
- 桌長主持訓練、實際演練

2016/4/15「政黨輪替後．核廢遷出蘭嶼的展望」座談會
- 針對蘭嶼場論壇議程、議題與在地民眾討論
- 了解地方想要討論的議題

會前會、會前信件往返(共五次)
- 議題手冊增修、流程確認
- 確定參與者及工作人員名單
- 工作人員行程安排
- 分區論壇旁聽及錄影規則
- 推演當天可能的情況
- 記者會安排籌備(全國總場)

檢討會、會經驗彙整信件(共三次)
- 工作人員分享當天情況
- 討論結論整理格式及分工
- 檢討議題手冊內容及議程
- 會議記錄彙整

全國總場資料彙整組會議(共四次)
- 確認各場次資料公開形式：分為大場、小場結論，採網路公開
- 各場次結論彙整，分為共識意見、其他意見、地方意見
- 製作總場手冊、論壇共識草稿
- 網路公開資料夾內容整理

▲ 圖 5-2　核廢論壇大事記

資料來源：本研究繪製。

「全國廢核行動平台」於 2016 年 2 月 2 日先舉辦核廢論壇共識會議，廣邀各地活躍的反核團體加入，解釋論壇舉辦的背景原因與目標，希望促成全國反核社群對論壇的支持與理解，同時溝通論壇的議題設定、舉辦形式，以及製作民間核廢大事記，分享彼此在核廢議題的處境，因為許多地方行動過去並未有公開紀錄。而透過各地團體的經驗闡述，「民間核廢論壇」訂下民間反核社群相互體諒、形成共識基調。整體會議過程，包括各分區論壇共識結論（包含大場、小組結論）、全國總場結論綜整、議題手冊、論壇舉辦方式及規則等資訊同步公布於「民間核廢論壇資料彙整區」[7]，開放社會使用。

各分區論壇由各地主要反核團體籌備，如北海岸反核行動聯盟、台東廢核反核廢聯盟、蘭嶼部落文化基金會等團體，全國廢核行動平台（以綠色公民行動聯盟、地球公民基金會為主）提供人力、技術支援。論壇舉辦遍及台灣北、南、東及離島等地區（北海岸、北屏東、南屏東、高雄、台南、台東、蘭嶼、台北）。根據地方社會特性的不同，議程、議題設定也進行一些彈性調整。全台八分區場次共計 149 人，以類似焦點座談的方式進行，並整理出會議結論，之後匯集各分區論壇結論，於台北舉辦全國總場的共識會議暨記者會。

由於篇幅關係，我們不細緻地分析民間核廢論壇每個分區場次討論，而就整體公共審議結果進行討論。論壇討論結果顯示，台灣核廢料處置政策，侷限於工程專業思維，以狹隘的科技理性推動核廢選址，以致難以回應核廢處置所帶來的社會影響問題，及其衍生之環境不正義、不平等的風險分配等課題，進而造成社會信任的破碎。這樣的結果，也與 2016 年中研院社會意向調查，多數民眾認為「將核廢料放在用電最少的偏鄉並不公平」相互呼應。我們也從環境正義觀點，檢視公民對於選址條件、處置地點、專責機構、地方權利問題上所強調的原則性價值，釐清目前政策欠缺之處，及可能改善的方向與機制。

四、重返社會的核廢政策辯證

本文彙整民間核廢論壇各場次的共識結論，歸納出以下四個思考核廢政策重點面向：（一）核廢料特性、選址與科學侷限；（二）挑戰核工體系壟斷；（三）回饋金制度是地方權利或環境不正義；（四）犧牲的體系與風險分配不正義。

---

7. 民間核廢論壇資料彙整區，縮網址：https://goo.gl/YTe2jz。

（一）核廢料特性、選址與科學侷限

如文獻回顧中的討論，核廢料的產生與核能發展密不可分，在決策者選擇採用核能科技的同時，也決定了未來社會發展方向，並影響民眾生活樣態，包括核設施周邊民眾生活慣習，以及國家能源、工業發展路徑，甚至核工業與其他能源發展資源競合問題。不過，以經濟發展為意識型態可能產生風險的盲目性（Beck 著，汪浩譯 2004），人類社會能否穩健地承擔遠遠超越人類生命尺度，必須世代共同承擔的核廢料管理重責，更是核能發展歷程中一個重要卻被選擇性忽視的一個問題。

對於公民來說，核廢料政策最令人無所適從之處在於設施存續時間遠遠超出一般人的想像：短則三百年，長達十萬年的處置隔離，這種時間尺度，很難讓人明確地認知其影響。而輻射外洩的憂懼以及需要長期隔離特性，結合台灣地質條件不穩定性，更是公民討論的一項要點。

地質條件，台灣在太平洋環地震帶上，很難找到安全貯存的地方，譬如說我們放到無人島上，像剛剛講的地質在抬升，會有很多變化。在整個國際上沒有合適的永久場。（屏南場）

地質條件要安全穩固，但高階以百萬年為單位是不可能的。（屏北場）

自然條件的限制下，人類技術是否長期保固，建造出足以承擔核廢料百年至萬年時間尺度的圍阻體不無疑問。政府雖極力保證設施的穩固安全，卻也難以證明現行政體百年甚至千年的永續性。民眾的討論顯示對選址的科學評估與管理監控的不信任：

地質跟科學是一起的，剛剛提到很多場址選擇時沒有相關地質資料，科學部分要做實地探勘跟地下實驗室的實際科學評估。（台北NGO 場）

我們會認為核廢料擺放位置跟最終的情況，是一條線連續性的，不是說放在那邊就不管它了，事實上就是我們的事情，因為沒有大量人力去監控的話，還是會出現事情。（北海岸場）

　　面對核廢料處理的時間尺度，地方是否接受核廢料，今日的接受是否會造成下一代的不正義，這個擔憂使結論傾向尋找「中期」而非「終期」的處置方式：

　　　　境內、境外這部分，我們雖然沒有比較完整的討論，但有些強烈意見，……現階段是討論中期處置，是高放的廢料，這可能會比我們討論最終會更務實與急迫。（台北 NGO 場）

　　　　高階的部分，因為衰退期很長，這麼久的年限下，我們應考量不該超過人生存的年限就擺在那裡不做處理，因此我們考量中期處置優先，處理這個世代能處理的狀況下，去找核廢料存放的地方。（高雄場）

　　尋找中期處置場址比起最終處置場址所要求的地方永久承諾多了一些彈性，不過，到底「暫存」需要多久？找不到是不是就「暫存」在既有的核設施內？暫存的時間尺度是多久？也有後續更多待解的問題。2016 年中研院的社會意向調查問卷中，民眾對於放射性核廢料可能因找不到最後埋放地而需一直「暫時」放在核電廠內，有高達 82.6% 表示非常擔心（52.7%）或擔心（29.9%），顯示一般民眾認為核廢料縱使以「暫存」為名處置，但居民卻可能一輩子「與核共存」（中研院 2016）。一個地方若接受了核能處置設施，顯而易見地，將對當地的風土人文影響甚鉅。相關決策如何兼顧社會公平、世代正義的考量，在審議過程中不斷被提出辯證。

表 5-1　社會意向調查結果（一）		
Q：目前高污染核廢料，如果找不到最後埋放地，就只能一直暫時放在核電廠內，請問您擔不擔心？		
選項	次數	有效的百分比（%）
很擔心	658	52.7
擔心	374	29.9
不擔心	152	12.2
很不擔心	56	4.5
沒有意見	9	0.7
總計	1,249	100.0

資料來源：中研院，2016。

（二）誰應負責？挑戰核工體系壟斷

核能專業知識門檻高，一般民眾如要深入討論，需付出極高時間成本。而「專業門檻太高」也是專業官僚最常用來推拒與民眾溝通的說法，成為外界看待核能科技官僚的一道黑幕。

幾乎每一場審議，都有與會者提出對核工體系不信任。台灣核能人才訓練管道不多，可去的業界寥寥無幾，可一展長才之處只有台電、原能會、核研所等地，人員專業背景同質性高，使得這幾個機關被公民視為是利益錯綜復雜的集合體，而無法發揮原本制度設計相互監督制衡之效能，連帶地也影響核廢料妥善處置的信任：

> 核工學界內部網絡緊密、成員常常於不同單位間交互流動，使這些不同制度角色權責不清，無法發揮制度設計的監督制衡功能。（全國總場）

> 今天台電跟原能會跟我們說他們有委託學術單位做調查，認為沒有顯著影響，這些結果我們不信任，因為它不是公正獨立第三方，是台電委託出錢的單位。（北海岸場）

> 我們現在很容易依靠台電或是所謂的原能會，再往上推制定政策；讓我們很容易依靠清大核工出來的人員。……所謂學閥的一種問題，……關於核能安全研究，讓我們國家論述不只有清大的論文跟研究。（台南場）

雖然台電、原能會、經濟部分別為執行機關、管制機關及主管機關，但討論中指出，經濟部除了台電以外並無核能相關人才；而原能會的技術官僚與台電的技術人員，更是師出同門，關係密切而互通有無。

為了破除「核電幫」利益結構的隱憂，審議結論要求將處理機關的層級拉高到行政院或總統府，以利政府資源統籌，並促使各部會將核廢料處置政策放在優先順位。

> 大家想像跨部門層級協同工作，普遍覺得經濟部、原能會層級太低，核廢遠比他們目前管轄範圍複雜許多，層級要拉高。（全國總場）

> 核廢問題可能是國安的問題，要拉到較高層級，可能是府或院層級，因為要跨部會，必須要彙整資源。（北海岸）

　　這個層級需要調度底下的部會，包括台電跟原能會，原能會我們認為是獨立運作的監管單位。它需要能去影響經濟部的決策，需要經費獨立及穩定。（台北 NGO 場）

　　此外，審議討論強調需要獨立公正第三方，要求納入競爭型論述進入決策過程，協助民眾在核廢選址問題做出更好判斷：

　　選址評估過程中要納入公正第三方研究資料，提供不同於官方的資訊，過去政府公開政策資訊時，經常選擇性公開對政策有利資訊，隻字不提可能的疑慮，對民眾做出選址的判斷上幫助極少，因此政府要主動在資料中納入公正第三方的研究資料，提供民眾不同觀點。（全國總場）

　　獨立第三方與競爭性論述的呼籲，回應了風險社會中民眾對於科學事實不確定的焦慮。當科技專家無法回應對風險的疑慮，民眾會期待在競爭性論述資料中得到解答。在打破核工專業影響政策的認知框架下，公民審議結果建議核廢處理程序應納入更多元背景的參與者，包括地方團體、居民代表、不同領域的專家學者、第一線執行者等，以重建社會信任。

　　專責機構的內部組成要多元，除了各領域的專家學者外，也要納入第一線的執行者與在地居民。在組織運作上，除了必須確保機構的獨立自主外，還要再加入第三方監督機制，以重新建立失去已久的社會信任。（全國總場）

　　擔憂核工業中，學界、企業、政府一脈相承地訓練途徑所形成結構緊密的利益團體，會有掩蓋管理疏失、管制放水弊端。公民指出，要避免核工體系的壟斷，必須要提高層級、引入獨立第三方監督機制、多元參與，以及廣納競爭型論述進入政策辯證，確保資訊公開透明，才能負責地應對複雜的核廢問題。

（三）回饋金：地方權利或環境不正義？

　　核廢料處置設施高風險的特性，注定會在選址過程中遭遇地方民眾的反彈抗爭。為使民眾同意這樣的設施，政府往往強調「核能安全」來說服民眾，也提出「回饋金」機制做為地方接受的交換。但有公民不願領回饋金，核電廠所在地的北海岸居民強調：

> 我們金山人還有三分之一的人，我們到現在都不願意領回饋金，
> 每年有八百多萬退回。所以我必須要講這個態度跟尊嚴，說實在我希
> 望他們把回饋金領出來，這些錢拿來反核。（北海岸場）

回饋金制度常是吸引地方自願接納核能相關設施的誘因，它之所以有用，在於地方本身資源不足，亟需發展，因此難以抗拒龐大數額的回饋金。黃之棟（2014）即指出政治人物以回饋金承諾民眾，誘使地方同意設施的建置，可能有政策性買票的疑慮。論壇中也看到許多與會者強調，回饋金的發放不只混淆民眾對於核廢處置真正看法，更多時候未謀其利先見其害，反而造成社區的分化。

> 回饋金讓年輕人墮落，我就講喝酒，錢從哪裡來？是你賺的還是
> 回饋金來的？回饋金處理的好沒有問題，但它會讓一整個部落墮落。
> （屏南場）

> 回饋金沒有用在建設而是福利上，可能用在政治角力上。（屏南場）

從環境正義角度來說，地方發展是權利，不應與回饋金制度掛勾。倘若有「回饋機制」，也不該肆意發放，而應釐清發放方式與範圍，經過公民參與規劃，妥善應用於地方建設中，以促成地方真正的發展。

> 如果真的決定要讓人民接受，也應該告訴地方的人說，並不是透
> 過回饋金的類賄賂的方式，讓他們覺得說我有拿到東西，而是要去關
> 注這個場址，你要怎麼關注環境跟地區發展，不是用錢去解決的。（北
> 海岸場）

「回饋金」的發放，單就名稱就爭議連連，因為「回饋」的說法，似乎是一種撇除嫌惡設施造成地方傷害的責任，而將選址包裝成是該設施回饋地方發展的一種交換。但若是以百年、萬年的時間尺度觀之，地方民眾接受設施之後，將永久受制於核廢料處置設施，難以回到原本生活樣態，再多回饋可能都不足以彌補其帶來的傷害。在論壇中，就有民眾強調「回饋金」應正名為「補償金」：

> 希望把核廢料放在教育課綱中，讓台灣人知道，希望回饋金改成
> 補償金。（蘭嶼場）

　　換言之，參與討論的公民認為，核廢料處置場址為一嫌惡設施，其會對地方原本生活樣態產生無可挽回的影響，因此經費的提供發放應正名為補償或賠償金，以呼應環境正義的籲求。而有關核廢料所引起的「回饋」爭議，我們會在下一章〈核廢何從：運不出的蘭嶼惡靈〉中有更深入的討論。

（四）犧牲體系與風險分配不正義

　　核廢料短則百年、長至幾萬年半衰期的特性，使得相關處置設施一旦於某地落址，就很難有改變的可能，在地民眾需要世代與該設施永遠共存。而核廢料高風險性的特質，使其管理上必須軍事化嚴密管理與保安，在確保沒有輻射外洩的同時，也將設施內的管理運作隔絕於層層把關之外，當地民眾對自家鄰居狀況難以掌握。

　　如高橋哲哉所指，核廢設施是一種犧牲體系，政府以「為了國家利益」、「設施絕對安全」等說詞，要求特定地方接受核廢料。然而選址條件中優先以「人口密度高低」排除了都市地區入選的可能，使得選址無論怎麼評估，永遠只有偏鄉選項浮出檯面，幾個特定地區更是候選場址的常客。這樣的選址作業，使核廢料常被迫「放在用電量最少的偏鄉」，根據 2016 年中研院社會意向調查報告顯示，超過 80% 的民眾（很同意 46.1%；同意 34.1%）認為對當地人並不公平（中研院 2106）。

表 5-2　社會意向調查結果（二）

選項	次數	有效的百分比（%）
Q：有人說，核廢料放在用電量最少的偏鄉對當地人不公平，請問您同不同意？		
很同意	568	46.1
同意	420	34.1
不同意	134	10.9
很不同意	107	8.7
沒有意見	4	0.3
總計	1,233	100.0

資料來源：中研院，2016。

　　偏鄉被迫面對核廢的經驗，在論壇中得以更細緻地對話，也促使與會者可以從更宏觀的環境正義面向討論選址原則，**不願直接點名處置地點**，而是討論出「低階核廢料於境內處置」與「高階最終處置緩不濟急，先決定中期貯存」兩個大原則：

> 　　境內處理，掌握性高、較好討論，要盡量選傷害較小的地方，也有己所不欲勿施於人，還有包括國際關係的考量。（北海岸場）

> 　　大家境內處理一致認為自產自銷，不要給別人。自產自銷民眾才會對廢核更有感覺，會反思電力使用。（高雄場）

　　值得注意的是，公民審議過程均非常重視科學評估與環境影響評估，科學客觀條件仍位於公民原則價值的前列，但對人口密度低地區的選址歧視與風險分配不正義的憂慮，也同樣在共識結論中提及。以《低放射性廢棄物最終處置設施場址條例》來說，法條明文規定選址地點須位於人口密度低的地區，這個條件是立基於「一旦發生核災事故，能夠最大程度的降低傷亡」為前提，但這項前提本身即和政府單位屢屢強調「核能絕對安全」的說法矛盾，更揭示了讓偏鄉地區承擔風險，成為都市地區充裕電力使用結果的犧牲體系。

　　理解選址程序規定背後的價值預設，不難理解何以人口密度的考量會遭受質疑，幾場審議討論更認為須將「使用者付費」概念納入核廢料處置政策中：

> 　　加個條件叫社會正義……人口密度要改成用電使用度，應該要把核廢料放在使用度比較高的地方。（台東場）

> 　　根據全台各地區的用電量去進行逆分配，也就是說全台各地區人口不同用電量也不同，有些地方人口不多，但是用電量暴高，這些地方難道不用負責嗎？（北海岸場）

　　從環境正義與社會平等的角度來看，都市地區得以享受充裕的電力，是建築在偏鄉承擔核能設施的風險上，而法條明文選址條件要放在「人口密度低」的地區，讓 Renn（2002）所說的「達摩克里斯之劍」無論指到哪，都是同樣弱勢偏鄉地區，造成弱弱相殘局面。反之，享受到利益的群體卻無需負擔同樣的風險，並且對承擔方的痛苦毫無所悉。尤有甚者，當享受利益的一方認為弱勢地區得到「回饋金」即足夠彌補他們的犧牲，更是對弱勢地區的歧視與打擊。因此，如何讓都市民眾瞭解自己應負的責任，被視為落實環境正義重要的一環：

不應以地區人口密度高低做為評定的唯一要素，使用能源多的地區，應做為核廢選址或承擔（包含財務的承擔）的考量，期望改善社會不正義的現況，並擴大民間社會對核廢料的討論與注意。（全國總場）

當犧牲的體系要轉向支持的體系，首先要思考的是如何破除偏鄉總是淪為受害者的連結。這有賴於既得利益者主動承擔責任，建立一個共同承擔的機制，理解受影響地區民眾處境，以環境正義原則與支持體系出發，共同面對核廢料這個歷史共業。

五、結論

本章分析 2016 年「民間核廢論壇」的討論與共識意見，分析民間社會對於核廢處置的價值原則與邏輯思考，從環境正義的視野，凸顯公民共同關注的價值與原則。

第一、核廢料特性與超越人類歷史的時間尺度使人不安，從技術政治論的角度來看，核廢料短則三百年、長則十萬年的半衰期，揭示了接受核廢設施的民眾，可能終其一生，甚至往後數十個世代都必須與核共存，對當地環境、文化傳統、未來發展等形成限制，並有未知風險。現有的科學評估與工程技術難以回應這樣的擔憂，使公民傾向尋求高放核廢中期處置的務實做法。

第二、公民審議提出對核工體系的不信任，憂心核能安全在特定專業形成的利益結構中被忽視。加上核能執行與管制機關人員專業養成相似，使公民並不信任管理機構的管制能力。因此強調管制機制應提高層級，並引入獨立第三方監督機制與多元參與監督執行，輔以資料公開透明，才能真正建立負責的體制。

第三、公民對回饋金的質疑，凸顯不同於政府的環境正義思考。認為誘因機制模糊了居民對嫌惡設施的判斷，當回饋金的數額大到一定程度，偏鄉民眾可能不清楚核廢設施對自己、對地方的影響下被利誘接受。偏鄉長期資源缺乏，不應以回饋方式交換原本應得的地方發展權益。此外，公民指出核廢料處置設施將對地方生活風俗造成不可回復影響，所謂「回饋金」應更名為「補償金」或「賠償金」。

　　最後，論壇對於犧牲體系與風險分配不正義有深切的討論。當《選址條例》中以「風險預防」、「受害人數降到最低」將人口密度低列為選址條件的前提，部分偏鄉無法擺脫成為候選場址的命運。如果國家利益是建立在犧牲部分人民的生命、生活、尊嚴與希望之上，讓偏鄉承擔高風險的嫌惡設施，而享受充沛用電的都市民眾卻無所知覺，這不公平的犧牲結構正是弱弱相殘惡性循環的源頭。如何設計一個能夠共同承擔的機制，迫使得利的都市人一起思考責任承擔，減少偏鄉民眾被迫承擔的犧牲，應該是未來政策修正與推動首重的目標。

附錄

核廢政策歷史脈絡時間軸

官方政策

民間反饋

官方政策	年	民間反饋
「蘭嶼計畫」，選定蘭嶼做為離島暫時貯存核廢料場所	1974	
核一廠商轉，蘭嶼暫時貯存場動工	1978	蘭嶼地區民眾以為是興建罐頭工廠
蘭嶼核廢貯存場啟用，接收第一批10008桶核廢料	1982	

1986 車諾比核災發生

官方政策	年	民間反饋
	1987	「蘭嶼機場事件」，部落民眾抗議台電邀請民代、鄉長赴日旅遊
媒體揭露輻射鋼筋事件	1988	「220反核廢驅逐惡靈運動」，史上第一場反核廢示威遊行運動
低階最終處置場址選址及運轉期程、核一、二場中期貯存設施建造期限出爐	1991	蘭嶼核廢料貯存場發生輻射外洩事件

1991 國際社會禁止海拋核廢料

官方政策	年	民間反饋
	1994	蘭嶼核廢料桶發現鏽蝕
	1996	傳出台東縣大武鄉、達仁鄉為核廢料處置候選場址，地方發起抵制
台電承諾於2002年遷出蘭嶼核廢料		核廢料載運船「電光一號」遭蘭嶼鄉民堵港抗爭滯留海面
		核二廠居民圍廠抗議低階核廢料運回核電廠
	1999	核二廠附近居民成立「野柳反核廢料自救會」要求核廢料離開野柳
核三廠 鹽霧害事件	2001	輻射工安事件資訊未揭露，居民只能接收到片段訊息，引起民眾疑慮

（接下頁）

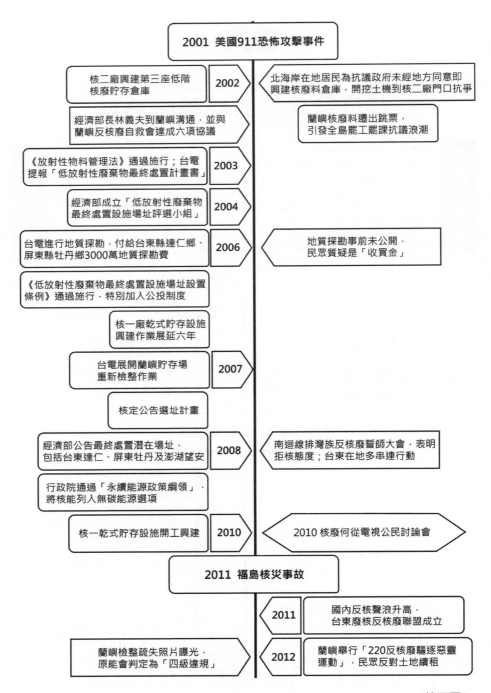

2001 美國911恐怖攻擊事件

| 核二廠興建第三座低階
核廢貯存倉庫 | 2002 | 北海岸在地居民為抗議政府未經地方同意即
興建核廢料倉庫，開挖土機到核二廠門口抗爭 |

經濟部長林義夫到蘭嶼溝通，並與
蘭嶼反核廢自救會達成六項協議

蘭嶼核廢料遷出跳票，
引發全島罷工罷課抗議浪潮

| 《放射性物料管理法》通過施行；台電
提報「低放射性廢棄物最終處置計畫書」 | 2003 |

| 經濟部成立「低放射性廢棄物
最終處置設施場址評選小組」 | 2004 |

| 台電進行地質探勘，付給台東縣達仁鄉、
屏東縣牡丹鄉3000萬地質探勘費 | 2006 | 地質探勘事前未公開，
民眾質疑是「收買金」 |

《低放射性廢棄物最終處置設施場址設置
條例》通過施行，特別加入公投制度

核一廠乾式貯存設施
興建作業展延六年

| 台電展開蘭嶼貯存場
重新檢整作業 | 2007 |

核定公告選址計畫

| 經濟部公告最終處置潛在場址，
包括台東達仁、屏東牡丹及澎湖望安 | 2008 | 南迴線排灣族反核廢誓師大會，表明
拒核態度；台東在地多串連行動 |

行政院通過「永續能源政策綱領」，
將核能列入無碳能源選項

| 核一乾式貯存設施開工興建 | 2010 | 2010 核廢何從電視公民討論會 |

2011 福島核災事故

| | 2011 | 國內反核聲浪升高，
台東廢核反核廢聯盟成立 |

| 蘭嶼檢整疏失照片曝光，
原能會判定為「四級違規」 | 2012 | 蘭嶼舉行「220反核廢驅逐惡靈
運動」，民眾反對土地續租 |

（接下頁）

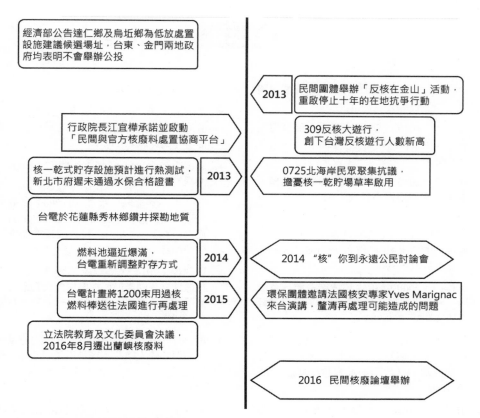

▲ 附圖 5-1　核廢政策歷史脈絡時間軸

資料來源：引用自謝蓓宜（2016）。

參考文獻

- 中研院，2016，《2016 第一次社會意向調查》（未出版）。

- 杜文苓，2010，〈環評決策中公民參與的省思：以中科三期開發爭議為例〉，《公共行政學報》35: 29-60。

- 杜文苓，2015，《環境風險與公共治理：探索台灣環境民主實踐之道》。台北：五南。

- 汪浩譯，2004，《風險社會──通往另一個現代的路上》（原作者：Ulrich Beck），台北：巨流。

- 周桂田，2000，〈生物科技產業與社會風險──遲滯型高科技風險社會〉。《台灣社會研究》39: 239-283。

- 周桂田，2005，〈知識，科學與不確定性──專家與科技系統的「無知」如何建構風險〉。《政治與社會哲學評論》13: 131-180。

- 周桂田，2008，〈全球在地化風險典範之衝突──生物特徵辨識作為全球鐵的牢籠〉。《政治與社會哲學評論》24: 101-189。

- 紀駿傑，1997，〈環境正義：環境社會學的規範性關懷〉。《環境價值觀與環境教育學術研討會論文集》。台南：成大。

- 紀駿傑、蕭新煌，2003，〈當前台灣環境正義的社會基礎〉。《國家政策季刊》2(3): 169-179。

- 胡湘玲，1995，《核工專家 VS. 反核專家》。台北：前衛出版社。

- 范玫芳，2008，〈科技、民主與公民身份：安坑灰渣掩埋場設置爭議之個案研究〉。《台灣政治學刊》12(1): 185-227。

- 范玫芳，2012，〈從環境正義觀點探討曾文水庫越域引水工程計畫〉。《台灣政治學刊》16(2): 117-173。

- 范玫芳，2017，〈誰的風險？誰的管制與檢測標準？蘭嶼核廢料爭議之研究〉。《傳播研究與實踐》7(1): 107-139。

- 高橋哲哉，2014，《犧牲的體系：福島 · 沖繩》。台灣：聯經。

- 湯京平、蔡瑄庭、范玫芳，2009，《低放射性廢棄物最終處置設施候選場址地方公投之研究》。台北市：行政院研究發展考核委員會。

- 黃之棟，2014，〈談「核」容易？：從烏坵選址看我國當前低放射性廢棄物最終處置問題〉。《國立台灣科技大學人文社會學報》10(1): 45-66。

- 黃之棟、黃瑞祺，2009，〈正義的繼受：我們與美國人講的到底是不是同樣的「環境正義」？〉。《國家發展研究》9(1): 85-144。

- 黃淑鈴，2015，〈從族群正義道環境論述：達悟反核廢運動者的框架移轉〉。《思與言》53(2): 7-48。

- 謝蓓宜，2016，《多元社會脈絡下的核廢論述：民間核廢論壇個案分析》。台北：國立政治大學公共行政學系碩士論文。

- Bucchi, M. and Neresini, F., 2007, *Science and Public Participation. Handbook of Science and Technology Studies.* Cambridge, MA: MIT Pres

- Bullard, R. D., 1990, *Dumping in Dixie: Race, Class, and Environmental Quality.* Boulder, CO: Westview.

- Edwards, P. N. and Hecht, G., 2010, "History and the Technopolitics of Identity: The Case of Apartheid South Africa." *Journal of Southern African Studie* 36(3): 619-639.

Fiorino, D. J., 1990, "Citizen Participation and Environmental Risk: A Survey of Institutional Mechanisms." *Science, Technology, & Human Values* 15(2): 226-243.

Funtowicz, S. O. and Ravetz, J. R., 1992, "Science for the Post-Normal Age." *Futures* 20(7): 739-755.

Jasanoff, S., 2004, *States of Knowledge: The Co-Production of Science and the Social Order.* London: Routledge.

Kao, S. F., 2012, "EMF Controversy in Chigu, Taiwan: Contested Declarations of Risk and Scientific Knowledge have Implications for Risk Governance." *Ethics in Science and Environmental Politics* 12: 81-97.

Klinke, A. and Renn, O., 2002, "A New Approach to Risk Evaluation and Management: Risk-Based, Precaution-based, and Discourse-based Strategies." *Risk Analysis* 22 (6): 1071-1094.

Nowotny, H., 2003, "Democratising Expertise and Socially Robust Knowledge." *Science & Public Policy (SPP)* 30(3): 151-156.

Ottinger, G., 2010, "Constructing Empowerment through Interpretations of Environmental Data." *Surveillance & Society* 8(2): 221-234.

Perrow, C., 1984, *Normal Accidents Living with High Risk Technologies.* New York: Basic Book.

Perrow, C., 2011, "Fukushima and the Inevitability of Accidents." *Bulletin of the Atomic Scientists* 67(6): 44-52

Renn, O., 2014, *Stakeholder Involvement in Risk Governance.* London: Ark Group.

Slovic, P., 1999, *Perceived Risk, Trust and Democracy.* London: Earthsca.

Winner, L., 1986, *The Whale and the Reactor: A Search for Limits in an Age of High Technology.* Chicago, IL: University of Chicago Press.

Wynne, B., 2007, "Public Participation in Science and Technology: Performing and Obscuring a Political- Conceptual Category Mistake." *East Asian Science, Technology and Society* 1(1): 99-110.

第六章

核廢何從：
遷不出的蘭嶼惡靈

杜文苓

一、前言

　　從 1972 年蘭嶼被選為核廢料貯置場場址，到 1978 年起各大核電廠商轉，核電廠及核研所的核廢料開始運入，啟動了蘭嶼長期反核廢的抗爭命運。驅逐惡靈的恆久吶喊，以及相關「回饋」措施所帶來加速現代化，深深影響這個達悟（Tao）族群居住的小島。2011 年日本福島核災後，台灣掀起反核浪潮，2016 年執政黨提出「非核家園」政策，宣示 2025 終結核電的決心；但已發展了四十多年的核電，即使停止運轉，隨之而來包括除役、既有核廢料的問題並沒減少，涉及百年、萬年安全儲放的時間尺度，使核廢選址問題充滿社會爭議，成為驅走不了的幽靈徘徊在台灣上空。

　　核電廠除役期限將至，但低階核廢料最終處置場選址不斷延宕，蘭嶼核廢料遷出承諾持續跳票，高階核廢料處置尚未立法，使核廢料處置問題越顯急迫。本文將從蘭嶼核廢料遷移不走的困境，探討核廢料對於在地的影響，檢討政府的核廢政策與過去核能發展所看不到的成本與代價，並進一步討論核廢料遷出蘭嶼政策過程的困境與可能之解方。

　　本文主要資料來自於 2017 年到 2018 年間的田野參與觀察及訪談，其間整理了 28 份與相關團體成員、學者與公部門首長討論蘭嶼核廢與整體核廢治理體系問題之逐字稿；同時，也蒐集整理核廢議題相關之期刊論文、報章雜誌新聞、政府公報等。以下，我們將分析目前核廢料處置政策的現況及困境，從風險溝通失焦與回饋制度所帶來的社會信任崩壞危機，討論蘭嶼面對驅逐惡靈的無力與難題，最後嘗試就重建社會信任的核廢處置政策提出建言。

表 6-1　運用在本文中的受訪者代碼					
代碼	與本研究關聯性	代碼	與本研究關聯性	代碼	與本研究關聯性
A1	運動者	A6	運動者	B3	公部門
A2	運動者	A7	運動者	B4	公部門
A3	運動者	A8	運動者	C1	學者
A4	運動者	B1	公部門	C2	學者
A5	運動者	B2	公部門	C3	學者

* 本文感謝研究助理方俐文、吳柏賢協助田野資料的蒐集，尤其方俐文對於初稿資料彙整、表格繪製與文章格式編排等提供重要協助，特此致謝！

二、停滯不前的核廢處置政策

　　1972 年，行政院原子能委員會為因應國內原子能民生用途之日漸普及，邀請學者專家舉行「第 1 次低強度放射性廢料終極處理方法會議」，經多次會議檢討評估後，決定採取離島固化桶裝水泥槽暫行貯存，並以蘭嶼龍門地區[1]做為離島貯存場所，待投海技術完成或放射性衰減至消失後，再行取出進行海洋投擲；1974 年原能會函呈「國家放射性固體廢料貯存場規劃書──蘭嶼計畫」予行政院，建議蘭嶼龍門地區做為貯存場所（行政院蘭嶼核廢料貯存場設置真相調查小組 2017）。1978 年蘭嶼核廢料貯存場第一期工程動工，計有 23 座貯存壕溝，可存放 133,728 桶低放射性廢棄物，並自 1982 年起開始接收來自各核電廠及核研所等地之核廢料。1988 年 9 月行政院頒布之《放射性廢料管理方針》，將放射性廢棄物之處理、貯存、運送、最終處置由放射性廢棄物之產生者負責，並負擔費用。因此，1990 年 7 月，蘭嶼貯存場之運轉移交給台電公司，原能會則負責安全監督工作（台電 2016: 1；原能會 2017: 45）。而 1992 年聯合國通過《防止傾倒廢物等物質污染海洋公約》（簡稱《倫敦公約》），並於 1996 年議定書生效，禁止各國海拋核廢料。

　　蘭嶼青年於 1987 年 12 月展開反核廢行動，開啟了達悟人歷史性，也成為例常性的「驅逐蘭嶼惡靈」的示威抗議運動。經在地民眾的長期抗議，台電自 1996 年起不再運入核廢料，並承諾要在 2002 年完成蘭嶼核廢料遷出作業。但期限屆至，當地的 97,672 桶核廢料卻仍聞風不動，引發蘭嶼全島罷工罷課行動。當時的經濟部部長林義夫親自到蘭嶼進行溝通，與蘭嶼反核廢自救會達成六項協議。[2] 行政院為研處蘭嶼貯存場遷場事宜，於 2002 年

---

1. 蘭嶼龍門地區因具有（一）地形具極佳天然屏障（三面環山、一面向海）；（二）與島上其他地區阻隔，5 公里範圍內無民眾居住；（三）面積達 1 平方公里以上符合投資效益、（四）全程可採海上運輸，污染可能性低等諸多優點。

2. （一）經濟部部長林義夫代表政府對於未能儘速完成最終處置方案，對蘭嶼達悟族及居民之自然主權、環境權、生存權、人權及永續發展不夠尊重公開道歉；（二）立法保障達悟族在蘭嶼之自然主權及生存權；（三）行政院成立遷場推動委員會，委員會應於一個月內籌組完成，邀請反核自救會代表、公正環保人士、學者專家、經濟部代表、原能會、原民會達悟族代表、台電公司及立法院原住民政會組成，及早制訂遷場時間、場址及檢整、檢測工作的推動；（四）一個月內成立蘭嶼社區總體營造委員會，關心當地健康、食衣住行等生活條件及教育文化環境的改善，並在貯存場遷場後確實清除一切輻射污染物，恢復場區原有自然景觀；（五）政府如未履行協議內容，後果將由政府負責；（六）協議內容列入立法院國會記錄。

成立「行政院蘭嶼貯存場遷場推動委員會」，遷場推動會設召集人 1 人及委員 26 人，成員除政府相關部會代表外，也聘請立法院原住民問政會代表、蘭嶼居民、台東縣政府代表及學者專家等人擔任委員，各屆召集人均由行政院指定政務委員擔任。經多次研商結果，促成《低放射性廢棄物最終處置設施場址設置條例》（簡稱《場址條例》）並完成立法，於 2006 年公布施行。鑑於低放最終處置設施場址選址作業已有條例可循，行政院爰於 2008 年將遷場推動會併入「行政院國家永續發展委員會」進行相關管考工作。

2007 年起因蘭嶼貯存場低放廢棄物桶鏽蝕問題，台電公司展開低放廢棄物桶檢整重裝工作，至 2011 年完成，檢整後之體積增加約 2.1 倍，增為100,277 桶（台電 2016: 2）。台電公司於 2006 年提出「低放射性廢棄物最終處置計畫」，劃定低階核廢料選址時程表；2008 年經濟部公告三處潛在場址：屏東縣牡丹鄉、台東縣達仁鄉與澎湖縣望安鄉；隔年公開建議候選場址遴選報告，提報「澎湖縣望安鄉（東吉嶼）」及「台東縣達仁鄉南田村」為建議候選場址，期間因澎湖縣政府將東吉嶼劃為澎湖南海玄武岩自然保留區，致主辦機關無法完成二處以上建議候選場址之核定；2010 年重新公告「台東縣達仁鄉」及「金門縣烏坵鄉」為潛在場址；2012 年公告達仁鄉及烏坵鄉兩處為建議候選場址。公告期滿後，經濟部即尋求地方政府之合作，希望進行公投作業決定候選場址。不過，迄今地方政府尚未同意辦理地方選址公投，低放射性廢棄物最終處置設施候選場址進度仍遲滯不前（原能會 2017: 75）。

2013 年 3 月 9 日，福島核災後兩年，有 22 萬人走上街頭參與全國反核大遊行，帶給行政單位莫大壓力，促使剛接任行政院院長的江宜樺開啟「民間與官方的核廢料協商平臺」。當年 7 月舉行第一次協商平臺會議，由政務委員陳士魁主持，相關環保團體與蘭嶼居民訴求恢復遷場推動會運作，惟後續會議未就此議題進一步討論。2014 年民間團體對於政府一再拖延擺爛無能處置核廢感到失望，宣布抵制該平臺第四次會議，除不出席會議外，蘭嶼、北海岸、台東、屏東等四區之民間團體亦退出此協商平臺。[3]

雖然台電早於 2002 年即提出 2016 年核廢運出蘭嶼的承諾，卻因低放候選

---

3. 苦勞網，2014，〈退出「民間與官方核廢料處置協商平臺」聲明：核廢處置拖延擺爛，核廢災區抗議以毒換毒〉。苦勞網，取自 https://www.coolloud.org.tw/node/78499，檢索日期：2018 年 8 月 10 日。

場址遲遲未決而再度跳票。為因應低放處置設施選址公投而延宕的問題，原能會要求台電公司於 2016 年年底提報《蘭嶼貯存場遷場規劃報告》，包括「回運原產地」、「送至集中式貯存設施」兩項實施方案。原能會於 2017 年 2 月審定台電公司所提集中式貯存設施應變方案，要求台電公司應於 2017 年 3 月起三年選定場址，八年設施完工啟用，以做為核廢料的「中繼站」（原能會 2017: 13）；同時，回運原產地的協調與溝通亦同步進行。

此外，2016 年 8 月 15 日蔡英文總統親赴蘭嶼鄉公所與地方代表座談，表示政府將會搭建一個讓相關單位、台電以及民間相互溝通的平臺，共同研議未來台灣核廢料存放問題，做好「非核家園」的配套準備，並將蘭嶼核廢料處置列為最優先的討論項目。2016 年 9 月行政院院長林全赴北海岸與地方鄉親座談時，表示行政院國家永續發展委員會將成立「非核家園推動專案小組」，由經濟部擔任召集機關，成員包括機關代表、在地住民、專家學者及民間團體代表等，並將蘭嶼貯存場遷場規劃列為重要推動事項（原能會 2017）。同年 10 月 14 日，行政院核定發布施行「行政院蘭嶼核廢料貯存場設置真相調查小組設置要點」，正式成立調查小組進行真相調查作業。根據 2017 年調查小組所提出之《核廢料蘭嶼貯存場設置決策過程調查初步報告》結果顯示，1972 年至 1978 年蘭嶼貯存場決策過程中，相關機關均以機密方式辦理本案，雅美／達悟族人應不知情（總統府原住民族歷史正義與轉型正義委員會 2018）。

從上述的歷史回顧可以看出，停滯不前的低階核廢料最終處置場址作業，使蘭嶼核廢料遷出承諾兩度跳票，也使蘭嶼居民懷疑政府遷出核廢料的誠意。一位在地的運動者提到主政者並沒有正視蘭嶼人最在乎的訴求，核廢不遷出就談賠償、真相調查或轉型正義，其實是目標錯置：

> 上次蔡總統來我們就知道她的底線，她沒有要處理，她說她要來面對達悟族人，但達悟人會說沒有要處理核廢議題就不用來，因為我們就是要核廢遷出，其他都是附帶的，妳說賠償、真調，再來轉型正義，核廢料還在這邊提轉型正義是很荒謬的，要先離開再來談後續。（A1）

而對於政府成立真相調查小組的做法，參與者則認為資料掌握都在公家機關手上，只要政府願意釋出資料，真相就會浮現，沒有實質調查權的委員會作

用不大，參與不但像是認同政府做法的背書，更可能使「核廢遷出」這個主要議題被模糊掉：

> 我們開會就說要真相，真相都在政府，我們怎麼會知道，你們有良心拿出所有機密文件，就能看，但你不拿出來談什麼，找我們去是當遮羞布嗎？我們是希望拿到一些資料，政府有個遷場決定，不是我們能決定的。這些資料我們拿不到，蔡英文說要真相，原能會、台電或者是其他很多機密文件，你都拿不出來。（A5）

> 達悟人一旦進去就代表我是認同你真相調查委員會要做的事情，可是那並不是我真的想要達到的，比如說你的真相調查報告，你是有選擇性的公開一些文件，真相調查委員會根本沒有實質調查權，我所有要跟你要的資料檔案都是你要同意才能給我的，進去根本就是在幫人家背書啊！因為我只能拿到你要給我的資料而已啊，而且通常是你想要真相到哪裡，大概只到某個程度而已啊；第二個是說他會迴避掉核廢料真正遷出的這個議題啊，就是會直接轉移到這個上面去。（A1）

雖然民進黨政府於 2016 年上臺後，試圖創立各種委員會、專案小組或協商平臺等來尋求核廢料問題的解方，但委員會運作效能不清，機構組織間分工權責不明，討論難以聚焦，在授權與會議程序不明的情況下，令人難以相信政府的解決誠意：

> 非核家園推動專案小組是第一次成立，所以不管它的題目設定跟討論方法似乎都有點雜亂無章，大家各抒己見；委員的異質性也很高，大家也不是那麼清楚這個專案小組聚焦的焦點，雖然小組有一個成立要點，但是成立要點討論的範疇其實還是滿大的，光以非核家園這議題來講，裡面的議題很多，包含核電、核廢一大堆，所以其實有那個範圍跟沒寫是沒什麼兩樣的……。這樣子開了一、兩次會議，我們幾個成員，就覺得實在是非常有問題，因為各會議很久才開一次，差不多三個月，又會延宕，因為它都要取決於（某政務委員）的時間，他如果其他會議很忙就會 delay 這個會議，所以大家會覺得三個月好不容易見一次面，然後但是還停留在上一次的議題，各抒己見的討論，沒有對焦，然後沒有決心跟決議，大家好像覺得三個月聚會一次，然後各談各的就覺得很糟糕。（A7）

　　非核家園推動專案小組大家都知道那個沒用所以都沒有人要去，我們這邊沒有要派代表去，因為浪費時間啊，如果說你要跟我談的不是直接談核廢料遷出是一個主要的議題，我們沒有要跟你談的必要啊，或是說它變成是一個原地打轉，因為它裡面包含太多個東西，包括核電的，那我說核廢料議題呢？核廢料議題把它擺進去，可是處理是什麼時候要處理啊？他們就說轉型正義、真相調查我們全部都派代表進去，現在紀錄在哪裡？現在到底做到什麼樣的程度？分那麼多委員會、分那麼多代表到底是要幹嘛？大家根本搞不太清楚啊。（A1）

　　此外，目前政府對於核廢料處置的最新規劃，是用一種看似「雞蛋不要放在同一個籃子裡」的治理策略，試圖找出核廢料處置的解方。一位原能會官員說道：

　　　　一個是回原產地，一個是集中貯存，另一個就是低放處置掩埋場，還是要按照原計畫去執行，不能否認的這是一個社會關注和正義的問題，這裡就是有個兵分多路，至於說哪個可行、可以最先達到目標？現在講起來並沒有一個準的。有時候可能散彈打鳥的方式命中機會還是比較高一些。（B1）

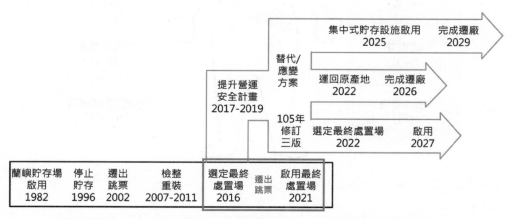

註一：依據低放射性廢棄物最終處置計畫書(104年，修訂二版)時程規劃，台電應於2016年3月完成低放處置設施選址作業，惟未能　　　如期選定低放處置設施場址。因此，台電提報低放射性廢棄物最終處置替代/應變方案之具體實施方案，原能會於2017年2月審定。
註二：低放射性廢棄物最終處置計畫替代/應變方案之具體實施方案及低放射性廢棄物最終處置計畫書(105年，修訂三版)中，原能會　　　及台電對於浮動時程仍有爭議，目前正在進行行政爭訟中，版本尚未正式確定，故上圖僅以原能會希望台電能遵守的時程為主。

▲ 圖 6-1　蘭嶼核廢料遷出規劃時程表

資料來源：原能會網站，本研究繪製。

　　但另一方面，散彈打鳥的態度，卻也顯示政府整體核廢料治理的盲點，就執行與管理層面來說，主責的經濟部與台電對於核廢料該如何處置的急迫感並沒有原能會高，而管制機關原能會僅能用行政裁量權牽制台電。一位非核家園專案小組的委員提出觀察：

> 　　原能會其實是監督，並不是政策的執行單位，所以原能會就會有一種皇帝不急急死太監的那種感覺，就是他會覺得經濟部跟台電好像都沒有那麼急的去做，他很希望推動他們去做，可是他又不是執行單位，他也只能推動或者是說你做不到時間點，我給你罰款之類。所以他們的角色是這樣，所以其實當然會覺得真正決策不是在原能會那邊。（A7）

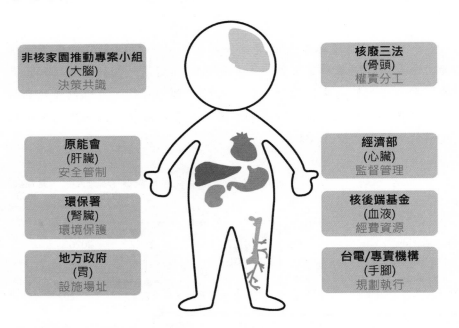

▲ 圖 6-2　我國核廢管理體系之比喻

資料來源：原能會物管局提供，本研究繪製。

　　原能會官員也承認這樣的組織架構成為核廢處理無法不面對的困境：

> 　　經濟部扮演心臟的角色，假如心臟不動，就活得不是很 OK，或許長期問題的所在就是如此。原能會像是肝臟，是安全把關的器官，

過濾身體一些毒素，清除掉危險安全的顧慮，就像外界認為核廢料的事情，沒辦法解決，就揪心肝質疑原能會沒有好好去監督，但是這就是一個體系，若心臟麻痺或其他問題，只有肝臟也沒有用。（B1）

而在執行層面上，可能還有一個超越組織層次的問題。主事的核能技術官僚，可能不認為「核」這個物有多大的風險問題，一些研究也指出核能技術官僚傾向強調核電的經濟效益，並不正視民眾的風險擔憂（杜文苓 2015）。尤其台電做為核廢料處置執行者，但內部人員多為核工專業的擁核者，從其專業角度認為輻射外洩無須過度擔心，一位台電成員說道：

我知道、我瞭解它的危險性，如果有這塊地我一定賺死了。這是無本的無本生意啦，因為你們去蘭嶼就知道，那麼多人在那邊工作，我自己的例子，我全家住在核三廠二十幾年，二十四個小時住在那邊，危險嗎？我一點都不擔心，其實很多事情是回到對於輻射的一個擔心。你去蘭嶼貯存場，你在那個地方，完全都沒有影響，甚至接受的劑量比台北還低。（B2）

在此認知下，有些官員談到他們私下接受到的訊息，認為蘭嶼的抗爭不一定是認真要趕走核廢，因為一些居民擔心核廢遷走會影響了回饋福利。政策執行單位的態度與處理做法，不一定與信誓旦旦的政策宣示同步，再加上核廢遷出蘭嶼承諾多次跳票，更使人質疑政府優先處理蘭嶼核廢遷廠的決心。一位台電成員提到：

政策方向我個人的看法是我覺得不會改變，我們台電至少以我個人的立場我非常贊成，我們也非常想把蘭嶼（核廢料）遷走，只要政府告訴我可以去哪裡我就走。（B2）

核廢料處理分為低放和高放，低放目前看得到的緊急就是蘭嶼要不要遷走，政府就會說受不了了你一直叫囂，蘭嶼不叫，誰緊急？不會，核一、核二、核三廠不會那麼緊急，他也是慢慢在領嘛。高放的 urgent 是說，如果你不要用核能了，他也不 urgent；如果你還要用核能，他就要有乾式貯存，把燃料拿出來。（問：整體來講，現在也不要核能了，所以他其實也不太 urgent。）對，你不要核能，那就放在那邊嘛。（B2）

　　一位非核家園小組成員認為上述台電的做法與態度，不利於核廢問題的解決，也因此核廢處置的相關修法與對主責機關之強制權利義務必須改變。

> 　　我不覺得台電有想要處理好，他覺得有問題的不是他的安排而是社會，他會覺得早就應該要放在台東了，他們認為過去沒有犯錯，這種情況之下由台電按他的想法去做，跟之前會一樣。現在政黨輪替，台電會去扮演一些角色，但他很不情願，所以他推出無人島，在原能會審查之前還先偷放消息，引起各界反對，如果架構不變，我不覺得他會有改變。需要修法跟強制的權利義務，舊有模式會走不下去。對機構課以權利義務，或者再要求一些政策程序，可以先完成選址、核廢遷出等等。（A7）

　　從政策影響面觀之，蘭嶼惡靈揮之不去，源自於威權時代的決策，在核工專業的領導下，蘭嶼居民在資訊不透明下被迫接收核廢料。嗣後由於國際公約對於海拋的限制，使得核廢續留蘭嶼；然而台電及原能會並未積極面對核廢料最終處置問題，選址卡關使蘭嶼核廢遷出承諾不斷跳票。雖然民進黨政府在非核家園的框架下，成立各種委員會來推動核廢問題的處理，看似積極的行政作為，卻因各機關、委員會分工授權不明，核廢料遷出的具體時程與實施計畫仍未有實質進展，而難以獲得民間對於政府積極處理核廢的信任。雖然制定了《低放選址條例》與蘭嶼貯存場設置的真相調查，卻仍無法回應蘭嶼居民遷出核廢料的殷切期盼。

表 6-2　蘭嶼反核大事記	
時間	**說明**
1972年	行政院原子能委員會決定核廢料採取離島暫時貯存。
1974年	展開「蘭嶼計畫」預計在蘭嶼興建低階核廢料貯存場（1978 年動工）。
1978年	核一廠商轉。
1981年	核二廠商轉。
1982年	蘭嶼核廢料貯存場完工並啟用，蘭嶼接收第一批 10,008 桶核廢料。
1986年	蘇聯車諾比核災：開啟北海岸和蘭嶼民眾反核運動。
1987年	機場抗議事件：抗議鄉長、縣議員、鄉代表、村長赴日參觀。
1988年	第一次「220 驅逐惡靈」運動。
1988年	蘭嶼旅台青年聯誼會及反核人士至立法院、原委會請願，並齊聚台北發動示威運動。

時間	說明
	表 6-2　蘭嶼反核大事記（續）
1989年	第二次「220 反核廢驅逐惡靈」運動。
1991年	第三次「220 反核廢驅逐惡靈」運動，要求政府應立即廢除核廢場的二期工程擴建計畫。
	蘭嶼核廢料貯存場發生輻射外洩事件。
	國際社會禁止海拋核廢料：《防止傾倒廢物等物質污染海洋公約》（簡稱《倫敦公約》）。
1994年	蘭嶼核廢料儲存桶鏽蝕危機。
1995年	「反核廢、驅惡靈」示威遊行。
1996年	終止核廢料進入蘭嶼：台電承諾在 2002 年將核廢料遷出蘭嶼。
2002年	台電遷出承諾跳票，蘭嶼全島罷工罷課反核廢運動；經濟部部長林義夫至蘭嶼進行溝通，與蘭嶼反核廢自救會達成六項協議。
2006年	《低放射性廢棄物最終處置設施場址設置條例》通過施行。
2007年	台電蘭嶼貯存場檢整重裝作業：共回貯 100,277 桶低放射性廢棄物。
2011年	福島核災。
2011年	蘭嶼輻射外洩事件。
2012年	「220 反核廢驅逐惡靈運動」：抗議土地租約在 2011 年到期。
	蘭嶼核廢料檢整疏失照片被工人揭露，引發媒體關注。
2013年	蘭嶼鄉公所回饋金運用不當，監察院糾正經濟部等三機關。
2016年	蔡英文總統代表政府向原住民族道歉，並承諾進行真相調查。
2017年	根據「行政院蘭嶼核廢料貯存場設置真相調查小組」初步調查結果，1972 年至 1978 年蘭嶼貯存場決策過程中，雅美／達悟族人應不知情。

資料來源：核廢論壇議題手冊，2016；原住民族青年陣線，2016；[4] 關曉榮，2007；本研究整理。

三、風險溝通失焦與信任喪失

　　現行政府在核廢問題的溝通上，主要是與潛在候選場址所在地的地方行政首長、民意代表及意見領袖進行接觸，除了逐戶拜訪的敦親睦鄰活動外，亦常透過禮品發放吸引居民參加說明會，或是透過贊助節慶、宗教、文化及體育等

---

4. 原住民族青年陣線，2016，〈【1982-2017蘭嶼反核廢大事紀】〉。原住民族青年陣線，取自 https://www.facebook.com/IndigenousYouthFront/photos/pb.762486550446352.-2207520000.14579262 65./1261201630574839/?type=3&theater。

活動時進行政策宣導（靳菱菱 2012）。過去研究指出，在核廢議題的溝通上，政府單位似乎將「風險溝通」和「政策宣傳」混為一談，使用許多科學術語使一般民眾不易理解而形成隔閡；而強調科學技術（處理措施和技術）安全無虞的保證做為溝通的主要內容，並無法回應民眾在價值層次與政府治理方面的質問（如核廢料處置的世代正義問題、對管制單位監管能力及方式的質疑、或是核能政策中不公平的風險與利益分配），從而降低實質對話的可能性。公部門在溝通過程中，言詞常會出現過度保證（如：「絕對」很安全、「絕對」可以相信政府）的情形，反而會讓民眾質疑政府的誠信（杜文苓、高淑芬、陳穎峰 2014: 58-59）。

台電在蘭嶼核廢貯存場的管理者為貯存場經理，兩年一聘，多數經理未待滿兩年便調任離開，與地方社會沒有太多連結。雖然台電在蘭嶼雇用達悟人在各部落擔任聯絡員協助地方溝通、製作《蘭嶼貯存場敦親睦鄰花絮》提供相關資訊、或針對特定事物召開說明會進行政策說明，但聯絡員的定位與其說是政策宣達的地方橋樑，不如說是申請台電補助的協助者。一位地方運動者提出他的觀察：

　　　　一般每一個村莊他們有請一位負責跟部落做溝通協調，他們工作的介紹，或是你有申請醫療補助費用他就負責幫你拿收據幫你申請，每個部落都有一個，這是台電對我們的一種方式。（A2）

而《敦親睦鄰花絮》和說明會的舉辦在信任破碎下並無法發揮效果。以2017 年 4 月 12 日台電欲運送「3×4 重裝容器」進入蘭嶼為例，[5] 其主張是為提升蘭嶼貯存場整體之營運安全，並方便日後核廢料加速遷出之作業。不過，當台電以一艘印著「大發壹號」字樣的民間貨輪載著數個木板包裝的厚重金屬箱進入龍門港準備卸貨，蘭嶼鄉民質疑未收到通知而在港邊抗議，要求貨船原船駛回不准卸貨。事後，台電解釋該項作業並非核廢料桶，而是用做未來核廢料檢整的鋼板設備，檢整的資訊並通過台電出版的期刊（《蘭嶼貯存場敦親睦鄰

---

5. 2012 年 10 月 17 日林佳龍、陳學聖、劉櫂豪等三位立委勘查台電公司蘭嶼貯存場後，前往社區與鄉民座談，座談會中鄉民提議蘭嶼貯存場未遷出之前，應加強放射性廢棄物桶貯存安全，該提議獲在座委員們認同。原能會依 2012 年 10 月 25 日立法院教育及文化委員會之決議，並於同年 12 月 20 日第 121 次放射性物料管制會議（第 647 議案），要求台電在貯存場未遷出之前，應通盤規劃提升蘭嶼貯存場營運安全之設施，並提出「規劃報告」，希望將貯存壕溝內 55 加侖廢棄物桶（計有 35,867 桶），重裝置入「3×4 重裝容器」中。

花絮》第 70、71 刊）公開說明，台電核後端處處長更強調在蘭嶼有做到挨家挨戶的拜訪通知。對此，在地運動組織青盟則堅持台電未事前通知，更未發公文到鄉公所，[6] 對再度檢整規劃表示不信任，認為此舉代表核廢料可更長期置放於蘭嶼島內。經過此次抗議行動，台電公司於 2017 年 4 月舉辦地方意見領袖座談會及全鄉說明會，5 月則在六個部落舉辦地方說明會。7 月 19 日，台電二度載運重裝容器進蘭嶼，再度遭到鄉長及民眾抗議。一位在地運動成員分享他的觀察：

> （台電）有辦部落說明會，當然部落的看法是很消極的……他說明他們要運什麼東西，希望鄉民不要害怕，它（容器）只是一個東西，不會造成人體的危害……對，他只是講而已，也沒辦法一戶一戶拜訪。（A2）

「3×4 重裝容器」事件爭議形成各說各話的局面。鄉長對外聲稱台電事前未充分溝通；[7] 台電則強調，貯存場有向鄉民說明，並行文蘭嶼鄉公所，而非無預警；但鄉公所則表示，台電有來公文，但公所並未函復同意。[8]

> 他可以這樣講，但是我都有紀錄啊，我們都有去跟他講，我拜訪他七次。那時候我剛到，我們是 4 月 12 號運進來，第一次被趕回去，那個報紙現在都還可以找的到，在這個之前我們拜訪過鄉長來來回回七次，包括最後一天 4 月 10 號他來我這裡，他說他要瞭解裡面的東西與圖面我就給他，但是他回去他也不講，他不講，我也都按照他的意思都有準備給他，然後他就跟老一輩的這些鄉民，他說那個是台電又要把廢料運進來，你看多嚴重，然後觸動他們的神經，他說把廢料運進來跟空桶，兩個差太多了。（B3）

---

6. 梁家瑋，2017，〈蘭嶼貯存場計畫今年下半再開蓋檢整　達悟族擋下第一批重裝容器〉。焦點事件，取自 http://www.eventsinfocus.org/news/1684，檢索日期：2018 年 9 月 19 日。

7. 鄉長夏曼·迦拉牧表示，會送進容器加強安全防護是因為「安全有疑慮」，這就代表「核廢料不安全」是不爭事實，既是如此，「還加強什麼安全防護？要立即遷出！」，且台電又未事前與居民充分溝通，何時要送出、如何檢整？居民完全不知，「誰知道台電這次是否像以往一樣欺騙居民？」。劉人瑋，2017，〈蘭嶼核廢貯存場運進空箱　鄉長帶隊抗議〉。蘋果新聞，取自 https://tw.appledaily.com/new/realtime/20170719/1164199/，檢索日期：2018 年 9 月 28 日。

8. 黃明堂，2017，〈台電再運核廢檢整容器到蘭嶼　鄉民不滿阻攔〉。自由時報，取自 http://news.ltn.com.tw/news/life/breakingnews/2136679，檢索日期：2018 年 9 月 28 日。

　　雖然地方居民也認為鄉公所處理失職，但認為台電只釋放訊息給鄉公所，而非更廣闊的訊息公開並與地方組織溝通，更是製造衝突與不信任的主因。幾位地方運動者談到：

　　　　因為大家對那一次的發生，也有人的講法是，鄉公所沒有做好他扮演的角色；我們更質疑台電沒有做好，他有溝通，可是他讓我們鄉民和鄉公所之間更多的誤會和衝突。（A2）

　　　　從頭到尾，一開始因為島上都不知道嘛，不然幹嘛要去封港，因為根本不知道那啥東西，我當然要去封啊。鄉公所在這一點也是太失職，（問：貯存場說有跟鄉公所講），他們可能有收到東西，鄉公所這個訊息根本沒有讓大家清楚啊，或者說起碼要告訴一些島上的相關單位，比如說我們基金會，他應該要講，這個消息當然我一定會公布下去，因為這個不是小事啊，東西運進來或運出去，我當然要知道到底是什麼，你的資訊都不公開透明；第二，因為你（台電）都直接跟鄉公所那邊……，就是要避開、跳過……，鄉公所同意之後我就可以直接運進來，是這樣的意思嗎？那鄉公所當然不敢同意啊，因為他被發現的話不是被罵到臭頭嘛。因為這個消息都是我們偷偷知道，而且據說是鄉長自己透過誰，他就來跟我們講，我就想說這是怎樣啊，他當然一方面會覺得會被島上反核青年知道會抗議或幹嘛，所以他要先偷偷放消息給我們，可是他消息其實是沒有公開的，所以我們那時候知道是臨時前一天還前兩天，所以就趕快動員要去知道發生什麼事情，要趕快去通知部落的長輩們，所以那時候才有一些行動在那裡，因為不知道是什麼，那時候當場就直接叫他們開箱問是什麼東西，因為整個事件都是在很模糊不清、交代不清，他們所有的作業程序都是這樣，非常糟糕。（A1）

　　其實公共溝通不順暢、信任無法建立已是存在許久的問題。蘭嶼青年行動聯盟指出，2016 年台電亦曾在沒有資訊公開、無嚴謹防護作業下，將場區內大型廢鐵料及相關器物報廢運輸工程，企圖由民生所用之開元港口轉運出去，交由平日運送民生物資之貨運公司承包。[9] 這樣的作業方式遭到聯盟痛批荒腔走板，要求日後台電一切作業措施進行前，應公開透明且經部落族人同意並參與

---

9. Syaman Liktasen，2017，〈蘭嶼核廢場運出 5 頓廢鐵　居民憂輻射污染〉。原住民電視台，取自 http://titv.ipcf.org.tw/news-28631，檢索日期：2018 年 9 月 28 日。

監督。[10] 原能會則回應該批廢鐵係遭颱風吹毀之鋼構廠房鐵皮浪板，屬於一般事業廢棄物，不具放射性，亦未遭受污染。[11]

> 很扯的是他把廢鋼料，直接運到港口，那是核廢料廠裡面的東西，是被發現，不管有沒有輻射污染，這不是台電應該處理核廢料的東西的方式，那很離譜，所以很多代表跟理事長去阻止，不知道有沒有報導……你可以看到他處理的方式很粗糙，可能也好幾次沒有抓到，光是沒有防護下去，這是常識，它的作業標準很離譜，光是一般人也覺得不行。（A1）

從上述兩事件觀之，台電與當地居民的意見有著非常大的隔閡，沒有嚴肅看待當地民眾長期以來對台電所累積之不信任，而以科學專業的名義忽略需要細膩進行的社會溝通。鄉公所做為在地公部門代表，未能妥善擔任民眾與台電或中央部會之溝通橋樑，並且為在地監督實質把關，而採用與民間相同的抗議手段對抗台電的檢整作業，某個程度，也使彼此間的不信任與誤解持續擴大。公共溝通的困難在於如何放下身段，仔細聆聽在地實際的擔憂，在困難中共同找出解方，而這個中介溝通的角色在社會信任撕裂下消失。一位地方運動者分享他的觀察：

> 某種程度他們（鄉公所）有點算是多牆角，他（鄉公所）應該是中間的單位可以架橋樑，但卻變成是這個橋梁直接先被斷掉。（A1）

四、回饋制度的衝擊與蘭嶼社會發展的挑戰

蘭嶼貯存場從 1982 年由原能會興建完工，至 1990 年移交給台電管理，核廢料搬不走，回饋金也源源而來。除了根據核廢料桶數所撥放的回饋金外，還有土地租用金，2002 年後還有包括公共工程、教育醫療、電費、急難救助、社區總體營造等各種回饋。以下，我們整理了政府因核廢料放置蘭嶼所提撥之相關經費，並進一步整理一些回饋金帶來的爭議（表 6-3）。

---

10. 社會中心，2017，〈蘭嶼青年全島插反核旗：核廢撤出前不接受小英道歉〉。民報，取自 http://www.peoplenews.tw/news/c549e69a-6948-4d5d-8a02-d801646a65e6，檢索日期：2018 年 9 月 28 日。

11. 2017 年 3 月 28 日有關媒體報導「蘭嶼核廢場運出 5 噸廢鐵 居民憂輻射污染」之回應說明，原能會，取自 https://www.aec.gov.tw/newsdetail/headline/3610.html，檢索日期：2018 年 9 月 28 日。

表 6-3　蘭嶼歷年回饋統計（統計至 2018 年 6 月）		
項目	年度	金額
原能會補助。	1982 年	3,000 萬
原能會補助（每年每桶 50 元）。	1982～1990 年	4,436 萬
放射性廢棄物貯存回饋金（2001 年前每年每桶 100 元，之後每年每桶 200 元）。	1990 年至今	3 億 3,320 萬
其他補助（公共建設補助；鄉民急難救助；教育單位補助；獎助學金、冬令愛心、地方慶典、睦鄰公益與社會福利等）。	1990 年至今	2 億 891 萬
全身計測（輻射劑量健康檢測）。	1999～2017 年	2,927 萬
承租土地輔導鄉民就業、轉業金（每三年 2.2 億）。	2000～2014 年	11 億
免收蘭嶼居民電費。	2002 年至今	3 億 3,018 萬
捐助蘭嶼總體營造專款專案計畫。	2003 年	2 億 500 萬
捐助蘭嶼部落文化基金會籌備費用。	2004 年	700 萬
健檢費。	2016 年	6,400 萬

註：本表之金額，單位千元以下省略；公共建設補助指 1990 年全鄉自來水工程、1992 年電視轉播站、1992 及 1996 年風災重建、1993 年漁船 6 艘及公車 2 輛、2016 年蘭嶼鄉民服務中心購置；全身計測之 2,927 萬元僅為 2012～2017 年資料，1999～2012 年資料未能收集；《蘭嶼雙週刊》第 59 期資料，詳見 http://lanyu.nctu.edu.tw/database/?do=shD&d=2142。

資料來源：1982年原能會補助資料來自《蘭嶼雙週刊》第59期；其餘資料由台電蘭嶼貯存場提供。

　　看似提供許多地方基礎建設與社會福利的回饋金，卻也同時帶來不少的爭議。例如，網路上就有不實的傳言污衊蘭嶼的抗爭是因為補償金變少，而引發台灣事實查核中心的反駁。[12] 在我們田野訪談中，許多受訪者皆表示難以接受「回饋」一詞。在詞意上，如張美蓮（2000）區分回饋與補償／賠償的定義，她認為回饋指回饋主體與客體的福利共享或報酬給予，回饋的客體不需要承受潛在風險、壓力、限制等負面影響；而補償或賠償則是補償主體對於客體可能承受潛在的風險、不確定心理壓力、財產權自由開發限制等負面影響，等於以經濟或其他增加福利的方式補貼或彌補損失。根據經濟部的網頁，回饋金

12. 台灣事實查核中心於 2018 年 9 月 14 日，針對「【錯誤】網傳蘭嶼民眾是因為台電補償金變少才開始反核抗爭？」發布事實查核報告 # 17，從蘭嶼反核廢運動相關史料，以及台電依據法規作業要點提供土地續租回饋金，指出網傳訊息的謬誤。取自 https://tfc-taiwan.org.tw/articles/149，檢索日期：2018 年 10 月 8 日。

屬造福自己造福他人的一種方式，其引用論語中「己欲立而立人，己欲達而達人」，闡述回饋金不是對健康或精神損害的賠償金或補償金。[13] 一些學者研究《低放核廢選址條例》，認為回饋金機制可被定位為政策執行的「經濟誘因」（蔡瑄庭 2011；黃之棟 2014）。

行政機關對於「回饋」的詮釋，似乎影射加倍蘭嶼人福利的德政，而非環境不正義後果的賠償。琳瑯滿目的「回饋」項目鋪天蓋地席捲地方引發多項爭議（請見下頁表 6-4），這不僅讓地方上對於回饋金的發放、接受、理解、使用等意見兩極，也製造外界一種蘭嶼居民因核廢料領「大紅包」、坐享回饋好處、抗爭是為爭取更多回饋等印象。[14]

回顧過去台電及原能會曾提供給蘭嶼的各項回饋與補助，根據台電方面提供的資料顯示，截至 2018 年 6 月 30 日前，台電公司所支付的廣義回饋金額約 21 億 8,430 萬元，其內容包含 1990 年起放射性廢棄物貯存回饋金及其他公共建設、敦親睦鄰經費等其他補助、2000 ～ 2014 年承租土地輔導鄉民就業轉業金、2003 年捐助蘭嶼總體營造專款專案計畫、2004 年捐助蘭嶼部落文化基金會籌備費用、2002 年起免收蘭嶼居民電費等，而以上不包括未被台電定義為回饋項目的全身計測費用（1999 ～ 2017）及 2016 年立法院通過的健檢預算。

不過，魔鬼藏在細節裡，看似龐大的回饋金額，如何認定台電對於蘭嶼的回饋總額，可能需要進一步細查各個回饋項目的歷史背景，瞭解不同款項的來源與意義。例如：承租土地輔導鄉民就業轉業金係根據《原住民保留地開發管理辦法》第 23 條，基於使用原住民保留地所支付的土地使用租金，[15] 基於使用者付費原則是否歸併為回饋有待商榷。蘭嶼居民免收電費補助更是根據立法院所通過的《離島建設條例》第 14 條但書，其立法理由為蘭嶼地區用電費用免收的規定，係基於達悟族人特別犧牲而給予的合理補（賠）償，既然已稱為

13. 經濟部低放射性廢棄物最終處置網，取自 http://www.llwfd.org.tw/act.aspx?id=65。

14. 劉惠敏，2018，〈台灣憑什麼要蘭嶼承擔核廢的代價〉。上報，取自 https://www.upmedia.mg/news_info.php?SerialNo=46989，檢索日期：2018 年 9 月 20 日。

15. 雖然土地租金被鄉公所依照蘭嶼人口比例分配給蘭嶼鄉民而遭到詬病，不過這個爭議與鄉公所如何使用回饋金有關，雖然土地租金被鄉公所依照蘭嶼人口比例分配給蘭嶼鄉民而遭到詬病，不過這個爭議與鄉公所如何使用回饋金有關。原住民保留地的使用費計每三年 2.2 億金額，換算每人每天可分得 36.5-57.5 元。

表 6-4　蘭嶼回饋制度爭議整理表	
項目	**爭議**
台電放射性廢棄物貯存回饋金	· 監察院糾正：使用上偏頗於活動及地方團體補助，漠視地方建設與節能減碳設施的執行。
台電承租土地輔導鄉民就業、轉業金	· 監察院糾正：以按人頭方式發放現金補助或津貼，悖離台電公司回饋原意。 · 直接發給當地居民遭到大眾詬病，加深蘭嶼居民與台灣民眾對立，但實際上平均每人每日僅能分得 36.5 ～ 57.5 元。
全身計測	· 台電以此預算委託旅行社辦理 3 天 2 夜活動行程，包括參訪海生館、義大世界等，* 使計測經費淪為旅遊行程。
免收蘭嶼居民電費	· 免收電費是否為回饋項目看法兩極。 · 免費的一般家戶用電浪費淪為大眾詬病之目標。
捐助蘭嶼總體營造專款專案計畫	· 各部落依部落會議之決議撰寫計畫書後，送至蘭嶼鄉公所再提交台東縣政府，並送到行政院原民會審查，然而申請流程冗長，造成部落使用的困難。** · 與低放回饋金每年每部落 200 萬性質相似，且同樣遇到沒有計畫、核銷人才等問題。
健檢費	· 蘭嶼部落文化基金會執行長希婻・瑪飛洑、立委高潞以用：明明要健檢卻導向學術研究，變成學術界與政府的分贓。***

*　立法院第 9 屆第 1 會期教育及文化委員會第 24 次全體委員會議紀錄／立法院公報第 105 卷第 50 期委員會紀錄。

**　綜合報導，2011，〈核廢放蘭嶼 台電回饋金難取得〉。原住民族電視臺新聞網，取自 http://lanyutao.pixnet.net/blog/post/28195400-%E6%A0%B8%E5%BB%A2%E6%94%BE%E8%98%AD%E5%B6%BC-%E5%8F%B0%E9%9B%BB%E5%9B%9E%E9%A5%8B%E9%87%91%E9%9B%A3%E5%8F%96%E5%BE%97，檢索日期：2018 年 9 月 20 日。

***　徐翠玲，2016，〈蘭嶼核廢健檢費 台民團批被挪做學術研究〉。大紀元，取自 http://www.epochtimes.com/b5/16/3/8/n4657706.htm，檢索日期：2018 年 8 月 20 日。高潞以用 KawloIyun，2016，〈五年計畫拖延蘭嶼全島健檢程，又將「全身計測」預算拿去做招待旅遊？！核能後端營運處處長公然說謊否認？！〉。高潞以用 KawloIyun 粉絲專頁，取自 https://www.facebook.com/kawloiyun/posts/1713929585549475:0，檢索日期：2018 年 8 月 20 日。

資料來源：本研究整理。

「補（賠）償」，又被列為補助回饋也有爭議。再者，政府對各縣市鄉鎮之應有的地方補助款項，是否有因推給回饋金而少列？而捐助蘭嶼總體營造專款專案計畫及蘭嶼部落文化基金會籌備，是政府基於蘭嶼發展社區營造精神請台電捐助經費。其他公共建設、社會福利等為敦親睦鄰的補助。換言之，國家資源的溢注是基於核廢料儲放產生的回饋，或政府對於原住民部落發展、偏鄉福利照顧的責任？在核廢搬不走的陰影下，不同的理解與認知也擴大更多的不信任。

以「回饋」一詞來模糊對於當地環境不正義的迫害，進一步加深在地人難以彌補的傷痛，更造成許多誤解及不諒解。雖然台電方面認為這種回饋是表達全國對於蘭嶼提供場所的感謝：

> 台電除了確保核廢的安全之外，也需要給鄉親必要的回饋，這是對等的，其實那個回饋並不是台電給他的，而是藉由台電的手，是全國在給的；他願意提供這個地方，其實我們要抱著感恩的心情，謝謝他願意提供這樣的地方讓我們放，我們就要去回饋鄉親，不管任何的錢，回饋只要是合理的。（B2）

但這樣的「感謝」，在非志願被迫置放核廢料的蘭嶼島民來說，毋寧是諷刺的，且也表示政府並無真正面對長久以來侵害達悟族人權利的錯誤。長期參與原運的組織者強調：

> 不應該重複再講「回饋」這兩個字，台電應該對外停止使用回饋這兩個字，補償金或者是賠償金，這是對蘭嶼過去以來的不正義的一些正名。（A2）

> 如果不安全就不叫回饋，不安全造成傷害這叫補償、叫賠償，原住民無法理解這個字眼，回饋好像沒有問題，補償是我有侵犯你的權益，那賠償是有造成傷害。這幾個，回饋不清不楚，最主要你認為安全，也沒有必要提出這麼高的價碼去做回饋。（A8）

原住民學者也認為：

> 在法律上用「賠償」這個字眼就是「損害賠償」，通常政府會迴避這個，都是用「損失補償」，所謂損失就是有某種正當性。（C3）

但核廢遷不出去，不論是補償、賠償或回饋的定義爭論，國家經費透過各種形式湧入是不爭的事實。從 1988 年蘭嶼人開啟「驅逐惡靈」運動至今三十年，世代之間，核廢料帶來的「回饋」，已成為島上重要經濟倚賴的一環。這個歷史的結構性脈絡，是蘭嶼年輕人——一個沒有經歷過沒有核廢問題糾纏的世代，無法迴避的枷鎖。尤其近幾年台電的溝通方式轉向提供貯存場的就業機會、提供教育獎學金、社會福利資源、社區活動、公共建設經費等，與島民生活關係日漸緊密，島嶼的面貌、島民的生活形態也在改變中。

　　長期倚賴「回饋」制度所提供的資源，使得台電對於蘭嶼人是否認真驅逐核廢有不太一樣的理解，例如，一位台電員工提到未來核廢料遷出後可能會有「留下買路錢」（B2）的聲音。而我們在與公部門訪談時也討論到如何評估「回饋制度」對蘭嶼的影響，受訪官員表示：

> 「子非魚，安知魚樂」，我們並不是達悟族人，很難去給他評斷這個對他會有什麼影響，但是如何去降低他的影響，這個大家可能要再進一步探討。給多也不是，給少也不是，給多不見得就對他們好，各方面的都有可能。（B1）

　　地方運動者則直言回饋制度帶來人心的分化，台電提供的各種回饋措施及各種敦親睦鄰計畫，影響地方價值觀的改變、人與人的互信，也削弱了在地反核意識：

> 台電在蘭嶼的確花了很多時間來改變我們對核廢料的看法，他所謂的回饋金、獎學金、補助你的醫療費用、交通費等等，是希望我們島上的人能改變對他們不好的印象；他們甚至每年在蘭嶼也有卡拉 OK 比賽，這些比賽都有抽獎活動，是鄉民最喜歡的。有的人看待這個所謂回饋金是一種毒品，因為這個東西帶給人一種價值觀的改變，人與人之間的互信，或是對台電的看法，都是不健康的，這是很大的問題。（A2）

> 有些這樣的類似回饋給我，這的確會削弱民眾對這個議題的看法，或者說長期反核的心靈疲乏，通常大家會覺得反什麼反，也沒有用，大家會放棄。會剩下一群還在努力要做這樣的事情的人。（A1）

　　一些研究指出，核廢料帶來快速與大量的資源溢注，為蘭嶼帶來莫大的挑戰。紀駿傑（2001）從「福利殖民」的概念出發，闡述原住民族受到根植於主流社會資本主義的生態殖民主義對偏鄉擴張的影響，這種擴張主義的經濟體系不僅摧毀了原住民族，更破壞了島上原本的生態保護機制。蔡友月（2009: 100-102）以「壓縮的現代性」來說明島嶼經濟發展的黑暗面，強調 1960 年代以前的蘭嶼仍是自給自足的社會，對外交通不便利、環島公路也尚未接通，但之後，市場經濟模式開始進入，觀光大舉開放、外來資本引進打開蘭嶼的門戶，貨幣帶來的生活習慣改變了傳統部落社會。這些影響不僅是生態上的破壞，資本社會與現代化的大舉入侵，更使蘭嶼民眾走向精神失序（mental disorder）的道路。

　　1970 年代開始開放觀光，開始現代性的東西，包括雜貨店等很快地進去，所以那時候我的概念是「壓縮的現代性」，這是一個別人走了幾百年在經歷，這邊就是被迫在十幾年，核廢料也是其中一個。我那時候是解釋說他們為什麼這個島精神疾病那麼多，高過漢人六倍，所以那時候在反省現代性的時候，我那就是一個壓縮的，所以現代性經歷的好他們沒有享受到，反而承擔了很多不好的後果。（C1）

　　如同蔡友月觀察到現代性的歷程，並沒有在蘭嶼快速發展過程中結出好的果實。回饋制度帶來更多對於蘭嶼居民的污名化，而忽略核廢料放置蘭嶼的環境不正義。兩位原運者說到：

　　應該是說，我們被污名化了！覺得蘭嶼人用這筆錢都會亂花，台東商家也會認為蘭嶼人又再領那些錢，幾乎蘭嶼是被層層的污名化，大家應該要看那個實際面，大家只聽到蘭嶼人抱怨，只聽到台電、政府的不滿，有一群人就用這些來面對所謂不滿的聲音，又污名化蘭嶼人對核廢料這樣的一個看法，這個很不道德。有時候台電會結合媒體說蘭嶼人用電太高，類似這樣三不五時每隔一段時間就會有這樣的報導，那記者用詞、新聞標題又用的很聳動，會讓蘭嶼人受傷，造成更大的對立，這是我們這幾年看到的。（A2）

　　台灣民間或社會，一般民間不瞭解核廢議題，社會大眾可能也是看到台電帶的風向，我們無法掌控媒體，很多消息對蘭嶼也不是很有利，不是很正確地去發揮，所以長期下來是被動承受這些東西，牽涉到補償金大家就會很在意，會覺得不是給你們了？這種風向是社會大眾聽到說你們已經領很多錢了，這是台灣要面對的問題，民族受到迫害，是整個台灣要去面對，一般民眾不會意識到，他得到的資訊可能不是從蘭嶼，這邊離他也很遠，無法實際感受到這邊面對的問題是什麼狀況。（A1）

　　而一些地方人士認為回饋制度是一種政治綁樁，行政機關欲透過協商或交換條件遂行行政目的，即使目的具有公益性質。

　　我是鄉長，要選舉，可不可以去綁樁？為什麼有錢發給蘭嶼人，這是政治上面的操作。（A5）

　　對於政治綁樁的批判，我們沒有更多的資料佐證。但從蘭嶼稅收結構來看，可以發現 105 年度（2016 年）有 59.9% 的歲入來自於捐贈與贈與收入、18.03% 來自補助及協助收入，僅有 21.34% 來自稅課收入（詳見圖 6-3）。蘭嶼鄉的財稅狀況，顯示其相當依賴台電提供的資源。例如：2016 年興建蘭嶼鄉民服務中心、2018 年修建環島公路及正在規劃全島的 wifi 建置，皆是跟台電申請的回饋款項。由於蘭嶼的土地在法令上多屬「共有地」，也全屬於「原住民保留地」，由部落共有，傳統上是山林、溪流、水源、海岸碼頭、漁區等皆為部落共有，各部落長老均能指出部落土地界線，不僅是陸上，海上漁區也是如此；部落彼此尊重，互不侵犯，不像漢人社會有清楚的土地產權登記（國發會 2014: 27）。因此地方政府在傳統地方稅收（如地價稅、土地增值稅、房屋稅等）項目進帳有限，使得鄉公所運作十分仰賴台電的經費補助。

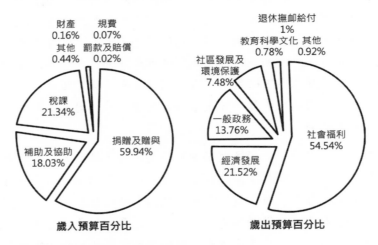

▲ 圖 6-3　蘭嶼歲入、歲出預算統計表（105 年度）

　　回饋金，就是要發錢啊，因為他沒錢他又沒有辦法，因為你土地沒有辦法去貸款，那土地不合法嘛，所以他沒有土地稅，也沒有房屋稅，對，沒有土地稅，再來你建上去的房子完全都非法，也沒有房屋稅，所以什麼稅都沒有；然後再來用電，如果是民宅就是（台電）他們提供的不用錢，那個民宿要啦，學校也要，學校除了宿舍沒有以外，其他都要，所以他們是民宅不用錢，所以你看他們沒有土地稅就是因為這樣（B3：牌照稅也沒有），對，外島都一樣。（A6）

　　為了倡議符合當地期待的補償制度，蘭嶼部落文化基金會召集各部落意見領袖，經過多次討論，提出「《蘭嶼核廢料貯存場處理暨補償條例》草案」[16]，希望透過立法的力量，使補償基金的運用更具公共性與建設性。這個草案強調主管機關應成立符合部落代表比例的基金管理委員會，監督基金的運作支用；跳脫個別發放模式，以促進達悟族人包括教育語言、社會福利、勞動條件、醫療資源、再生能源、環境生態、文化觀光等公共利益為支用基礎。一位地方反核運動者提到應反省過去鄉長指派回饋金管理委員會（管委會）監管台電回饋經費的運作模式：

　　　　其實這些東西，這些人都是鄉長，去參與的都是鄉長，我比較傾向的是部落推派，因為他比較符合部落需求；也許可能由部落推派，老一輩的人知道土地的淵源，年輕人比較知道法律層面的，可是你今天是指定的，變成這些人可能……我就建議管委會要撤掉，第一個管委會決議送代表會，代表會決議就沒有用，變成疊床架屋，為什麼不直接把管委會撤掉，也許管委會有想法，代表會不認同，這就沒有意義，更何況管委會是早期的環境產物，所以我認為它應該要撤掉。（A4）

　　一些受訪者也提到應框限經費的公益用途，可以用信託方式促使補償金透明而有效的運用：

　　　　如果真有這樣再一個機會，我希望這些錢不要再放下來給我們（直接）用，而是給我們用，但是我希望他框他的用途，因為現在有所謂的補償金，蘭嶼的管理委員會其實對教育沒有概念，所以他遲遲不可能給錢。（A3）

　　　　我們之前談過好像應該用信託的方式去處理，因為這是比較可行的方式啦！信託就不會讓錢遭到某種濫用，比如說錢發一發好像就沒了，這是有提過，但是後面還需要更細緻的討論，因為不一定所有人同意用信託的方式，因為我們在討論那個條例草案的時候就有討論到這筆基金萬一以後要用，很多委員就說用信託的方式會比較公正，比較不會跟以前那種發放方式一樣，我覺得這是一個方式啦，所以那時候沒有直接提到說這個錢要怎麼發放。（A1）

---

16. 院總第 759 號委員提案第 19769 號

　　我覺得大家要透過很公開透明的方式來討論這種補償條例，應該
要超越過去的作業模式，應該要有很超然的一個 team，這個 team 可
以有互信基礎，大家是要做事情，如果又是遴選各個單位一個代表，
這樣大家是不可能會做好。補償條例一定要透過民進黨通過啦，我們
已經受傷了，我們看到以前的資料也都認定這個島嶼的民主和環境受
到一些傷害，這個都已經是事實擺在那邊了，還是要用政治的方式來
解決這些議題的話，我覺得這不是很好的做法。（A2）

　　以上的討論顯示，國家的「補償」／「回饋」機制的介入，是地方發展的
兩面刃，稍一不慎，造成地方過度開發、環境文化破壞，甚至地方社會分化等
弊多於利的結果。在傳統核廢回饋政策的框架下，政府尚未能妥善處理這些道
德上的難題，而核廢帶來的經費溢注與消費促進，對島嶼永續或部落文化不
是解方，反而是地方困境的根源。從環境正義的角度來說，地方發展是一種住
民的權利，不應與回饋金制度掛勾；倘若有「回饋機制」，也不該肆意發放，
而應釐清發放方式、範圍與意義，經過公民參與規劃，妥善應用於地方公共
建設中，以促成地方真正的發展（杜文苓、謝蓓宜 2017）。目前政府透過真相
調查已經定調蘭嶼核廢料貯存場於地方民眾不知情的情況下興建，因此應給予
補償。但如何跳脫傳統的經費支用模式，避免「補償」帶來更多負面的社會影
響，而能使資源用於蘭嶼的建設性、公共性與永續性發展目標，恐怕是蘭嶼未
來的重要課題。

五、在地反核的難題

　　今日，多數蘭嶼人，尤其是年輕世代，可能早已不識沒有核廢的蘭嶼樣貌，
習與核廢為鄰的蘭嶼鄉民，看待島上其他發展困境，如傳統文化流失、觀光化造
成的開發問題、現代化帶來的垃圾問題、醫療資源不足、教育資源缺乏等，可
能遠比核廢問題更為緊迫。而強調平權社會的蘭嶼，面對眾多複雜問題壓迫的關
口，如何快速回應解決，更是充滿挑戰。地方人士談到蘭嶼決策的特色：

　　蘭嶼平權也是一個問題，我們常常就是議而不決，所以很多運動
要推也比較難，其他部落怎麼去說服這個頭目……大家都可能，我為
了反對你，就是硬不配合你，就是硬要做出相反的話，所以常常很多
都是議而不決，你沒有辦法決定一件事。（A3）

我們是平權制，所以很多事情有人會覺得蘭嶼沒有共識；我們
是尊重，他的意見也是共識，就一直到下一次討論……這是說服的過
程……。今天開核廢會議我需要決議，我要行動，要因應這波的事情，
不可能到下一次，所以有時候會是這樣的狀況，我要打出那一波的契機
已經過了勢頭，之後再回應就已經……有些時機跟時間點。（A1）

而鄉公所做為蘭嶼最高的行政機關，已經取代傳統部落會議成為島內最重
要的政治決策體系。擔心不同體系間的權力競合與衝突，部落會議的運作與職
能受到壓抑。一位地方人士告訴我們：

基本上部落已經被政府現在的體系瓦解了，現在是村長、代表、
鄉長，類似這樣的領袖在每一個部落，部落會議是要看這個部落有沒
有需要開，他所討論出的結論或結果，鄉公所不同意的時候怎麼辦？
你那部落會議的決議就是這些啦，那我們還要開部落會議做什麼？所
以有人質疑部落會議這樣的定位。（A2）

不過，多數受訪者因認為鄉長的部落主體意識不強（A1）、口說反核卻欠
缺行政手段（A1）、缺乏島嶼發展願景的策略想像（B3）等，而不對鄉公所的
政治領導抱存希望。鄉公所掌理的眾多資金多來自台電，也被質疑其反核廢的
力道不足（A1）。但鄉公所缺乏領導力的同時，蘭嶼的反核團體同樣面臨內部
整合問題。第三代反核青年成立的「蘭嶼青年行動聯盟」，成員組成為義務性
質，較屬於非正式交流平臺組織，成員透過網路，傳遞與公布重大訊息，並在
必要時進行行動串聯。不過青盟成員多有生計考量，難以全職投入反核行動，
在反核廢料議題上較難主動出擊。同樣地，「蘭嶼部落文化基金會」也面臨反
核運動困境，由於蘭嶼為六部落組成，實際運作上各部落獨立，比較近似六個
獨立的小國家，基金會僅能提供溝通平臺，無法代表六部落發言。

部落文化基金會是在地的基金會，但不能代表部落，它是因為反核
而成立，一直都在推動這樣的進程，但整體策略跟組織相關的，無法主
導。因為要集結六個部落的共識，通常如果要因為一個事情要去組織抗
爭的時候，基金會會做為平臺讓六個部落來討論，讓地方提出意見跟共
識，也是吵吵鬧鬧，但最後會推出一個共識，會有訴求。（A1）

除了上述組織狀況外，長年下來核廢遷出政策一再跳票帶來的失落感，更
使在地運動者疲於奔命，消耗地方團體的能動性。

　　我覺得反核的力道沒有這麼強烈，這是蘭嶼人自己要面對的問題，內部整合，怎麼喚起這樣的意識？因為三十年反核是很長的時間，對當地人來說也是很耗弱，光是每次抗議要去台北就很累，幹嘛特地去那邊？那外面也一直是放核廢料遷不出去的訊息，我給你一百年也出不去，這都是說法，還是無法解決問題……（A1）

　　因為他們（台電）每次都出很多代誌，出包太多次了……當然會覺得太離譜啊，變成到最後我們知道後就是疲於奔命，因為知道消息的時候可能就是隔天或是立刻要行動或幹嘛，可是大家又會說你們怎麼又去抗議，這件事情大家會變成覺得有點厭倦……他可能會覺得又怎麼樣呢？也只能求他們不要再出包而已……，我們還要很累的再去召集或是再做很多次的組織抗爭行動，那很消耗，而且如果一直在消耗的話，對島上其實不是一件好事。我覺得能量如果一直聚了又散、聚了又散，很快就沒有力了；一方面大家對這個觀感也會有些變化，因為大家本來就有點厭倦一直抗爭了，可是如果說你又一直在集結做抗爭，大家會覺得有點反彈。（A1）

　　在地曾經參與第一代反核廢行動的前輩認為，現階段運動策略不清楚，在論述薄弱、運動能量又持續耗損的情況下，蘭嶼反核運動的延續，或許需要思考論述與策略的轉換。

　　早期我也說蘭嶼的核廢料，不能單就你所謂的受害者角度來看，你必須接合的是說跟台灣整個能源政策一起來看，你才能抬高你的位階，也就是說因為整體問題是台灣的能源政策嘛，他今天如果說走一個比較綠能的方向，這些東西是不存在的，但你單單要去 focus 放在一個核廢料一個比較悲情的角色，這是一直以來，我跟年輕人不同的看法。我無法接受這樣的東西，因為你必須把位階再抬高一點，你不僅僅是這樣，你位階抬高你才有辦法跟人家對話，而不是求求你救救我，這個東西我不接受，所以這是我們的落差。（A3）

六、結語：後核廢時代的蘭嶼想像

　　核廢料運出蘭嶼的政治承諾不斷跳票，衍生而出的健康風險爭議、溝通失焦，與「回饋金」的社會攪動等問題，衝擊著政府核廢治理能力的信任，以及

崩壞地方社會團結與永續等社會資本，核廢處理的代價不可謂不大。尤其核廢問題引入大量資源進駐，成為蘭嶼面對「壓縮現代化」的巨大挑戰。即便未來核廢料撤出蘭嶼，也不代表國家就沒責任，社會問題就解決了。一位原住民學者強調：

> 不是說核廢料撤走了，國家就沒責任，國家要做的是撤走之後對後續傷害的彌補要做的應該是什麼？我覺得其實部落也就可以去開始想說如果我們沒有核廢料，我們要什麼？而不是只是不要什麼，而是我們未來的發展，沒有了這個補助金可以有什麼另外的發展想像。（C2）

一些地方人士也漸意識到，應開始思考蘭嶼更遠的發展願景，形塑一個讓傳統知識、智慧延續的生態蘭嶼，掌握主體性思考地方發展的潛能：

> 現在要搬遷之前都要不斷去討論，其實搬出去之後，蘭嶼還是要往所謂觀光吧，生態島嗎？我不知道，這個是要不斷的去問每個蘭嶼人，我們以後要怎麼永續經營這個島嶼？怎麼讓這個島的環境更能……，是用我們的傳統知識、傳統智慧延續這個島嶼的生態，我們也會談觀光客的總量管制，也會談蘭嶼的垃圾怎麼處理的問題，這個都是需要大家不斷的親自去實踐，核廢料搬遷之後，那個地方應該要做為一個永久的，應該要設立一個……，紀念碑嗎……我不知道，類似這樣對土地、對環境過去不正義的一種……，希望不要再發生的意思。（A2）

跨越世代的惡靈驅逐運動，迫使核廢遷出蘭嶼的承諾成為非核家園政策規劃的重點項目。然而，在核廢最終處置場難覓、集中式貯存設施的設置還有變數、運回原產地也迭有爭議的情況下，盤據已久的惡靈能否在下一個承諾的期限移出，[17] 也關係著已然破碎的公共信任有否修復的可能。地方官員認為，雖

---

17. 原能會要求台電公司應於 2022 年 2 月前開始將蘭嶼核廢料運回產生地（即台電核能電廠），搬遷作業時間四年，共九年完成遷場；或是在八年後（2025 年 2 月前）開始將蘭嶼核廢料送至集中式貯存設施貯放管理，搬遷作業時間四年，共十二年完成遷場。不過，台電基於低放射性廢棄物最終處置計畫應變方案之集中貯存設施，係屬低放射性廢棄物最終處置計畫之一部分，其《放射性廢棄物最終處置應變方案可行性研究報告》時程規劃係採浮動時程（N+16 年），但原能會表示礙難同意浮動時程，而要求台電公司應依該計畫書第十章「替代／應變方案」承諾啟動替代應變方案，於三年內選定集中貯存場址，八年內完成興建啟用，並自 2017 年 3 月起八年內將集中式貯存設施完工啟用，而場址選定及土地取得作業應自 2017 年 3 月起三年內完成，如有違反，將處以新台幣 3,000 萬罰鍰。而原能會依據《放射性物料管理法》規定，針對台電公司最終處置選址跳票，於 2016 年 8 月 29 日裁罰 1,000 萬元。

然原能會有訂出遷出期程，但過去政府作為卻看不出核廢遷出蘭嶼的魄力與決心，除非遷移規劃與場址定案，否則很難取信於民（B4）。地方運動者則強調應該透過立法途徑解決核廢料遷出問題，才不會總是原地踏步（A1）。政府推動相關立法期程，以及政策規劃的實踐進度，顯然是重建公共信任的第一個試金石。

其次，核廢遷出蘭嶼的等待仍看不到盡頭，但補償、回饋爭議未休，環境不正義所造成的傷害並未因「回饋」源源而來而得到緩解。在真相調查結果確定政府責任需對蘭嶼人權益受損給予補償並回復其權益，前車之鑒，政府應該重新思考「補償」機制的設計，反省傳統回饋方式帶來的負面社會成本與衝擊，參酌「《蘭嶼核廢料貯存場處理暨補償條例》草案」所提之基金公共運用方式設立機制。而此條例立法的推進，也可能成為公共信任建立的第二個試金石。

最後，則回到蘭嶼島內本身的主體性，如何跳脫核廢長久糾纏所帶來的傷害、悲情，甚至福利依賴，是蘭嶼人無法迴避的課題。如何善用蘭嶼平權民主的優勢，維護豐富而獨特的原住民歷史文化資產與獨特傲人的生態資源，進而在小島永續的目標下共同思索、發展更多願景方案與實踐策略，更將是蘭嶼擺脫惡靈、修復社會的重要關鍵。

參考文獻

- 立法院，2016，〈立法院第9屆第1會期第10次會議議案關係文書〉（院總第887號 政府提案第15350號之728）。取自 https://lci.ly.gov.tw/LyLCEW/agenda1/02/pdf/09/01/10/LCEWA01_090110_00212.pdf，檢索日期：2018年9月15日。

- 立法院，2016，〈立法院第9屆第1會期第6次會議議案關係文書〉（院總第887號 政府提案第15350號之698）。取自 https://lci.ly.gov.tw/LyLCEW/agenda1/02/pdf/09/01/06/LCEWA01_090106_00101.pdf，檢索日期：2018年9月15日。

- 台灣電力公司，2016，《蘭嶼貯存場遷場規劃報告》。取自 https://www.aec.gov.tw/webpage/control/waste/files/index_25_01.pdf，檢索日期：2018年10月15日。

- 行政院原子能委員會，2017，《2017國家報告書：依據「用過核子燃料管理安全與放射性廢棄物管理安全」聯合公約》。取自 https://www.aec.gov.tw/webpage/control/waste/files/index_02_4.pdf，檢索日期：2018年9月15日。

- 行政院原子能委員會，2017，《蘭嶼貯存場遷場規劃報告審查報告》。取自 https://www.aec.gov.tw/webpage/control/waste/files/index_25_1-01.pdf，檢索日期：2018年9月15日。

- 行政院蘭嶼核廢料貯存場設置真相調查小組，2017，《核廢料蘭嶼貯存場設置決策過程調查初步報告》。取自 www.president.gov.tw/File/Doc/64ddcd38-2f30-4558-a4d9-85fd04c4270d，檢索日期：2018年9月15日。

- 杜文苓，2015，《環境風險與公共治理》。台北：五南。

- 杜文苓、高淑芬、陳穎峰，2014，《核能安全之風險溝通》。科技部補助專題研究計畫成果報告期末報告。

- 杜文苓、謝蓓宜，2017，〈呼喚重返社會的核廢政策：檢視核廢政策的公共審議〉。論文發表於「2017年台灣科技與社會研究學會年會」。高雄：高雄醫學大學。

- 張美蓮，2000，〈大潭電廠睦鄰回饋金執行成效之研究〉。國立政治大學行政管理碩士學程論文。

- 國家發展委員會，2014，台東縣第四期（104-107年）離島綜合建設實施方案（核定本）行政院103年12月23日院臺綜字第1030073160號函核定。取自 https://www.ndc.gov.tw/cp.aspx?n=7125BAE9FEC11166&s=7152E28411E8B4F1，檢索日期：2018年10月15日。

- 黃之棟，2014，〈談「核」容易？：從烏坵選址看我國當前低放射性廢棄物最終處置問題〉。《國立台灣科技大學人文社會學報》10(1): 45-66。

- 靳菱菱，2012，〈反核或擁核？核廢料儲置場之審議式民主討論與原住民部落發展〉。《台灣原住民族研究季刊》5(2): 1-39。

- 蔡友月，2009。《達悟族的精神失序：現代性、變遷與受苦的社會根源》。台北：聯經。

- 蔡瑄庭，2011，〈低放射性廢棄物最終處置設施場址設置條例適用疑義之簡析〉。《臺北大學法學論叢》80: 79-115。

- 總統府原住民族歷史正義與轉型正義委員會，2018，第5次委員會議「蘭嶼核廢料貯存場設置真相調查案後續應辦相關事項」簡報。取自 https://indigenousjustice.president.gov.tw/Page/62，檢索日期：2018年10月15日。

- Chi , Chun-Chieh（紀駿傑），2001, "Capitalist Expansion and Indigenous Land Rights: Emerging Environmental Justice Issues in Taiwan." *The Asia Pacific Journal of Anthropology* 2(2): 135-153.

第七章

環境風險到社會實踐：氣候變遷下的風險知覺與公民參與環境行動

蕭新煌、林宗弘、許耿銘

一、前言

近年來，全球氣候變遷所導致的氣候災害惡化，其根源是大氣中二氧化碳濃度持續增加而暖化。工業革命前二氧化碳的濃度含量是 280ppm，根據美國國家海洋暨大氣總署（National Oceanic and Atmospheric Administration, NOAA）2015 年公布的數據顯示，全球大氣中的二氧化碳平均濃度含量突破 400ppm，升高約 43%。在此同時，聯合國氣候變遷政府間專家委員會（Intergovernmental Panel on Climate Change, IPCC）在 2013 年《第五次氣候變遷評估報告》（*The Fifth Assessment Report*, AR5）指出，從 1880 年到 2012 年間全球地表平均溫度上升約 0.85℃，導致極端氣候事件頻率提升與海平面上升等後果，颱風或洪水等天災的惡化，使人類傷亡與財產損失逐年上升（IPCC 2013: 4-6）。

有鑑於此，2015 年 12 月召開的《聯合國氣候變化綱要公約》（*United Nations Framework Convention on Climate Change*, UNFCCC）第二十一次締約國會議（Conference of Parties, COP 21）通過《巴黎協定》（*Paris Agreement*），重點包括控制全球平均溫度、締約國應執行減碳方案，進而達到低碳之成效（陳永明 2015）。台灣身為全球之一員，自然無法避免氣候變遷所帶來的影響，因此行政院於 2008 年通過《永續能源政策綱領》宣告溫室氣體減量目標：「全國二氧化碳排放減量應於 2025 年回到 2000 年排放量」，且後續規劃國家節能減碳推動方案，從法規體制、建造低碳能源系統、建構綠色相關軟硬體，朝向「低碳社會」概念發展，預期達成減碳之終極目標（行政院經濟建設委員會 2012: 7）。

全球氣候變遷亦凸顯環境資源的掠奪、污染的外部性與南北風險不平等問題。誠如聯合國永續發展網絡（SDSN）與法國永續發展與國際關係研究所（IDDRI）共同提出深度低碳途徑計畫（Deep Decarbonization Pathway Projects, DDPP）之目標，即為瞭解深度低碳如何與其他環境保護等事項相互協調提供框架。而將深度低碳途徑計畫做為公共政策的重點，以確保能源轉型和其他邁向低碳的環境措施（Deep Decarbonization Pathways Project 2015: 38）。

從 1980 年代中期以來，全球與在地環境惡化影響下，台灣社會的環境抗爭崛起，驅使政府介入環境治理，以因應各種環境危機與民意不滿（何明

修 2010）。近年來，水與空氣中的新興污染物更成為民眾關注焦點（emerging contaminants）（周佩欣 2017），如 2013 年高雄後勁溪被揭露遭日月光排放工業廢水所毒害，以及台灣各地的 $PM_{2.5}$（細懸浮微粒）指標連連超標，逐漸受到大眾重視，促使行政院於 2017 年通過《空氣污染防制法》修正草案（行政院 2017）。

在氣候變遷的衝擊下，世界銀行（World Bank Group）2005 年發行《天然災害熱點：全球風險分析》（*Natural Disaster Hotspots: A Global Risk Analysis*）指出，台灣屬於全世界災害風險最高的地區之一，當各國面臨氣候變遷引發的極端天氣事件時，我國所受到的災害風險威脅，可能較全球的平均狀態高出許多（Dilley 2005）。根據內政部消防署之統計資料顯示，台灣過去二十年間所發生之天然災害，造成之傷亡將近 7,000 人，而且相對於車禍與火災等人為災害傷亡人數逐年下降；自 2011 年以來，天然災難傷亡者有逐年攀升的趨勢（內政部消防署 2017: 86-89）。此外，2009 年莫拉克颱風造成嚴重災情，死亡人數超過 600 人，也迫使台灣民眾更重視氣候變遷議題。台灣近年來亦完成民主轉型，民眾開始正視環境權利之重要性，並以各種形式參與公共事務，例如維護社區環境與參加社會運動等，進而影響較為長期的公共政策（何明修 2006；施奕任、楊文山 2012: 51）。

然而，近年來災難政治學對環境變遷衝擊的研究結論並不樂觀。理性選擇學派的政治經濟分析，傾向證實所謂的「短視選民」（myopic voter）理論，認為公民短視近利、難以跨越集體行動的難題，而且偏好災後短期現金補償而非長期防災投資，使得民主國家政客傾向忽視防災工作（Healy and Malhorta 2009）。依據短視選民理論，民眾缺乏風險知覺、短視近利與集體行動的匱乏，將會導致政府對環保與防災投資的萎縮，直到爆發環境污染或災難死傷與損害之後賠錢了事，遑論期待政府改變能源結構或發展低碳科技，以調整能源價格與民眾消費行為等。究竟環境風險知覺能否改變民眾對自身環境利益或損害的評估，使其引發公民參與或集體行動？這是短視選民理論所忽視之處，正是本研究所試圖探討的關鍵問題。

二、從風險知覺到集體行動

本文欲探討當面臨氣候變遷衝擊，民眾因氣候災難產生風險知覺，是否

影響其承擔環境成本的偏好，進而改變公民參與之意願，以及三者間之關聯性。理性選擇理論（rational choice theory）受到經濟學影響，主張人類行為是基於理性自利的動機（Scott 2000）。而「個體」係理性分析選擇時的單位，集體行為乃是個人極大化自身預期效用時的後果（Riker 1990）。根據公有地悲劇（tragedy of the commons）理論，理性自利的行為者為獲得最大利益卻可能造成所有人公共財的損失（Hardin 1968）。在環境經濟學領域中對於氣候變遷的探討，常認為地球大氣層為所有人類的公共財；溫室氣體排放的負面後果須共同承擔（葉欣誠等 2017: 344）。然而個人負擔減碳代價之效益極小；若無集體行為將徒勞無功（Harrison and Sundstrom 2007: 1；施奕任、楊文山 2012）。若選民短視近利，面對氣候變遷所需的防災或減碳公共投資將遠低於理想狀態。

相對於理性選擇學派的短視選民假說，預設選民的風險資訊不充分所導致的低度參與及低度投資（Healy and Malhorta 2009），我們認為民眾有可能在風險知覺提高之下改變其環境態度與支出偏好，甚至提升其集體行動的機率，這也符合民主國家能力長期建構出來的防災效果（Lin 2015）。以下我們將整合風險知覺、民眾對環境成本的認知與公共參與集體行動的相關文獻，與理性選擇派的災難政治學對話。我們認為提高風險知覺、改變公共偏好與提升公民社會參與才是面對氣候變遷衝擊之際，建構低碳社會的解決之道。

（一）風險知覺

理論上，客觀風險為發生某種危害事件的機率及影響程度的期望值，是可以理性面對的事件，風險知覺卻是理性選擇學派的痛腳（achilles tendon），也是人類集體行為的來源之一。在生活環境具有不確定性的本質下，人類社群對於未知的事物存在不安全感甚至恐懼感，導致其可能偏離理性選擇學派所預測的行為模式。例如，心理學研究發現人們對後果的評估較對機率的評估更精確，因此導致對小機率但破壞力大的事件更為恐懼（Slovic et al. 1982: 84）。Slovic（1992）認為風險知覺是人們對於風險的態度以及直覺的主觀判斷，因此風險愛好者會低估自身承擔的風險、風險趨避者會高估之。Cutter（1993）進一步詮釋風險知覺是人們企圖理解風險來源，進而對該風險產生主觀評估的過程；而風險知覺其所牽涉的包括風險的不確定性、遭受損失的機率、認知過程、後果嚴重程度等，上述風險的組成因素亦會因人而異，客觀條件如社會脆

弱性（social vulnerability）：性別、教育程度、年齡或社會經濟地位（吳杰穎等 2007；林宗弘等 2018）、主觀感知的情境脈絡或個人情感、焦慮、擔心等均有影響（Rundmo 2002；洪鴻智 2005）。葉承鑫等（2009）主張風險知覺可能由自身經歷或受到外界風險溝通的影響而產生。

在政府處理風險決策時，威權國家或科技官僚專業決策經常仰賴學術社群的判斷，然而不少研究發現公民與專家對於風險知覺存有差異，質疑專家受國家官僚或財團利益影響而非客觀中立，其專業知識未必能受到民眾信任（Slovic 1987；朱元鴻 1995；Lazo et al. 2000；Savadori et al. 2004；顏乃欣 2006）；若將風險評估全然授權於專家，忽視社會公共討論的重要性，將可能引發衝突（朱元鴻 1995）。在民主社會，民眾有權影響公共政策，而環境風險議題具有高度不確定性，使得公眾風險知覺對於風險決策的影響更具關鍵地位（黃俊儒、簡妙如 2010: 133；楊意菁、徐美苓 2012: 173），因此，風險社會理論家經常強調公民的風險知覺與其參與風險決策的必要性（Beck 1992；Hoffmann-Riem and Wynne 2002；周桂田 2013: 107；許耿銘 2014: 211）。然而，由於風險社會理論高度抽象，往往脫離個體經驗研究層次（Tierney 2007），對於風險知覺如何影響民眾的環境政策偏好或環境態度，形成了實證分析上的空白。

（二）公民參與

最近，有文獻開始探討環境態度與環境行為之間不確定的關係。直觀上，民眾僅憑一己之力無法遏止環境惡化，藉由集體行動影響政府公共政策才是解決之道，風險知覺或環境態度應該會激發集體行動（Tanner 1998）。然而，Fairbrother（2016; 2017）的系列研究發現，儘管世界各國民眾對氣候變遷風險知覺都在上升，對於是否願意為減碳而加稅的態度卻有很大的國際分歧——東亞各國如台灣與韓國最不願意加稅，而北歐各國意願較高。

由於定義寬泛，公民參與環境行為具有多元類型。公民參與（citizen participation）或可界定為民眾在各種不同利益、制度與網絡中的審議與集體行動（Macedo 2005: 6; Cooper et al. 2006: 76）。在民主體制中，公民基於不同動機，會以多元方式參與公共事務，包括社區組織、利益團體、公聽會、公民諮詢委員會、示威遊行等，公民可藉由參與公共事務之學習與經驗進而影響政府決策（丘昌泰 2010: 178-179；郭彰仁等 2010: 397；劉淑華 2015: 146）。另一

方面，Smith-Sebasto 等（1995: 15-16）將公民參與的環境行為分為六類，分別為公民行動（civic action）、教育行動（education action）、財務行動（financial action）、法律行動（legal action）、具體行動（physical action）以及說服行動（persuasive action）等，承上所述，本文將公民參與環境行為視為集體行動的研究分支，以台灣民眾的問卷調查為例探討之。

（三）理論對話與假設

　　儘管氣候變遷會導致環境災難惡化，不能理所當然認為民眾會採取集體行動。理性選擇學派的短視選民理論認為，選民的自利與資訊不足，導致其對防災公共投資無感，而偏好災後自己獲得現金救濟，結果是災前公共投資金額與選票無關，災後爭取補償現金越多的政客則越受歡迎（Healy and Malhorta 2009）。此外，當災難發生之後，災區地方政府經常將防災或救災的政治責任推給中央政府，也會導致災難防救責任歸屬不清（Gasper and Reeves 2011）。

　　另一方面，已經有不少研究挑戰短視選民觀點，例如 Bechtel 與 Hainmueller（2011）對德國東部水災的研究顯示，選民對災後治理績效的選票回饋可以長達 8 ～ 12 年，而 Keefer 等（2011）則發現政治穩定導致政府願意進行較長期防災投資，因此政治穩定的國家天災死傷人數較少；最後，歷史制度論的災難研究指出民主國家防災能力建構，長期能勝過威權國家，顯示民主仍有非預期的制度績效優勢，公民有集會結社自由、能傳播風險資訊並採取集體行動來增加公共投資以降低災難衝擊。因此，隨著歷史經驗累積，越是多災多難的國家，平均每次災難的死傷人數反而會持續下降（Lin 2015）。

　　相對於理性選擇觀點，計畫行為理論承認情緒感知、態度，與道德規範對人類集體行為的影響力，因此我們推論近年來氣候變遷下，民眾的災難經驗累積會塑造風險知覺，風險知覺會促使民眾跨越集體行動難題，更積極採取公民參與環境行為。亦即，本文將風險知覺做為自變項，公民參與做為依變項。

　　理性選擇模型傾向認為選民是短視近利而忽視風險，其對環境治理的偏好不易改變，難以跨越集體行動難題。相對而言，根據計畫行為模型，我們假設風險知覺對台灣公民參與環境行動有正向影響。

三、研究方法

本研究使用量化研究方法，資料來源為《台灣社會變遷基本調查》（以下簡稱《變遷調查》）2010 年第六期第一次調查計畫問卷二環境組之數據，此份環境組問卷係依據國際社會調查計畫（International Social Survey Programme）2010「環境Ⅲ」題組，整合台灣社會關注之環境議題設計而成，有跨國比較的潛力而為國際學者廣泛使用（Fairbrother 2016）。《變遷調查》訪問對象為當時台灣地區年滿 18 歲（1991 年 12 月 31 日前出生者）具有國籍的民眾，以內政部戶籍資料檔為抽樣名冊，利用分層等機率三階段抽樣法隨機抽出受訪對象。面訪調查於 2010 年 7 月至 9 月間進行，成功完成訪問之有效樣本為 2,209 份（章英華、杜素豪、廖培珊 2011: 9）。受訪者為男性有 1,108 人，約佔 50.2%，女性有 1,101 人，約佔 49.8%，平均年齡 45.21 歲。章英華等（2011）利用內政部所提供人口資料，對 2010 年《變遷調查》環境組之資料進行樣本代表性檢定（goodness-of-fit test），項目包括性別、年齡、年齡與性別交互項等，顯示樣本與母體有一致性（章英華等 2011: 13、15）。

（一）主要變量：風險知覺與公民參與

本研究以 2010 年《變遷調查》探討台灣民眾的風險知覺和公民參與間之關聯，為此必須對這兩類變量單獨進行迴歸統計、或對多個變量進行因素分析後，建構成綜合分數（向量），為進行因素分析必須先測定多變量之間的信度。DeVellis（1991）對 Cronbach's α 係數之界定如下：當 α 係數介於 0.65 及 0.70 之間表示信度尚可；α 係數介於 0.7 及 0.8 之間則代表具有高信度；α 係數大於 0.8 時，信度為最佳。依此簡單相關分析檢定判斷是否為同一構面，請參見附表 7-1 至附表 7-2，構面所使用各題測量與最後分析結果，參見下頁表 7-1。由於各題仍有其單獨特徵，以下我們將其當成依變量先行分析之後，再以因素分析後同一構面的首要向量當成綜合分數指標來使用。

表 7-1　風險知覺、公民參與構面之信度分析結果摘要		Cronbach's α
構面	題項	Cronbach's α
風險知覺	(1)一般而言，請問您覺得汽車造成的空氣污染對環境來說危不危險？ (2)一般而言，請問您覺得工業造成的空氣污染對環境來說危不危險？ (3)請問您覺得農藥和化學肥料對環境來說危不危險？ (4)請問您覺得台灣的河流和湖泊的污染對環境來說危不危險？ (5)一般而言，請問您覺得由氣候變遷所造成的全球溫度上升對環境來說危不危險？	0.742
公民參與	(1)請問您常不常參與社區的環保工作（如清水溝、社區巡守等）？ (2)請問您常不常反應社區中容易造成天災危險的情況？ (3)請問您常不常反應社區中造成環境污染的情況？	0.773

資料來源：台灣社會變遷基本調查六期一次環境組（2010年）。

　　風險知覺：向量之構面包括以下五題，(1) 一般而言，請問您覺得汽車造成的空氣污染對環境來說危不危險？(2) 一般而言，請問您覺得工業造成的空氣污染對環境來說危不危險？(3) 請問您覺得農藥和化學肥料對環境來說危不危險？(4) 請問您覺得台灣的河流和湖泊的污染對環境來說危不危險？(5) 一般而言，請問您覺得由氣候變遷所造成的全球溫度上升對環境來說危不危險？這五題答項都是「極度危險、非常危險、有點危險、不太危險、與根本沒有危險」，我們將越高風險認知轉換為越高分數，亦即根本沒有危險＝1，極度危險＝5，如表 7-1 所示，這五題的 Cronbach's α 係數為 .742，代表此構面具高信度，其首要向量所構成的風險知覺綜合分數極小值為 -5.692，極大值為 1.987（參見表 7-2）。

　　公民參與環境行動：向量之構面為以下三題：(1) 請問您常不常參與社區的環保工作（如清水溝、社區巡守等）？(2) 請問您常不常反應社區中容易造成天災危險的情況？(3) 請問您常不常反應社區中造成環境污染的情況？其答項均為「總是、經常、有時，與從不」我們將越常反映問題轉換為越高分數，亦即從不＝1、總是＝4，這三題的 Cronbach's α 係數為 .773（參見表7-1），代表此構面為高信度，其首要向量所構成的公民參與綜合分數極小值為 -0.792，極大值為 3.427（參見表 7-2）。

（二）其他自變量

我們採用的社會經濟變數大致可以分為三類，即社會經濟地位與人口特徵。**社會經濟地位**：首先，如近年來研究發現的，台灣民眾的社會經濟地位能夠有效測量社會脆弱性（social vulnerability）會影響風險知覺（林宗弘等2018）。我們跟隨莫拉克颱風的相關研究（Lin et al. 2017），以韋伯派階級位置（Weberian class schema）來測量台灣民眾因社會經濟地位所造成的風險知覺與社會脆弱性。根據 Erikson 與 Goldthorpe（1992）的 EGP 階級分類框架，我們將受訪者職業的 ISCO-88 國際標準職業分類碼對照 EGP 分類進行編碼，並以雇用身分調整階級身分，將職業換成階級。Erikson 和 Goldthorpe（1992）的 EGP 分類的標準是以市場條件及工作情境將職業分成不同階級大項，市場條件包括勞動條件及報酬等，工作情境則指職業的權威與控制位置，進一步將沒有生產工具的受雇人員區分為受固定契約限制的勞工階級及非契約關係的受薪階級，再以技術專屬程度區分（張宜君、林宗弘 2015）。除了非勞動力以外，我們使用最簡化的版本將階級身分區分為專業人員（21.2%）、事務人員（25.4%）、體力勞動人員（21.8%）與農民（3.4%）等四大類。其次，我們使用常見的受訪者教育年限（0～21年）與每月所得對數來測量社會經濟地位。值得注意的是，教育除了測量人力資本以外，也會影響民眾的風險資訊取得能力（Slovic et al. 2004）。

人口特徵：**性別**已經被證實是影響災難脆弱性的重要因素（Lin et al. 2015）。不少文獻指出女性比男性更容易受災，風險知覺也較強烈（Enarson 1998）。其次，年齡也影響風險知覺，研究指出老幼較容易受災，例如日本人口老化導致老年人在阪神地震與東北海嘯有較高的死亡率（Lin 2015），也因此影響風險知覺與採取避險行動的機率。此外，台灣研究發現，**婚姻狀況**與食安風險知覺以及避險行為高度相關，我們亦考慮在內（林宗弘等 2018）。

表 7-2　主要變量的敘述統計					
變　量	N	平均值	標準差	最小值	最大值
風險知覺					
汽車造成的空氣污染	2,200	3.623	0.745	1	5
工業造成的空氣污染	2,200	4.180	0.689	1	5
農藥和化學肥料	2,200	3.933	0.752	1	5
河流和湖泊的污染	2,186	3.907	0.764	1	5
氣候變遷造成全球暖化	2,173	4.107	0.780	1	5
綜合分數	2,149	0.000	1.000	-5.692	1.987
公民參與					
參與社區的環保工作	2,187	1.398	0.775	1	4
反應社區中易造成天災危險情況	2,199	1.597	0.868	1	4
反應社區中造成環境污染	2,198	1.687	0.904	1	4
綜合分數	2,173	0.000	1.000	-0.792	3.427
社會變數					
女性	2,209	0.498	0.500	0	1
年齡	2,209	45.211	16.697	19	96
已婚	2,209	0.665	0.472	0	1
教育年限	2,205	11.684	4.400	0	21
階級分類					
非勞動力	2,199	0.281	0.450	0	1
專業管理人員	2,199	0.212	0.409	0	1
一般事務人員	2,199	0.254	0.435	0	1
體力勞動人員	2,199	0.218	0.413	0	1
農業人員	2,199	0.034	0.182	0	1
個人月所得對數	2,177	8.619	3.524	0	12.766

資料來源：同表7-1。

（三）統計模型

根據上述主要變量——風險知覺與公民參與，我們建構了統計模型。本文使用一般線性模型家族，包括次序邏輯迴歸（ordered logit regression）與Ordinal Least Square（OLS）模型，每一張表格均包括用來建構因素分析的原始題組的次序迴歸係數與因素分析後之綜合分數的OLS迴歸係數，並且為了簡化分析而刪除常數項的迴歸結果。迴歸係數正向即是代表受訪者的社會經濟地位、人口特徵與正面影響了風險知覺與公民參與，然而，我們將會把分析重心放在這些變項的關係上。

四、迴歸分析結果

本研究採次序迴歸與OLS，分析風險知覺度對公民參與的影響。表7-3呈現影響風險知覺因素的統計結果，表7-4呈現影響公民參與環境行為的統計結果，以下依序說明之

（一）影響風險知覺的因素

首先，我們分析影響各項風險知覺的社會經濟地位與人口特徵因素，以做為後續分析的參考，統計結果請見表7-3。我們發現在社會經濟地位方面，受到生活環境影響，農民對空氣污染、肥料與化學污染，以及全球暖化的風險知覺偏低，連帶影響其環境風險知覺綜合分數顯著偏低。其次，高教育程度者對於農藥化肥污染、河流湖泊污染與全球暖化有高度風險知覺，導致其環境風險知覺綜合分數顯著偏高。

在人口特徵方面，女性對空氣污染、農藥化肥污染、河流湖泊污染與氣候變遷風險知覺均偏高，導致其環境風險知覺綜合分數顯著偏高。高齡者則在工業空氣污染、全球暖化方面風險知覺偏低，連帶影響其環境風險知覺綜合分數也顯著偏低。最後，如同先前研究發現的，由於關注全家食品安全風險的緣故，已婚者對於農藥化肥污染風險知覺特別高（林宗弘等 2018），連帶影響其環境風險知覺綜合分數顯著偏高。

表 7-3 影響風險知覺的社會經濟地位與人口特徵						
	汽車造成的空氣污染	工業造成的空氣污染	農藥和化學肥料	河流和湖泊的污染	氣候變遷造成全球暖化	綜合分數
	(1)	(2)	(3)	(4)	(5)	(6)
女性	0.201*	0.152	0.415***	0.242**	0.424***	0.233***
	(0.089)	(0.091)	(0.090)	(0.090)	(0.090)	(0.046)
年齡	0.001	-0.018***	0.005	-0.010*	-0.019***	-0.005**
	(0.004)	(0.004)	(0.004)	(0.004)	(0.004)	(0.002)
已婚	0.042	0.164	0.397***	0.131	0.085	0.115*
	(0.112)	(0.114)	(0.112)	(0.113)	(0.113)	(0.057)
教育年限	0.007	0.026	0.053***	0.035**	0.072***	0.030***
	(0.014)	(0.014)	(0.013)	(0.013)	(0.014)	(0.007)
階級分類						
專業管理人員	-0.038	0.132	-0.061	0.124	0.089	0.031
	(0.142)	(0.145)	(0.142)	(0.143)	(0.143)	(0.073)
一般事務人員	0.062	0.054	0.052	0.064	0.166	0.064
	(0.127)	(0.130)	(0.128)	(0.128)	(0.129)	(0.066)
體力勞動人員	0.110	0.075	0.058	0.107	0.136	0.093
	(0.132)	(0.136)	(0.133)	(0.134)	(0.136)	(0.069)
農業人員	-0.551*	-0.309	-1.209***	-0.326	-0.689**	-0.482***
	(0.254)	(0.251)	(0.247)	(0.252)	(0.241)	(0.123)
個人月所得對數	-0.007	0.007	0.021	0.018	-0.002	0.005
	(0.013)	(0.013)	(0.013)	(0.013)	(0.013)	(0.007)
N	2,156	2,155	2,157	2,149	2,130	2,113
Pseudo R2	0.007	0.020	0.018	0.015	0.044	
R2						0.063
Adjusted R2						0.058

註：*$p<.05$ **$p<.01$ ***$p<.001$。Model (1)-(5) 使用 Ordered logistic regression 估計。

資料來源：同表7-1。

表 7-4　風險知覺與公民參與環境行動			
	參與社區環保工作 (1)	反應社區易造成天災危險情況 (2)	反應社區中造成環境污染 (3)	綜合分數 (4)
風險知覺綜合分數	0.098	0.204***	0.182***	0.099***
	(0.053)	(0.047)	(0.046)	(0.022)
女性	-0.388***	-0.243*	-0.117	-0.134**
	(0.112)	(0.099)	(0.095)	(0.046)
年齡	0.022***	0.027***	0.025***	0.015***
	(0.005)	(0.004)	(0.004)	(0.002)
已婚	0.227	0.482***	0.539***	0.227***
	(0.140)	(0.122)	(0.117)	(0.057)
教育年限	0.045**	0.055***	0.077***	0.028***
	(0.017)	(0.015)	(0.015)	(0.007)
階級分類				
專業管理人員	-0.019	0.272	0.462**	0.116
	(0.173)	(0.156)	(0.150)	(0.073)
一般事務人員	0.126	0.370**	0.398**	0.155*
	(0.161)	(0.143)	(0.138)	(0.066)
體力勞動人員	0.122	0.291	0.348*	0.115
	(0.167)	(0.150)	(0.146)	(0.069)
農業人員	0.343	0.566*	0.443	0.304*
	(0.284)	(0.259)	(0.261)	(0.122)
個人月所得對數	-0.011	-0.024	-0.026	-0.009
	(0.016)	(0.014)	(0.014)	(0.007)
N	2,081	2,093	2,094	2,073
Pseudo R2	0.024	0.030	0.030	
R2				0.104
Adjusted R2				0.099

註：*p<.05 **p<.01 ***p<.001。Model (1)-(3) 使用 Ordered logistic regression 估計。

資料來源：同表7-1。

（二）影響公民參與環境行動的因素

表 7-4 呈現的是風險知覺對公民參與環境行動的統計結果。表 7-4 模型 1 之依變項為 (1) 請問您常不常參與社區的環保工作（如清水溝、社區巡守等）？的回答，迴歸係數顯示教育程度越高、年齡偏高者越容易參與社區環保工作；但風險知覺對此環境行動參與之影響不顯著，女性雖有較強的風險知覺，卻較少參與社區環保工作。

表 7-4 模型 2 之依變項為 (2) 請問您常不常反應社區中容易造成天災危險的情況？的回答，迴歸係數顯示風險知覺越強、教育程度越高、年齡偏高與已婚者，以及社會經濟地位為一般事務人員與農民者，越積極反應社區中造成天災風險的情況；女性仍為負顯著相關。

表 7-4 模型 3 之依變項為 (3) 請問您常不常反應社區中造成環境污染的情況？的回答，迴歸係數顯示風險知覺越強、教育程度越高、年齡偏高與已婚者，以及社會經濟地位為專業管理人員、一般事務人員與體力勞動人員者，較常反應環境問題，其餘因素則皆無顯著影響。

表 7-4 模型 4 之依變項為前述三個環境行動的因素分析綜合分數，結果與模型 2 基本相同：迴歸係數顯示風險知覺越強、教育程度越高、年齡偏高與已婚者，以及社會經濟地位為一般事務人員與農民者，越積極投入公民參與環境行動。由此可知，風險知覺對台灣公民參與環境行動有正向影響。

五、結論與建議

氣候變遷所帶來的災害越趨嚴峻，台灣做為每人平均溫室氣體排放量極高的國家，應負起減碳之責，而民主體制下氣候變遷因應政策須獲得民眾支持，方能有效落實永續低碳社會的目標。近年來，台灣有不少社會學研究發現民眾對氣候變遷等環境風險知覺已有所提升（林宗弘等 2018）。然而，風險知覺是否提高民眾所願意負擔的環境成本？面對理性選擇理論所重複驗證的「公地悲劇」，認為民眾無法跨越集體行動的難題，政客因此也不會在意節能減碳、防災等公共投資，環境社會學文獻強調風險知覺的主觀特徵、長期教育下友善環境態度的影響等有助於跨越集體行動難題的因素。

　　為了驗證風險知覺提升，是否能夠造成民眾採取公民參與的環境行動，本文運用《台灣社會變遷基本調查》2010年第六期第一次調查計畫問卷二環境組之調查數據進行分析，在全球氣候變遷脈絡下，呈現個人風險知覺和公民環境參與行為三者間之關聯性。研究結果發現，風險知覺有助於提高公民參與的機率。

　　首先，關於近期理性選擇學派趨於論證「短視選民」理論，有一基本假設，認為公民普遍眼光短淺、導致個人行為與集體行動之間產生矛盾，甚且傾向獲取立即的現金補償而非偏好擬訂長遠性的災害管理措施。然而，若以短視選民理論的觀點，檢視環境風險知覺是否促使民眾調整評估自身利益的方式，進而更有意願投入公民環境參與？經由本研究結果發現，風險知覺確實有助於提高公民參與的機率，故而可能進一步促使個人展現公民行為。

　　其次，依據本研究分析結果顯示，得出以下兩種有趣的觀察：第一、環境風險知覺綜合分數呈現偏高的群體，包括關注農藥污染、河川污染以及全球暖化的高教育程度者，而已婚者相對注重食品安全；不過，女性的環境風險知覺綜合分數雖然偏高，卻較少參與社區環保工作。第二、環境風險綜合分數呈現偏低的群體，例如：高齡者與農民。

　　再者，面對氣候變遷議題，民眾能否取得正確資訊或信任科學社群與官僚機構，對節能減碳政策執行效果影響甚鉅。故而，我們建議政府應用網路等科技提高民眾對氣候變遷的風險知覺，透過環境教育提供正確資訊，讓民眾願意承擔時間或金錢成本，藉此解決當前公有地悲劇的集體行動困境。

　　此外，當前許多環境政策，如電價上漲及能源稅議題經常引發政治與意識型態爭議（徐美苓、施琮仁 2015: 269），即便為立意良善的政策，卻容易因民眾缺乏資訊而難以推行。因此，近幾年政府希望藉由擴大公民參與機制之範疇，例如審議民主或參與治理，拓展討論公共環境議題的活動，提升公民對政府與社會的瞭解。這些公共參與環境政策，有助於跨越民主社會裡短視選民或政客的弱點，從而提高政府與公民社會對節能減碳或防災的公共投資偏好與數量，減輕即將到來的環境危機。

附錄

	汽車造成的 空氣污染	工業造成的 空氣污染	農藥和化學 肥料	河流和湖泊 的污染	氣候變遷造 成全球暖化	綜合分數
工業造成的空氣污染	0.474*					
農藥和化學肥料	0.339*	0.398*				
河流和湖泊的污染	0.284*	0.341*	0.420*			
氣候變遷造成全球暖化	0.269*	0.374*	0.356*	0.430*		
綜合分數	0.660*	0.740*	0.718*	0.702*	0.693*	
女性	0.047*	0.030	0.102*	0.050*	0.099*	0.100*
年齡	-0.012	-0.186*	-0.002	-0.135*	-0.252*	-0.155*
已婚	-0.001	-0.088*	0.058*	-0.063*	-0.129*	-0.058*
教育年限	0.015	0.161*	0.071*	0.135*	0.247*	0.164*
非勞動力	0.004	-0.083*	-0.015	-0.067*	-0.096*	-0.067*
專業管理人員	-0.021	0.056*	0.020	0.056*	0.062*	0.045*
一般事務人員	0.027	0.051*	0.055*	0.040	0.093*	0.074*
體力勞動人員	0.017	0.010	-0.007	0.008	-0.003	0.007
農業人員	-0.063*	-0.067*	-0.120*	-0.075*	-0.120*	-0.131*
個人月所得對數	-0.019	0.025	0.038	0.043*	0.022	0.030

附表 7-1　相關係數－風險知覺

* $p<0.05$

附表 7-2　相關係數－公民參與				
	參與社區的環保工作	反應社區中易造成天災危險情況	反應社區中造成環境污染	綜合分數
反應社區中易造成天災危險情況	0.426*			
反應社區中造成環境污染	0.405*	0.742*		
綜合分數	0.695*	0.894*	0.887*	
女性	-0.062*	-0.060*	-0.040	-0.065*
年齡	0.131*	0.158*	0.126*	0.167*
已婚	0.112*	0.166*	0.162*	0.180*
教育年限	-0.010	0.003	0.049*	0.020
非勞動力	0.024	-0.009	-0.033	-0.014
專業管理人員	-0.010	0.029	0.070*	0.040
一般事務人員	-0.018	-0.011	-0.011	-0.012
體力勞動人員	0.047*	0.050*	0.026	0.049*
農業人員	-0.018	-0.029	-0.034	-0.033
個人月所得對數	0.018	0.019	0.027	0.032

* $p<0.05$

參考文獻

● 內政部消防署，2017，《中華民國105年
消防統計年報》。新北市：內政部消防署。

● 丘昌泰，2010，《公共政策：基礎篇》（第
四版）。高雄：巨流。

● 朱元鴻，1995，〈風險知識與風險媒介的
政治社會學分析〉。《台灣社會研究季刊》
19: 195-224。

● 行政院，2017，〈行政院會通過「空氣污
染防制法」修正草案〉。行政院即時新
聞，取自 https://www.ey.gov.tw/News_Con
tent2.aspx?n=F8BAEBE9491FC830&s=7A
25FD1CE398B2FB，檢索日期：2018年2
月15日。

● 行政院經濟建設委員會，2012，《國家氣
候變遷調適政策綱領》。台北：行政院經
濟建設委員會。

● 何明修，2006，《綠色民主：台灣環境運
動的研究》。台北：群學。

● 何明修，2010，〈從污染受害者到環境巡
守者：大寮空污事件之後的社區參與〉。
《公共行政學報》35: 119-141。

● 吳杰穎、邵珮君、林文苑、柯于璋、洪鴻
智、陳天健、陳亮全、黃智彥、詹士樑、
薩支平，2007，《災害管理學辭典》。台
北：五南。

● 周佩欣，2017，〈環境中新興污染物之檢
測與探索〉。《土木水利》44(6): 27-29。

● 周桂田，2013，〈全球化風險挑戰下發展
型國家之治理創新——以台灣公民知識監
督決策為分析〉。《政治與社會哲學評論》
44: 65-148。

● 林宗弘、蕭新煌、許耿銘，2018，〈邁向
世界風險社會？台灣民眾的社會資本、風
險感知與風險因應行為〉。《調查研究——
方法與應用》40: 127-166。

● 施奕任、楊文山，2012，〈氣候變遷的認
知與友善環境行為：紀登斯困境的經驗測
試〉。《調查研究——方法與應用》28: 47-
77。

● 洪鴻智，2005，〈科技鄰避設施風險知覺
之形成與投影：核二廠〉。《人文及社會科
學集刊》17(1): 33-70。

● 徐美苓、施琮仁，2015，〈氣候變遷相關
政策民意支持的多元面貌〉。《中華傳播學
刊》28: 239-278。

● 張宜君、林宗弘，2015，〈台灣的高等教
育擴張與階級複製：混合效應維繫的不平
等〉。《臺灣教育社會學研究》15(2): 85-
129。

● 章英華、杜素豪、廖培珊，2011，《台灣
社會變遷基本調查計畫第六期第一次調查
計畫執行報告》。台北：中央研究院社會
學研究所委託研究。

● 許耿銘，2014，〈城市氣候風險治理評估
指標建構之初探〉。《思與言》52(4): 203-
258。

● 郭彰仁、郭瑞坤、侯錦雄、林建堯，
2010，〈都市與非都市計畫區社區居民參
與環境改造行為模式之比較研究——以台
灣南部為例〉。《都市與計劃》37(4): 393-
431。

● 陳永明，2015，《出席「聯合國氣候變
化綱要公約第21次締約國大會暨京都
議定書第11次締約國會議（COP21/
CMP11）」出國報告書》。台北：國家災害
防救科技中心委託研究。

● 黃俊儒、簡妙如，2010，〈在科學與媒體
的接壤中所開展之科學傳播研究：從科技
社會公民的角色及需求出發〉。《新聞學研
究》105: 127-166。

● 楊意菁、徐美苓，2012，〈環境風險的認

知與溝通：以全球暖化議題的情境公眾為例〉。《中華傳播學刊》22: 169-209。

● 葉承鑫、陳文喜、葉時碩，2009，〈遊客對其休閒涉入、知覺風險、休閒效益與幸福感之研究——以水域遊憩活動爲主〉。《運動休閒餐旅研究》4(4): 1-25。

● 葉欣誠、陳孟毓、于蕙清，2017，〈我國民眾減緩全球暖化之願付價值與影響因素分析〉。《都市與計劃》44(4): 339-374。

● 劉淑華，2015，〈公民參與低碳城市建構可行性之研究〉。《中科大學報》2(1): 135-163。

● 顏乃欣，2006，《由風險知覺的角度探討放生行為》。行政院國家科學委員會委託研究。

● Bechtel, Michael M. and Jens Hainmueller, 2011, "How Lasting is Voter Gratitude? An Analysis of the Short- and Long-Term Electoral Returns to Beneficial Policy." *AmericanJournal of Political Science* 55(4): 852-68.

● Beck, Ulrich, 1992, *Risk Society: Towards a New Modernity.* London: Sage Publications.

● Cooper, Terry L., Thomas A. Bryer, and Jack W. Meek, 2006, "Citizen-Centered Collaborative Public Management." *Public Administration Review* 66(s1): 76-88.

● Cutter, Susan L., 1993, *Living with Risk: The Geography of Technological Hazards.* London: Edward Arnold.

● Deep Decarbonization Pathways Project, 2015, *Pathways to deep decarbonization 2015 report.* Paris: Sustainable Development Solutions Network (SDSN) and Institute for Sustainable Development and International Relations (IDDRI).

● DeVellis, Robert F., 1991, *Scale Development: Theory and Applications* (Applied Social Research Methods Series 26). Newbury Park: Sage publications.

● Dilley, Maxx, 2005, *Natural Disaster Hotspots: A Global Risk Analysis.* Washington, DC: World Bank Publications.

● Enarson, Elaine, 1998, "Through Women's Eyes: A Gendered Research Agenda for Disaster Social Science." *Disasters* 22(2): 157-173.

● Erikson, R. and J. H. Goldthorpe, 1992, *The Constant Flux: A Study of Class Mobility in Industrial Societies.* New York: Oxford University Press.

● Fairbrother, Malcolm, 2016, "Trust and Public Support for Environmental Protection in Diverse National Contexts." *Sociological Science* 3: 359-382.

● Fairbrother, Malcolm, 2017, "When Will People Pay to Pollute? Environmental Taxes, Political Trust and Experimental Evidence from Britain." *British Journal of Political Science* 1-22.

● Gasper, John T. and Andrew Reeves, 2011, "Make It Rain? Retrospection and the Attentive Electorate in the Context of Natural Disasters." *American Journal of Political Science* 55(2): 340-355.

● Hardin, Garrett, 1968, "The Tragedy of the Commons." *Science* 162(3859): 1243-1248.

● Harrison, K. and L. M. Sundstrom, 2007, "The Comparative Politics of Climate Change." *Global Environmental Politics* 7(4): 1-18.

● Healy, Andrew and Malhorta Neil, 2009, "Myopic Voters and Natural Disaster Policy." *American Political Science Review* 103(3): 387-406.

● Hoffmann-Riem, Holger and Brian Wynne, 2002, "In Risk Assessment, One Has to Admit Ignorance." *Nature* 416(6877): 123.

● IPCC, 2013, "Summary for Policymakers." Pp. 3-32 in *Climate Change 2013: The Physical Science Basis*, edited by Thomas F. Stocker et al. Cambridge, United Kingdom & New York, NY, USA: Cambridge University Press.

- Keefer, Philip, Eric Neumayer, and Thomas Plümper, 2011, "Earthquake Propensity and the Politics of Mortality Prevention." *World Development* 39(9): 1530-1541.

- Lin, Kuan-Hui Elaine, Yi-Chun Chang, Gee-Yu Liu, Chuang-Han Chan, Thung-Hong Lin, and Chin-HsunYeh, 2015, "An Interdisciplinary Perspective on Social and Physical Determinants of Seismic Risk." *Natural Hazards and Earth System Sciences* 15: 2173-2182.

- Lazo, Jeffrey K., Jason C. Kinnell, and Ann Fisher, 2000, "Expert and Layperson Percept ions of Ecosystem Risk." *Risk analysis* 20(2): 179-194.

- Lin, Kuan-Hui Elaine, Hsiang-Chieh Lee, and Thung-Hong Lin, 2017, "How Does Resilience Matter? An Empirical Verification of the Relationships between Resilience and Vulnerability." *Natural Hazards* 88(2): 1229-1250.

- Lin, Thunghong, 2015, "Governing Natural Disasters: State Capacity, Democracy, and Human Vulnerability." *Social Forces* 93(3): 1267-1300.

- Macedo, Stephen, 2005, *Democracy at Risk: How Political Choices Undermine Citizen Participation, and What We Can Do About It.* Washington, DC: Brookings Institution Press.

- NOAA, 2015, "Greenhouse gas benchmark reached." In *National Oceanic and Atmospheric Administration,* http://research.noaa.gov/News/NewsArchive/Latest

- News/TabId/684/ArtMID/1768/ArticleI D/11153/Greenhouse-gas-benchmark-reached-. aspx (Date visited: August 20, 2016)

- Riker, William H., 1990, "Political Science and Rational Choice." Pp. 163-181 in *Perspectives on Positive Political Economy,* edited by James E. Alt and Kenneth A. Shepsle. Cambridge: Cambridge University Press.

- Rundmo, Torbjørn, 2002, "Associations between Affect and Risk Perception." *Journal of Risk Research* 5(2): 119-135.

- Savadori, Lucia, Stefania Savio, Eraldo Nicotra, Rino Rumiati, Melissa Finucane, and Paul Slovic, 2004, "Expert and Public Perception of Risk from Biotechnology." *Risk Analysis* 24(5): 1289-1299.

- Scott, John, 2000, "Rational Choice Theory." Pp. 126-138 in *Understanding Contemporary Society: Theories of the Present,* edited by Gary Browning, Abigail Halcli, and Frank Webster. London: SAGE Publications.

- Slovic, Paul, 1987, "Perception of Risk." *Science* 236(4799): 280-285.

- Slovic, Paul, 1992, "Perception of Risk: Reflections on the Psychometric Paradigm." Pp. 117-152 in *Social Theories of Risk,* edited by S. Krimsky and Golding. New York: Praeger.

- Slovic, Paul, Melissa L. Finucane, Ellen Peters, and Donald G. MacGregor, 2004, "Risk as Analysis and Risk as Feelings: Some Thoughts about Affect, Reason, Risk, and Rationality." *Risk analysis* 24(2): 311-322.

- Slovic, Paul, Baruch Fischhoff, and Sarah Lichtenstein, 1982, "Why Study Risk Perception?" *Risk Analysis* 2(2): 83-93.

- Smith-Sebasto, Nicholas J. and Ayres D' Costa, 1995, "Designing a Likert-Type Scale to Predict Environmentally Responsible Behavior in Undergraduate Students: A Multistep Process." *The Journal of Environmental Education* 27(1): 14-20.

- Tanner, Thomas, 1998, "Choosing the Right Subjects in Significant Life Experiences Research." *Environmental Education Research* 4(4): 399-417.

- Tierney, K. J., 2007, "From the Margins to the Mainstream? Disaster Research at the Crossroads." *Annual Review of Sociology* 33: 503-525.

第八章

社會資本，且慢？
天災、食安、全球風險與民眾感知

林宗弘、許耿銘、蕭新煌

一、前言

　　近年來，台灣被世界經濟論壇等機構評估為全球相對高風險區域（World Economic Forum 2013），社會亦遭受各種高風險事件的衝擊。首先，1999 年的集集地震與 2009 年的莫拉克風災等自然災難，造成嚴重的人員傷亡與財產損失。其次，台灣的食品安全遭受塑化劑飲料、黑心油品與農藥污染等重大事件的打擊，引起公眾的重視。此外，2003 年的 SARS 傳染病從中國、香港到台灣的跨國擴散，以及後來的禽流感或非洲豬瘟病毒等衝擊，引發社會關注。2011 年 3 月日本受到九級地震與東北海嘯引發福島核電廠事故，使台灣公民社會反核運動再興（杜文苓 2011），導致政府決定封存核四廠，延續到以核養綠的公投爭議。最後，隨著全球經濟發展導致碳排放量增加，2015 ～ 2016 年間全球連續創下氣溫升高的歷史紀錄。公眾的主觀風險感知似乎也有升高的趨勢，台灣似乎走向德國學者 Beck（1998）所謂「全球風險社會（global risk society）」（周桂田 2003；2007）。

　　為了因應風險社會來臨，許多研究者開始探討社會韌性（resilience）的概念，其中影響韌性最重要的因素就是社會資本（social capital）或社會網絡。許多社會學理論家認為，社會資本或社會網絡有助於人們取得資訊或取得資源（Lin 2001），取得資訊有助於提高風險感知，取得資源則可能有助於災後復原，因此，社會資本或社會網絡有助於應對風險社會的來臨。然而，在實證數據裡，社會資本多半僅有助於災後因應或重建。本章的主旨即是從台灣的資料出發，希望探討在天災人禍的風險衝擊下，民眾的社會資本是否有助於其風險感知（risk perception）與因應行為。我們運用 2013 年的台灣社會變遷調查風險組問卷研究後發現，社會資本主要仍是有助於民眾的災難因應行為，在災前的風險感知方面影響有限，值得防災政策反思（林宗弘等 2018）。

---

*　本文部分類似內容曾於期刊發表，但本文內容與數據分析已經大幅修訂，有異於期刊論文的部分結論，讀者若有興趣請參考林宗弘、蕭新煌、許耿銘，2018，〈邁向世界風險社會？台灣民眾的社會資本、風險感知與風險因應行為〉。《調查研究——方法與應用》40: 127-166。

二、風險社會與社會資本

（一）風險社會與風險公式

風險是個重要但具有爭議性的社會科學概念。過去近三十年，美國與歐洲出現風險研究取向的分歧。在歐洲，「風險社會」學派通常將焦點集中於巨觀社會變遷，討論多種「現代性」的分類與轉型（Beck 1992; Renn 2008）；在美國，風險研究更為個體與經驗取向，以社會心理學實驗或問卷來分析風險感知，學者發現各種社會經濟因素——例如收入、性別、膚色與志願性（風險偏好）影響人們的風險感知程度（例如 Slovic 2010；許耿銘 2014）。從科學、科技，與社會（即英文簡稱的 STS）的認知角度切入，某些學者將風險概念區分為實在的客觀風險、主觀風險——包括風險感知研究與科技的社會型塑（social shaping of technology）研究，以及風險溝通與風險治理等眾多文獻主題（例如 Zinn 2008）。然而，理應成為風險研究重點之一的災難研究，卻通常被風險社會文獻忽略，這是因為天災被風險社會學者歸類於「第一現代」，也就是工業化時期已經被逐漸克服的「舊」風險；所謂「第二現代」概念下的「新」風險研究，經常把重心放在具有高度不確定性的新科技——例如核能與基因改造所造成的「人為」風險上，甚至稱之為「全球風險社會」（Beck 1998）。

為了將風險社會理論操作化，本文定義風險為人類社群意外受害損失期望值的總和（Alexander 1993），這個風險總合的概念可用於個人生命歷程或集體層次（社區或國家）（Lin 2015）。依據聯合國政府間氣候變化專門委員會（Intergovernmental Panel on Climate Change，簡稱 IPCC）（IPCC 2012: 69）與後續文獻認為，某種氣候變遷災難的風險函數可以表示為（Turner 2010）：

$$風險 = \frac{災害潛勢\,(hazard) \times 暴露度\,(exposure) \times 脆弱性\,(vulnerability)}{韌性\,(resilience)}$$

IPCC（2012）所定義的風險受到四組因素影響：1. 災害潛勢：指的是對人類社會外生性的物理、化學或生物衝擊事件發生的期望值，客觀災害潛勢較高會導致部分民眾與其家庭成員遭受更多受災經驗，其主觀風險感知也較強（Barnett and Breakwell 2001）。2. 暴露度：通常指某個地區層次的總人口、

或可能受災的建築物總面積，或者是脆弱人群的地理群聚——例如老年人口比例，在總體數據的統計上是重要的控制變量（Lin 2015；林冠慧等 2017）。本文以家內的依賴人口測量家庭層次暴露度（Lin et al. 2017），並且估計其對主觀風險感知的效應。3. 脆弱性：通常指受影響群體內生性的社會經濟條件影響人們受災期望值（Bogardi 2004: 365；林冠慧、吳珮瑛 2004: 36；林冠慧、張長義 2015: 65；蕭新煌、許耿銘 2015: 63）。在總體層次研究中，影響一國或一個社區的脆弱性因素包括貧富差距、醫療或工程條件、年齡或人口結構、政治經濟制度或性別因素等（Anbarci et al. 2005; Bolin 2007; Keefer et al. 2011）。在個體分析層次，傳統社會階層化因素，例如階級或社會經濟地位（有時以所得來衡量）、族群或膚色、性別歧視、年齡（老人與兒童）、社會網絡（social network）或身心健康狀況所造成的行動能力障礙等，透過居住地點、住房或公共工程品質較差、或個人行動能力與公共交通不便等中介因素，使弱勢群體暴露於高風險，是社會脆弱性的主要因子。總之，社會裡的弱勢群體有較高機率在天災人禍中受害（Wisner et al. 2004；張宜君、林宗弘 2012；趙子元、黃彙雯 2015；蕭新煌、許耿銘 2015）。在 IPCC 的風險模型當中，本文把前述三項因子當成控制變量，主要探討。4. 韌性：亦即社會資本對風險感知與風險因應行為的影響，以下詳述之。

（二）韌性與社會資本

近年來，韌性成為災後重建或風險因應的研究重心，這個概念通常指災難受害社群或個人，有助於其因應風險與災後復原的社會因素（林宗弘等 2018），包括家庭財富、政治參與、心理健康等，有不少被稱為韌性的因素與脆弱性重疊，引起理論與實證上的混淆與爭論（Norris et al. 2008: 131; Aldrich 2012; Lin et al. 2017）。為避免結果脆弱性與韌性的概念混淆，本文只處理韌性的關鍵因素之一——社會網絡。

許多研究發現社會網絡對災難緊急應變與災後重建——包括物質與心理復原的重要影響（Adger 2003；Tunstall et al. 2007；李宗勳 2015: 5）。例如，Klinenberg（2002）針對 1995 年的芝加哥熱浪的經典公共衛生研究發現，缺乏社會網絡而且貧困的老人或街友，由於住所沒有空調、社區沒有醫療照護資源，因此減少其風險感知與因應能力，最容易在熱浪中喪生；此外，日本阪神

地震後，大谷順子（2010）針對集中安置老人公寓研究指出，災後用來安置災民的建築物雖然更堅固安全，在缺乏人際網絡的身心扶持下，災民自殺或「孤獨死」機率反而提高；Aldrich 與 Crook（2008）對美國卡崔娜風災後紐奧良市復原的研究顯示，在教會等社會網絡協助下，越南少數族群的恢復情況比白人社區更好，上述研究顯示社會網絡對因應行為與復原的正面影響。

在政治學文獻裡，社會資本廣泛地指涉社會網絡、規範、信任，使個人能採取集體行動並追求相同目標，有助於生產公共財（Putnam 1995）。在社會學界，Lin（2001）認為社會資本是指個體之社會網絡所能動員的資源。我們試圖在這兩種社會資本的概念當中尋找操作化的實證方法，以測量社會資本對風險感知與因應行為的影響。

過去，韌性研究強調社會網絡對於風險防範與災後重建的重要性，僅極少數研究涉及社會資本與主觀風險感知，而且導致矛盾的結論。例如，Jones 等（2012）以氣候變遷為例，認為民眾的社會資本可以促進彼此訊息的交換，而交換訊息亦可確認民眾的風險感知。研究結果發現社會資本較少的人，相對容易意識到氣候變遷所帶來的高風險；而具有高社會資本的人，往往比較不容易感受到氣候變遷的風險。然而，亦有研究指出緊密的社會網絡會讓成員之間相互影響，提升其主觀風險感知（Wolf et al. 2010），進而提高面對風險的調適能力（Adger 2003: 401）。本文假設社會資本應該會影響民眾的主觀風險感知，然而對不同類型的風險感知影響亦有差異。

此外，有學者認為網際網路可能帶來更豐富的社會資本（Lin 2001；陳婉琪等 2016）。然而台灣社會變遷調查的分析結果顯示，上網時間與線下（offline）社會資本沒有統計關聯性（林宗弘 2012），而且近期台灣傳播調查研究顯示，每天上網不到半小時的「數位貧窮」（digital poverty）族群更容易在天災中缺乏資訊或受害（林宗弘 2019），因此，本文建議用數位貧窮來測量網際網路的社會資本缺乏，網際網路社會資本缺乏將會導致民眾風險感知與因應能力下降。

（三）風險感知與風險因應能力

風險感知的相關文獻發展已將近半個世紀，其中包括社會心理學與實驗研究（Slovic 2000），也包括公共行政或商學等應用領域中的風險治理分析

（Renn 2008）。在本文中，風險感知指的是人類對風險的主觀感受，如許多社會心理學者所認為的——風險感知包括先天直覺，以及後天取得資訊與分析資訊的能力（周桂田 2003）。研究指出社經地位與教育程度（在美國包括種族因素）影響風險感知，教育程度較高或是對某種災害有經驗者，其主觀風險感知會比較接近客觀受災機率。實驗結果亦發現自願承擔風險者（風險偏好者）可能會低估受災風險、無辜的潛在被害人則傾向於高估受災風險（Slovic 2000; 2010）。

民眾的客觀風險可能會影響主觀風險感知（黃榮村、陳寬政 1993；Barnett and Breakwell 2001）。例如，住在環境高脆弱區的居民具有較高風險感知（陳敏生、陳斐娟 2008；洪鴻智、陳令韡 2012；陳亮全 2005；陳淑惠等 2010），其中天災受災經驗、女性、年齡等是影響民眾風險感知的關鍵因素（李欣輯等 2010: 167）；可能受土石流衝擊的原住民或農民對颱風的風險感知比其他民眾更強（Roder et al. 2016）。對於食安問題，使用社會調查進行的研究極為少見（周應恒等 2014；馬纓、趙延東 2009）。根據實驗心理學的結果，受高教育者由於資訊豐富、或主導家庭消費的決策者基於可能受害的心理，會提高其對於食品安全的主觀風險評估（Slovic 2000）。

有關風險感知與風險管控行為（risk handling behavior）的文獻早已存在（Dowling and Staelin 1994；傅祖壇等 2001），對天災或交通事故的研究多半改採風險因應（risk coping）一詞。IPCC（2012: 51）將風險因應定義為面臨風險當下克服的行動或過程，因此風險因應行為主要指危機發生後，人們為消除伴隨而來的負面影響所採取的具體措施（Braun and Aßheuer 2011: 781），常被視為對災害較為短期性、立即性的反應（Scheuer et al. 2011: 738）。例如，由於知情而迴避黑心食品、自備碗筷或購買有機食品、移動車輛停放位置以避免天災、或是抗議石化業污染、參與反核活動、或搭乘大眾交通工具以減少氣候變遷等。而風險因應能力即是使用既有資源與知識以克服危機的能力，往往與社會經濟地位或人力資本有關。與風險因應非常類似的概念是風險調適（risk adaptation）與調適能力（adaptive capacity），係指人類系統透過學習而改變其特質或行為，以增進其克服風險的能力（林冠慧、吳珮瑛 2004；IPCC 2012: 51）。由於在文獻裡，風險因應此一概念主要是探討個體受災時或災後及時反應，而風險調適通常涉及社會學習與長期反饋的過程（Smit and Wandel 2006:

282-6; Scheuer et al. 2011: 738），為求定義精確且接近測量方法，本文傾向將受訪者面對問卷設定風險情境時的回答，歸類於風險因應行為或能力。

　　針對天災因應能力或行為，台灣有許多研究成果。例如曹建宇、張長義（2008）發現女性與曾受過環境災難者，於災難發生後的風險調適行為較為積極；李香潔、盧鏡臣（2010）發現高齡人口較容易失智、體力不足，在極端氣候情境下較無自保能力；李欣輯、楊惠萱（2012）發現在災難事件中，老幼婦孺及行動不便人口經濟能力若有限，且無其他避難場所，將可能導致更多傷亡，進而影響災後復原。研究亦發現弱勢者較少從事災後調適行為，調適能力與意願較低（Hung and Chen 2013: 495；洪鴻志、盧禹廷 2015）。從過去台灣實證文獻回顧可以發現，學者對於因應行為、因應能力、調適行為與調適能力的定義與測量並無共識，概念使用較為寬鬆，未意識到這些概念之間的矛盾。以天災為例，風險因應能力或調適能力越弱者越容易受災，兩者可能互為因果或重疊（林宗弘、李宗義 2016），但是這些弱勢者仍可能在其能力範圍內，採取風險因應行為來減少受災機率。本文修訂先前的研究測量（林宗弘等 2018），將氣候變遷等全球風險的因應行為或能力的標準提高，使用問卷裡詢問受訪者是否有能力重建房屋的問題，以顯示氣候變遷導致極端天氣事件的衝擊。

　　許多文獻認為主觀風險感知與風險因應行為或能力具有相關性（曹建宇、張長義 2008；周士雄、施鴻志 2000）。例如個人風險感知較高會增加購買災害保險的機率（Hung 2009）。因此，透過提供相關資訊增加民眾的主觀風險感知，有可能降低災難損失（Sharma et al. 2009）。理論上，社會資本的效益之一就是增加資訊來源或數量，然而社會資本與主觀風險感知之間關連性的研究較為欠缺（林宗弘等 2018），因此本文希望釐清下列假設：

假設一：社會資本有助於個人獲得資訊，對天災人禍有較高主觀風險感知。

　　災難研究主要發現社會資本有助於災後重建並影響因應行為，例如在台灣，鄭錫鍇（2004）認為社會資本可以促進防災救護工作。陳亭君等（2013）研究發現與受災漢人相比，原住民部落的社會資本與文化生活可以提高個人心理韌性。因此，社會資本影響自身災害調適能力、社區防救災能力、災害風險與降低損失能力等（Adger 2003；Wolf et al. 2010；洪鴻智、盧禹廷 2015）。由於無法用橫斷面社會調查數據測量與追蹤災後復原，本文以受訪者的主觀自評

風險因應行為與能力的相關問題，替代災後真正的復原情況來進行驗證：

假設二：無論風險類型為何，社會資本有助於個人資源取得與心理支持，有助於受訪者提高風險因應能力或採取風險因應行為。

三、資料來源與研究方法

　　中央研究院 2013 年《台灣社會變遷調查——風險與災難主題》（以下簡稱《TSCS 風險調查》）問卷包括核災、氣候變遷、食品安全與天災等不同風險類型的相關問題，是世界各地社會調查中極少見的計畫，給我們一個獨特的機會來測試災難與風險社會理論。這份問卷包括地震與颱風等天災、核能安全與食品安全等不同類型風險的對比，可能影響國家與公民社會因應各種風險的政策制定（傅仰止等 2014）。以下介紹本文使用的客觀風險、主觀風險感知、社會資本與自評風險因應行為變量，其敘述統計，請參考表 8-1；相關係數矩陣請參考表 8-2。

（一）風險公式：災害潛勢、暴露度與脆弱性

　　災害潛勢：在缺乏精確地理位置的資訊之下，我們假設受訪者過去的氣候相關受災經驗可以用來測量其目前的災害潛勢。在《TSCS 風險調查》中受訪者回報了曾經經歷過的颱風或暴雨導致洪水受災次數，以及颱風或暴雨導致土石流受災次數，我們將其受災次數合併為五類：從未受災、一次、兩次、三次與四次以上，並且視之為線性效果：受訪者過去受災次數越多，其客觀的災害潛勢越高。

　　暴露度：由於暴露度多數是加總層級數據，本文根據已經發表的相關社會調查處理方式（張宜君、林宗弘 2013），使用家內依賴人口來測量受訪家庭的暴露度，問卷裡的問題是家內 17 歲以下與 65 歲以上的人口數，4 人以上併入同一類。也就是說，家裡的依賴人口越多、越可能有成員暴露在各類風險之下。

　　脆弱性：本文使用脆弱性研究裡經常用來測量社會經濟地位的教育程度與個人每月收入的對數（張宜君、林宗弘 2012）、族群身分，以及與生命歷程有關的年齡與年齡的平方項，與家庭及性別不平等有關的性別與婚姻狀況。

表 8-1　六期四次台灣社會變遷調查匯總數據之敘述統計					
變　量	N	平均值	標準差	最小值	最大值
主觀風險感知					
擔心全球暖化	1,945	4.041	0.872	1	5
擔心核災	1,924	3.964	1.028	1	5
擔心塑化劑	1,983	4.185	0.907	1	5
擔心農藥	2,002	4.072	0.965	1	5
擔心颱風災害	1,992	3.089	1.346	1	5
擔心地震災害	1,989	3.712	1.283	1	5
自評風險因應行為*					
全球風險因應行為	1,953	3.600	1.049	2	8
食安風險因應行為	1,954	8.412	1.926	3	12
天災風險因應行為	2,005	1.610	1.426	0	6
災害潛勢					
氣候災難受損次數	2,004	0.838	1.216	0	4
暴露度					
家內依賴人口	2,003	1.195	1.185	0	4
脆弱性					
女性	2,005	0.491	0.500	0	1
年齡	2,005	46.246	17.194	19	99
年齡平方項	2,005	2,434.177	1,711.026	361	9,801
原住民	2,005	0.011	0.107	0	1
已婚	2,005	0.600	0.490	0	1
教育程度	2,004	12.044	4.557	0	22
個人月所得對數	2,005	0.791	0.902	-0.693	3.401
鄉鎮居民	2,004	0.551	0.497	0	1
社會資本					
不常上網	2,005	0.456	0.498	0	1
社交頻繁	2,005	0.477	0.500	0	1
參與社團	2,005	0.200	0.400	0	1
偏藍選民	2,005	0.414	0.493	0	1

表 8-1　六期四次台灣社會變遷調查匯總數據之敘述統計（續）					
變　量	N	平均值	標準差	最小值	最大值
三類風險感知總分					
擔心環境、核災	1,892	8.023	1.521	3	10
擔心食安	1,982	8.266	1.699	2	10
擔心天災	1,984	6.801	2.335	2	10

註：自評風險因應行為與能力中，全球風險因應行為是「您常不常採取行動對抗或減緩問題的發生？」（4：總是，3：經常，2：偶爾，1：從來沒有）與「如果您的住家因為災難損毀，您家有沒有可能以自己的力量重建或購買新的住房？」（4：非常可能，3：可能，2：不可能，1：非常不可能）兩小題的總分，總分最低為2，最高為8；食安風險因應行為是「媒體報導食物有問題時，您會不會盡量不吃？」、「您會不會因為外食餐具的安全問題而自己準備餐具？」、「請問您會不會盡量食用有機的農、漁產品？」（4：一定會，3：大概會，2：大概不會，1：一定不會）三題總分，最低為3，最高為12；天災風險因應行為是「請問您有沒有做過以下這些防災準備工作？（可複選）(01) 將汽機車或家用物品移往安全地點 (02) 投保災害保險 (03) 固定家中的櫃子或大型電器 (04) 準備防災包 (05) 瞭解、規劃避難的場所與路線 (06) 參加災害應變演練 (07) 都沒有」中 (01)-(06) 六個答項的總分（有採取行為者為1，否則為0），最低為0，最高為6。

資料來源：傅仰止等，2014。

表 8-2　六期四次台灣社會變遷調查匯總數據之簡單相關係數矩陣									
	擔心全球暖化	擔心核災	擔心塑化劑	擔心農藥	擔心颱風災害	擔心地震災害	全球風險因應行為	食安風險因應行為	天災風險因應行為
擔心核災	0.285*								
擔心塑化劑	0.253*	0.367*							
擔心農藥	0.277*	0.356*	0.654*						
擔心颱風災害	0.114*	0.167*	0.174*	0.138*					
擔心地震災害	0.107*	0.207*	0.203*	0.176*	0.576*				
全球風險因應行為	0.001	0.004	0.012	0.021	-0.155*	-0.128*			
食安風險因應行為	0.157*	0.193*	0.331*	0.381*	0.118*	0.127*	0.115*		
天災風險因應行為	0.074*	0.043	0.113*	0.113*	0.071*	0.104*	0.174*	0.211*	
氣候災難受損次數	0.043	0.057*	0.041	0.025	0.115*	0.108*	0.039	0.046*	0.184*

表 8-2	六期四次台灣社會變遷調查匯總數據之簡單相關係數矩陣（續）								
	擔心全球暖化	擔心核災	擔心塑化劑	擔心農藥	擔心颱風災害	擔心地震災害	全球風險因應行為	食安風險因應行為	天災風險因應行為
家內依賴人口	0.017	0.009	0.005	-0.005	0.099*	0.050*	-0.034	-0.006	-0.057*
女性	0.109*	0.117*	0.100*	0.125*	0.093*	0.123*	-0.068*	0.141*	-0.045*
年齡	-0.083*	-0.075*	0.037	0.102*	0.105*	0.091*	-0.136*	0.095*	-0.071*
年齡平方項	-0.089*	-0.090*	0.011	0.077*	0.105*	0.083*	-0.141*	0.066*	-0.086*
原住民	0.038	0.013	0.009	0.021	0.045*	0.021	-0.081*	0.028	0.056*
已婚	-0.014	0.018	0.128*	0.136*	0.041	0.045*	0.032	0.159*	0.061*
教育程度	0.053*	0.005	0.047*	0.030	-0.194*	-0.139*	0.285*	0.072*	0.203*
個人月所得對數	-0.007	0.005	0.035	0.047*	-0.130*	-0.100*	0.244*	0.074*	0.149*
鄉鎮居民	0.057*	0.012	-0.003	-0.003	0.148*	0.005	-0.082*	-0.014	-0.120*
不常上網	-0.066*	-0.048*	0.003	0.044	0.169*	0.101*	-0.224*	-0.008	-0.117*
社交頻繁	0.046*	-0.016	-0.020	-0.014	-0.123*	-0.085*	0.132*	0.029	0.162*
參與社團	0.023	-0.015	0.067*	0.084*	-0.025	0.021	0.138*	0.151*	0.098*
偏藍選民	-0.034	-0.156*	-0.005	0.042	-0.057*	-0.044*	0.043	0.092*	0.085*
擔心環境、核災	0.764*	0.836*	0.388*	0.398*	0.183*	0.208*	0.002	0.224*	0.066*
擔心食安	0.290*	0.397*	0.904*	0.915*	0.169*	0.207*	0.017	0.394*	0.120*
擔心天災	0.124*	0.211*	0.212*	0.177*	0.893*	0.882*	-0.159*	0.140*	0.099*

註：統計顯著水準：*$p<.05$。
資料來源：同表8-1。

在人口特徵方面，年齡是脆弱性的重要因子，老幼人口緊急應變時的行動能力不足，可能導致較高脆弱性（Lin 2015）。其次，文獻指出女性比男性更易受災，主因包括 1. 性別不平等：女性社會經濟或政治地位較差且壽命較長，導致老年貧困獨居、缺乏照護女性比例偏高（Fothergill 1996）。2. 家務分工：父權社會期望女性承擔老幼家庭照護責任，協助老幼避難過程可能提高女性死傷風險（Enarson 1998）。3. 女性與男性的風險偏好不同：在許多研究裡，男性似乎較為偏好高風險行為，而女性被證明比男性具有較高的主觀風險感知

（Slovic 2000），因此更可能採取風險因應行為。

　　本文以教育程度（受教年限）與個人每月平均所得（對數）來測量社會經濟地位。此外，由於台灣有關地震與風災相關研究發現，原住民受災風險明顯高於漢人，我們用父親的認同來界定族群身分，區分成原住民及其他兩類（張宜君、林宗弘 2012；林宗弘、李宗義 2016）。有鑑於九二一相關研究發現城鄉差距影響受災機率（林冠慧等 2017），而城鄉差距又與族群的居住分布高度相關，本文參考社會變遷調查（章英華 2015）簡化為城鄉兩類——城市居民（都會核心與工商市區＝ 0），以及其他的鄉鎮居民（＝ 1）。

（二）社會資本：接觸人數、社團參與、上網時數

　　測量社會資本的方法很多，個體層次的測量包括記名法（name generator）與地位法（position generator）等，受限於《TSCS 風險調查》問卷的題目有限，我們使用的是社交人數、是否參與公民團體，與上網時數。在台灣相關文獻中，皆有研究個別使用過這些社會資本的測量方式。首先，每日接觸的社交人數：研究證實社交人數是極為簡化而且有效的個體層次社會資本測量（Fu 2005），我們依據原有問題「您平常一天裡面，從早到晚總共大概跟多少人接觸」答項的六分法（而非所回答的人數）來估計，從 (1) 0 ～ 4 人到 (6) 100 人以上，越高的回答表示個體社會資本越多。其次，是否參加公民社團是政治社會學上常用的社會資本測量（熊瑞梅、張峰彬；林亞鋒 2010），包括政治團體、社區、社會服務、宗教、康樂社團、工會與協會等六類，有參加者（＝ 1）佔了受訪者的兩成。第三個社會資本指標則是網際網路使用的上網時數，從未使用（0 小時）到受訪者最高回答每日上網 23 小時（Lin 2001；林宗弘 2012）。由於這三種測量內涵各異且難分優劣，我們同時將三者都放在模型裡，以涵蓋社會網絡或社會資本的不同類型，其基本的理論假設並無太大差異，亦即台灣民眾的社會資本可能會提升其主觀評估的風險因應能力（假設一），以及社會資本可能影響主觀風險感知的程度（假設二）。

（三）主觀風險感知：全球風險（氣候變遷與核災）、食品安全與天災

　　如許多研究批評的，文獻裡風險感知測量非常不一致（Kellens et al. 2013），大致可分為較為客觀的評估感知（awareness），或較為主觀的情感

（affect）這兩大類，前者問卷題目通常使用「您是否知道自己的社區位在某種災害潛勢區」或「五年內再發生淹水可能性」等較為客觀評估的問法，主觀情緒的風險感知則為「您是否擔心某種災難」為主。限於《TSCS 風險調查》問卷使用的是主觀情緒的風險感知法，我們以其中六個問題來做不同風險主觀感知的橫向比較。

　　本文所使用的六個有關風險感知的題目包括：您是否擔心全球暖化、擔心核電災害、擔心食品裡有塑化劑、擔心食品有農藥殘留、擔心颱風災害與擔心地震災害，影響到您或您的家人，這裡的影響界定為身心、收入或財產受損，其擔心程度都是五分法的 Likert Scale，從完全不擔心的 1 分、不太擔心的 2 分、無所謂擔不擔心的 3 分、有點擔心的 4 分到非常擔心的 5 分，其中前兩項全球暖化與核災是屬於世界性的「新」風險，塑化劑與農藥殘留是屬於農業與工業食品管理不佳所造成的人為災害，而颱風與地震則屬於天災。因此，這些風險感知可以含括風險社會理論所關注的多種風險。

（四）風險因應行為：全球風險、食安與天災

　　由於面對上述三種不同類型的風險──全球風險、人禍與天災，民眾所採取的風險因應行為皆不相同，我們各自採用相關問題做為風險因應行為的測量指標。首先，在《TSCS 風險調查》問卷裡對應於全球風險的問題是「請問您常不常採取行動來對抗或減緩各種環境議題、疾病或核災的發生？」回答分為從來沒有（＝ 1，佔 75.5%）、偶爾（＝ 2，佔 19.8%）、經常（＝ 3，佔 3.1%）與總是（＝ 4，佔 0.8%）。這個回答並未預設是個人行動或集體行動、是個人防範行為還是社會抗爭行為。針對極端天氣所造成的嚴重損失，恐怕不是前述問題所能處理，本文引進另一題「如果您的住家因為災難損毀，您家有沒有可能以自己的力量重建或購買新的住房？」答項為非常不可能（＝ 1，佔 17.6%）、不可能（＝ 2，佔 38.6%）、可能（＝ 3，佔 36.2%）、非常可能（＝ 4，佔 5.8%），將兩題結果加總。

　　其次，該調查對食安問題的風險因應行為問了三題，包括「媒體報導食物有問題時，您會不會盡量不吃？」、「您會不會因為外食餐具的安全問題而自備餐具？」，以及「請問您會不會盡量食用有機的農漁產品？」答項都是四分法的一定不會（＝ 1）、大概不會（＝ 2）、大概會（＝ 3）、一定會（＝ 4），雖然這

三題主要是問個人反應，但也可能包括抵制黑心食品、或集體消費有機食品行為，符合主觀評估風險因應行為的定義。把三題得分加總後最低 3 分，最高 12 分，平均值 8.3 分，單項平均為 2.8 分，顯示多數受訪者回答較接近「大概會」。

針對颱風與地震等天災的因應行為，本文使用的問題是「請問您有沒有做過以下這些防災準備工作」，答項為複選，包括 (1) 將汽機車或家用物品移往安全地點（57.4%）、(2) 投保防災保險（11.7%）、(3) 固定家中的櫃子或大型電器（30.7%）、(4) 準備防災包（17.9%）、(5) 瞭解或規劃避難的場所或路線（29.7%）、(6) 參加災害應變演練（13.6%）（陳亮全等 2007），有 28.6% 的受訪者從未做過以上任何一種防災準備。我們將各種防災準備工作都計為 1 分，最高為 6 分，平均為 1.6 分。

最後，由於擔心核電的議題在台灣高度政治社會化，受到政黨傾向影響極大，而《TSCS 風險調查》裡，僅有 2012 年總統大選投票給哪一黨候選人這個問題可以分辨受訪者的政黨傾向，我們將投給馬英九與少數投給宋楚瑜者合併，將該群受訪者定義為偏藍選民（41%），以控制影響上述風險議題的政治因素。

四、分析結果

由於本文所使用的依變量為 2 ～ 12 分的正值有序變量，若使用次序迴歸其截距過多且其間距顯著不成比例，我們只能簡化地使用線性迴歸模型來估計其迴歸係數的方向與顯著水準，正向顯著的係數顯示該自變量有助於提高兩個依變量：主觀風險感知或主觀評估因應行為，負向顯著的係數則降低之。

（一）主觀風險感知

表 8-3 呈現的模型是我們所採用三類六項風險感知——是否擔心全球風險類的全球暖化與核災；食安人禍類的塑化劑與農藥；以及天災類的颱風與地震，對自己或自己的家人造成影響，做為依變量的估計結果，正向迴歸係數表示該自變量導致擔心的程度提高，負向係數則相反。

從迴歸係數的方向與顯著水準來看，有關全球風險的模型 (1) 的結果顯示，曾遭受氣候災難損失者、女性與鄉鎮居民特別擔心全球暖化；模型 (2) 的

結果顯示，曾遭受氣候災難損失者、中壯年受訪者、女性顯著較擔心核災，此外偏藍選民較不擔心核災，研究結果證實在台灣，核電安全已經是高度政治社會化的問題。

在食品安全方面：模型 (3) 與模型 (4) 的結果顯示，女性與中壯年（相對於青年或極年長者）、已婚、高教育程度、有參加社團者同時較擔心塑化劑與農藥殘留，兩個模型的統計結果高度一致，顯示青壯年中產家庭當中的女性比較關注食安問題。

在天災方面，模型 (5) 的結果顯示，有受災經驗與家裡人數多會提高擔心颱風的程度，女性、教育程度偏低者、鄉鎮居民亦較為擔心風災；模型 (6) 的結果顯示，曾有天災經驗者與女性最擔心地震。與過去研究成果類似，社會脆弱性越高的民眾，越擔心天災衝擊的風險。

然而，各種社會資本測量影響風險感知的效果很不一致，公民社團參與導致對食安問題更高的風險感知，上網與每日社交人數越多者，反而降低其對天災的擔心程度，亦及個體社會資本充足者比較不擔心天災，數位貧窮者比較擔心天災。其他變量統計檢定不太顯著，假設一僅部分成立。

	擔心 全球暖化 (1)	擔心 核災 (2)	擔心 塑化劑 (3)	擔心 農藥 (4)	擔心 颱風災害 (5)	擔心 地震災害 (6)
災害潛勢						
氣候災難受損 次數	0.027	0.044*	0.032	0.026	0.151***	0.130***
	(0.016)	(0.019)	(0.016)	(0.017)	(0.024)	(0.023)
暴露度						
家內依賴人口	0.025	0.019	-0.005	-0.023	0.057*	0.024
	(0.018)	(0.021)	(0.018)	(0.019)	(0.026)	(0.025)
社會不平等						
女性	0.197***	0.241***	0.210***	0.295***	0.166**	0.254***
	(0.041)	(0.048)	(0.042)	(0.044)	(0.061)	(0.059)
年齡	0.010	0.022*	0.033***	0.031***	-0.002	0.019
	(0.008)	(0.009)	(0.008)	(0.008)	(0.011)	(0.011)

表 8-3　客觀風險因素與主觀風險感知

表 8-3　客觀風險因素與主觀風險感知（續）					
	擔心 全球暖化 (1)	擔心 核災 (2)	擔心 塑化劑 (3)	擔心 農藥 (4)	擔心 颱風災害 (5)	擔心 地震災害 (6)
年齡平方項	-0.000	-0.000**	-0.000***	-0.000**	0.000	-0.000
	(0.000)	(0.000)	(0.000)	(0.000)	(0.000)	(0.000)
原住民	0.201	0.064	-0.001	0.094	0.444	0.154
	(0.182)	(0.212)	(0.187)	(0.198)	(0.272)	(0.264)
已婚	-0.003	0.066	0.178***	0.155**	0.053	0.056
	(0.050)	(0.059)	(0.051)	(0.054)	(0.074)	(0.072)
教育程度	0.006	-0.009	0.025***	0.034***	-0.030**	-0.024**
	(0.006)	(0.008)	(0.007)	(0.007)	(0.009)	(0.009)
個人月所得對數	-0.017	0.022	-0.019	0.009	-0.050	-0.071
	(0.027)	(0.031)	(0.027)	(0.029)	(0.039)	(0.038)
鄉鎮居民	0.102*	-0.016	0.001	0.027	0.285***	-0.066
	(0.041)	(0.048)	(0.042)	(0.044)	(0.060)	(0.059)
社會資本						
不常上網	-0.066	-0.093	-0.009	0.032	0.205*	0.041
	(0.055)	(0.064)	(0.056)	(0.059)	(0.082)	(0.079)
社交頻繁	0.057	-0.069	-0.056	-0.018	-0.199**	-0.122*
	(0.042)	(0.048)	(0.042)	(0.045)	(0.061)	(0.060)
參與社團	0.062	0.003	0.101*	0.117*	-0.069	0.073
	(0.050)	(0.058)	(0.051)	(0.054)	(0.074)	(0.072)
偏藍選民	-0.050	-0.325***	-0.073	-0.016	-0.110	-0.124*
	(0.041)	(0.048)	(0.042)	(0.044)	(0.061)	(0.059)
常數項	3.629***	3.672***	2.931***	2.506***	3.175***	3.434***
	(0.205)	(0.241)	(0.207)	(0.217)	(0.300)	(0.291)
N	1,941	1,920	1,978	1,997	1,988	1,985
R-square	0.031	0.055	0.052	0.067	0.091	0.056
Adjusted R-square	0.024	0.048	0.045	0.060	0.085	0.049

註：*p<.05 **p<.01 ***p<.001，(.)內為Standard errors，使用Linear regression估計。

資料來源：同表8-1。

表 8-4　客觀風險、社會資本、主觀風險感知與風險因應行為		
全球風險因應行為 (7)	食安風險因應行為 (8)	天災風險因應行為 (9)
災害潛勢		
氣候災難受損次數　0.024	0.043	0.172***
(0.019)	(0.033)	(0.026)
暴露度		
家內依賴人口　0.016	-0.050	-0.035
(0.021)	(0.035)	(0.028)
社會不平等		
女性　0.037	0.474***	-0.046
(0.049)	(0.084)	(0.067)
年齡　-0.018	0.023	0.003
(0.009)	(0.016)	(0.013)
年齡平方項　0.000*	-0.000	-0.000
(0.000)	(0.000)	(0.000)
原住民　-0.781***	0.142	0.567*
(0.207)	(0.353)	(0.284)
已婚　0.124*	0.355***	0.179*
(0.059)	(0.102)	(0.081)
教育程度　0.039***	0.062***	0.046***
(0.008)	(0.013)	(0.011)
個人月所得對數　0.180***	0.037	0.057
(0.031)	(0.053)	(0.042)
鄉鎮居民　-0.037	-0.033	-0.273***
(0.048)	(0.082)	(0.065)
社會資本		
不常上網　-0.170**	-0.184	-0.019
(0.064)	(0.109)	(0.087)
社交頻繁　0.045	0.102	0.341***
(0.048)	(0.083)	(0.066)
參與社團　0.359***	0.441***	0.246**
(0.058)	(0.099)	(0.079)

表 8-4　客觀風險、社會資本、主觀風險感知與風險因應行為（續）

	全球風險因應行為 (7)	食安風險因應行為 (8)	天災風險因應行為 (9)
偏藍選民	0.051	0.202*	0.191**
	(0.049)	(0.083)	(0.066)
風險感知			
擔心環境、核災	0.011	0.093**	0.011
	(0.017)	(0.029)	(0.023)
擔心食安	0.011	0.322***	0.055**
	(0.016)	(0.027)	(0.021)
擔心天災	-0.046***	0.070***	0.082***
	(0.011)	(0.018)	(0.014)
常數項	3.360***	2.308***	-0.524
	(0.273)	(0.466)	(0.372)
N	1,840	1,837	1,867
R-square	0.146	0.230	0.128
Adjusted R-square	0.138	0.223	0.120

註：*$p<.05$ **$p<.01$ ***$p<.001$，(.)內為 Standard errors，使用 Linear regression 估計。
資料來源：同表8-1。

（二）風險因應行為

　　表 8-4 顯示三種風險因應行為或能力做為依變量：對全球風險採取因應行為（包括房屋重建）、對食安問題採取因應行為、對天災採取因應行為，如何受到社會資本（假設二）影響，三個模型之迴歸係數都是以線性迴歸來進行估計。

　　表 8-4 左邊第一欄的模型 (7) 有關因應全球風險的統計結果顯示，高教育程度與高所得者、高齡與已婚者較可能因應全球風險，弱勢者如原住民較難因應全球風險；在主觀風險感知的影響方面，越是擔心天災者越不易因應全球風險。在社會資本的影響方面，每日社交人數無顯著影響，但參與公民組織會提高民眾因應全球風險的行為與能力，數位貧窮者則難以因應全球風險。

表 8-4 中間一欄模型 (8) 有關食安風險的統計結果顯示女性、已婚與教育程度較高者對食安會採取明顯的風險因應行為，在社會資本的效果方面，參與公民組織也會提高民眾採取行動對抗食品安全風險的可能性，然而每日社交人數與數位貧窮對食品安全因應行為則無顯著統計關聯。最後，全球風險、食安或天災的主觀風險感知，都提高民眾採取食安風險因應行為的可能性。

表 8-4 右邊一欄的模型 (9) 有關天災風險因應行為的統計結果顯示，氣候災害潛勢會顯著影響民眾採取天災風險因應行為，然而家庭暴露度與此無關，原住民與教育程度越高者越可能採取天災因應行為；相對於城市居民、鄉鎮居民較少採取天災因應行為。在社會資本方面，社交人數較多或參與公民團體者較可能採取天災因應行為。最後，食安問題與天災的風險感知越高者，越可能採取天災因應行為。綜合表 8-4 的結果顯示，如假設二認為，以測量集體行為的參加公民社團最能影響風險因應能力、每日接觸社交人數僅影響天災因應行為，數位貧窮可能導致民眾無法因應全球風險，卻不影響食安與天災因應行為。研究結果顯示公民社會參與仍是社會資本裡因應風險時最重要的因素。

本研究仍有許多限制，例如對風險感知僅採用主觀情緒的測量，對不同類型風險因應行為的問卷設計並不清晰。我們希望未來台灣社會變遷能重新進行風險主題的調查，增加樣本數並改進未來的問卷，並且有助於一般理論的探討。

五、結論

我們依據上述文獻將風險分為三種類型：全球風險、人為風險與天災風險，運用台灣社會變遷調查，測試台灣民眾的災害潛勢、人口暴露度、社會脆弱性與社會資本，如何影響主觀評估的風險感知與風險因應行為。結果顯示參與公民社團的社會資本會增加民眾採取風險因應行為的機率，這可能反映其風險因應能力，但是民眾的社會資本與風險主觀感知較無關聯。本文認為面對天災、人禍與全球風險等三類風險，培養社會資本——例如以公民社會做為救災與重建的參與者之一，有利於風險因應行為，但是未必能提高民眾平日的風險感知或減少客觀受災機率（林宗弘 2017）。亦即，社會資本雖然有助於提高災後韌性、卻不是減少風險的萬靈丹。

　　前述研究結果有相當重要的政策意涵，在台灣，民眾在災後重建時期非常仰賴公民社會提供的資源與網絡來進行復原工作，本研究證實了公民社會之社會資本的貢獻，可能大於個體社會資本或網路科技的效應。另一方面，公民社會在提升台灣整體風險感知方面的影響卻十分有限，在 2014 年後的反核運動中，我們可以看到公民社會能夠有效動員並導致核四封存的決策，但是在 2018 年的核食或以核養綠公投當中，環境或反核團體並不能有效提供風險資訊與風險溝通的管道，在政府棄守公投議題之下，反而讓政黨政治動員主導投票偏好，顯示社會資本無法在這種複雜的科技風險議題上，改變民眾的風險感知，值得關注台灣環境與風險議題的公民與政治人物反思。

參考文獻

- 大谷順子著,徐濤譯,2010,《災難後的重生:阪神大震災對高齡化社會的衝擊》。台北:南天。

- 李宗勳,2015,〈災防的韌性治理與風險分擔之關聯及實證調查〉。《中央警察大學警察行政管理學報》11: 1-20。

- 李欣輯、楊惠萱、廖楷民、蕭代基,2010,〈水災社會脆弱性指標之建立〉。《建築與規劃學報》10(3): 163-182。

- 李香潔、盧鏡臣,2010,〈氣候變遷社會脆弱性的發展及其可能應用〉。《國研科技》25: 53-61。

- 杜文苓,2011,〈環境風險與科技政治:檢視中科四期環評爭議〉。《東吳政治學報》29(2): 57-110。

- 周士雄、施鴻志,2000,〈環境風險管理決策中之公眾認知探討——以地震災害減緩措施為例〉。《都市與計劃》27(3): 363-380。

- 周桂田,2003,〈從「全球化風險」到「全球在地化風險」之研究進路:對貝克理論的批判思考〉。《台灣社會學刊》31: 153-188。

- 周桂田,2007,〈獨大的科學理性與隱沒(默)的社會理性之「對話」:在地公眾、科學專家與國家的風險文化探討〉。《台灣社會研究季刊》56: 1-63。

- 周應恒、馬仁磊、王二朋,2014,〈消費者食品安全風險感知與恢復購買行為差異研究——以南京市乳製品消費為例〉。《南京農業大學學報:社會科學版》2014(1): 111-117。

- 林宗弘,2019,〈數位貧窮與天災風險資訊來源:來自臺灣傳播調查的證據〉。《新聞學研究》138: 133-164。

- 林宗弘,2017,〈天災風險知覺的數位落差:來自台灣傳播調查的證據〉。論文發表於「2017 中華傳播學會年會」。台北:國立台灣大學。

- 林宗弘,2012,〈非關上網?台灣的數位落差與網路使用的社會後果〉。《台灣社會學》24: 55-97。

- 林宗弘、李宗義,2016,〈災難風險循環:莫拉克風災的災害潛勢、脆弱性與韌性〉。頁 43-86,收錄於周桂田編,《永續與綠色治理新論》。台北:台灣大學風險研究中心。

- 林宗弘、蕭新煌、許耿銘,2018,〈邁向世界風險社會?台灣民眾的社會資本、風險感知與風險因應行為〉。《調查研究——方法與應用》40: 127-166。

- 林冠慧、吳珮瑛,2004,〈全球變遷下脆弱性與適應性研究方法與方法論的探討〉。《全球變遷通訊雜誌》43: 33-38。

- 林冠慧、林宗弘、張宜君、葉錦勳、劉季宇、詹忠翰、胡伯維,2017,〈地震、屋毀與傷亡:集集地震風險的因果分析〉。《都市與計劃》44(1): 83-112。

- 林冠慧、張長義,2015,〈脆弱性研究的演變與當前發展〉。《地理學報》77: 49-82。

- 洪鴻智、陳令韡,2012,〈颱洪災害之整合性脆弱度評估——大甲溪流域之應用〉。《地理學報》65: 79-96。

- 洪鴻智、盧禹廷,2015,〈沿海居民的氣候變遷與颱風洪災調適〉。《都市與計劃》42(1): 87-108。

- 馬纓、趙延東,2009,〈北京公眾對食品安全的滿意程度及影響因素分析〉。《北京社會科學》2009(3): 17-20。

- 張宜君、林宗弘,2012,〈不平等的災難:921 大地震下的受災風險與社會階層

化〉。《人文與社會研究集刊》24(2): 193-231。

● 張宜君、林宗弘，2013，〈數據的災難？九二一震災社會調查資料庫的現狀與限制〉。《思與言》51(1): 269-312。

● 曹建宇、張長義，2008，〈地震災害經驗與調適行為之比較研究——以臺南縣白河、臺中縣東勢居民為例〉。《華岡地理學報》21: 52-75。

● 許耿銘，2014，〈城市氣候風險治理評估指標建構之初探〉。《思與言》52(4): 203-258。

● 陳亭君、林耀盛、許文耀，2013，〈原住民與漢人族群的災變因應與心理適應關係探討：以莫拉克風災為例〉。《中華心理衛生學刊》26(2): 249 - 278。

● 陳亮全，2005，《水災與土石流風險認知調查執行報告》。台北：國家災害防救科技中心。

● 陳亮全、吳杰穎、劉怡君、李宜樺，2007，〈土石流潛勢區內居民疏散避難行為與決策之研究——以泰利颱風為例〉。《中華水土保持學報》38(4): 325-340。

● 陳婉琪、張恆豪、黃樹仁，2016，〈網絡社會運動時代的來臨？太陽花運動參與者的人際連帶與社群媒體因素初探〉。《人文及社會科學集刊》28(4): 467-501。

● 陳敏生、陳斐娟，2008，《防災社會經濟面弱勢族群的心理特性分析》。台北：行政院國科會專題研究報告。（編號：DOH97-TD-H-113-97011）

● 陳淑惠、張靜貞、李欣輯、楊惠萱、鄧傳忠、李香潔、郭彥廉、李洋寧，2010，《莫拉克颱風社會衝擊與復原調查（第一期）》。台北：國家災害防救科技中心。

● 傅仰止，章英華，杜素豪，廖培珊，2014，台灣社會變遷基本調查計畫2013第六期第四次：風險社會組（C00224_1）【原始數據】。取自中央研究院人文社會科學研究中心調查研究專題中心學術調查研究資料庫。doi:10.6141/TW-SRDA-C00224_1-1

● 傅祖壇、劉錦添、簡錦漢、賴文龍，2001，〈健康風險認知與香菸消費行為——台灣的實證研究〉。《經濟論文》29: 91-118。

● 黃榮村、陳寬政，1993，《嘉南地區整合型預警系統之需求特徵、風險知覺與防災經驗調查（二）》。行政院國家科學委員會專題研究計畫成果報告。（編號：NSC82-0414-P-002-018-B）

● 熊瑞梅、張峰彬、林亞鋒，2010，〈解嚴後民 社團參與的變遷：時期與世代的效應與意涵〉。《台灣社會學刊》44: 55-105。

● 趙子元、黃彙雯，2015，〈台灣老人福利與照護機構分布災害風險初探——以宜蘭縣為例〉。《福祉科技與服務管理學刊》3(1): 83-100。

● 鄭錫鍇，2004，〈社會資本建構與災害防救體系運作之研究〉。《競爭力評論》6: 9-40。

● 蕭新煌、許耿銘，2015，〈探悉都市氣候風險的社會指標：回顧與芻議〉。《都市與計劃》42(1): 59-86。

● Adger, W. Neil, 2003, "Social Capital, Collective Action, and Adaptation to Climate Change." *Economic Geography* 79(4): 387-404.

● Adger, W. Neil, 2006, "Vulnerability." *Global Environmental Change* 16: 268-281.

● Aldrich, Daniel P., 2012, *Building Resilience: Social Capital in Post-Disaster Recovery.* Chicago and London: University of Chicago Press.

● Aldrich, Daniel P. and Crook Kevin, 2008, "Civil Society as a Double-Edged Sword: Siting Trailers in Post-Katrina New Orleans." *Political Research Quarterly* 61(3): 379-389.

● Alexander, David C., 1993, *Natural Disasters.*

London: UCL Press, and New York: Chapman and Hall.

- Anbarci, Nejat, Monica Escaleras, and Charles A. Register, 2005, "Earthquake Fatalities: the Interaction of Nature and Political Economy." *Journal of Public Economics* 89(9-10): 1907-1933.

- Barnett, Julie and Glynis M. Breakwell, 2001, "Risk Perception and Experience: Hazard Personality Profiles and Individual Differences." *Risk Analysis* 21(1): 171-178.

- Beck, Ulrich, 1992, *Risk Society: Towards a New Modernity*. London: Sage.

- Beck, Ulrich, 1998, *World Risk Society*. Cambridge: Polity Press.

- Bogardi, Janos J., 2004, "Hazards, Risks and Vulnerabilities in a Changing Environment: theUnexpected Onslaught on Human Security?" *Global Environmental Change* 14: 361-365.

- Bolin, Bob, 2007, "Race, Class, Ethnicity, and Disaster Vulnerability." Pp. 113-129 in *Handbook of Disaster Research*, edited by Havidán Rodríguez, Enrico Quarantelli, and Russell Dynes. NY: Springer.

- Braun, Boris and Tibor Aßheuer, 2011, "Floods in Megacity Environments: Vulnerability and Coping Strategies of Slum Dwellers in Dhaka/ Bangladesh." *Natural Hazards* 58: 771-787.

- Dowling, Grahame R. and Richard Staelin, 1994, "A Model of Perceived Risk and Intended Risk-Handling Activity." *Journal of Consumer Research* 21: 119-134.

- Enarson, Elaine, 1998, "Through Women' s Eyes: A Gendered Research Agenda for Disaster, Social Science." *Disasters* 22: 157-173.

- Fothergill, Alice, 1996, "Gender, Risk, and Disaster." *International Journal of Mass Emergencies and Disasters* 14: 33-56.

- Fu, Yang-Chih, 2005, "Measuring Personal Networks with Daily Contacts: A Single-item Survey Question and the Contact Diary." *Social Networks* 27(3): 169-186.

- Hung, Hung-Chih, 2009, "The Attitude towards Flood Insurance Purchase When Respondents' Preferences are Uncertain: a Fuzzy Approach." *Journal of Risk Research* 12(2):239-258.

- Hung, Hung-Chih and Chen Ling-Yeh, 2013, "Incorporating Stakeholders' Knowledge into Assessing Vulnerability to Climatic Hazards: Application to the River Basin Management in Taiwan." *Climatic Change* 120(1-2): 491-507.

- IPCC, 2012, *Managing the Risks of Extreme Events and Disasters to Advance Climate. Change Adaptation*. A Special Report of Working Groups I and II of the Intergovernmental Panel on Climate Change, edited by Christopher B. Field, Vicente Barros, Thomas F. Stocker, Qin Dahe, David Jon Dokken, Kristie L. Ebi, Michael D. Mastrandrea, Katharine J. Mach, Gian-Kasper Plattner, Simon K. Allen,Melinda Tignor, and Pauline M. Midgley. Cambridge, UK, and New York, NY, USA: Cambridge University Press.

- Jones, Nikoleta, Julian Clark, and Georgia Tripidaki, 2012, "Social Risk Assessment and Social Capital: A Significant Parameter for the Formation of Climate Change Policies." *The Social Science Journal* 49(1):33-41.

- Keefer, Philip, Eric Neumayer, and Thomas Plümper, 2011, "Earthquake Propensity and the Politics of Mortality Prevention." *World Development* 39(9): 1530-1541.

- Kellens, Wim, Teun Terpstra, and Philippe De Maeyer, 2013, "Perception and Communication of Flood Risks: A Systematic Review of Empirical Research." *Risk Analysis* 33(1): 24-49.

- Klinenberg, Eric, 2002, *Heat Wave: A Social Autopsy of Disaster in Chicago*. Chicago, IL:

University of Chicago Press.

- Lin, Kuan-Hui Elaine, Hsiang-Chieh Lee, and Thung-Hong Lin, 2017, "How Does Resilience Matter? An Empirical Verification of the Relationships between Resilience and Vulnerability." *Natural Hazards* 88(2): 1229-1250.

- Lin, Nan, 2001, *Social Capital: A Theory of Social Structure and Action*. New York: Cambridge University Press.

- Lin, Thung-Hong, 2015, "Governing Natural Disasters: State Capacity, Democracy, and Human Vulnerability." *Social Forces* 93(3): 1267-1300.

- Norris, Fran H., Susan P. Stevens, Betty Pfefferbaum, Karen F. Wyche, and Rose L. Pfefferbaum, 2008, "Community Resilience as a Metaphor, Theory, Set of Capacities, and Strategy for Disaster Readiness." *American Journal of Community Psychology* 41: 127-150.

- Putnam, Robert D., 1995, "Tuning in, Tuning out: The Strange Disappearance of Social Capital in America." *Political Science and Politics* 28(4): 664-683.

- Renn, Ortwin, 2008, *Risk Governance. Coping with Uncertainty in a Complex World*. London: Earthscan.

- Roder, Giulia, Tjuku Ruljigaljig, Ching-Weei Lin, and Paolo Tarolli, 2016, "Natural Hazards Knowledge and Risk Perception of Wujie Indigenous Community in Taiwan." *Natural Hazards* 81(1): 641-662.

- Scheuer, Sebastian, Dagmar Haase, and Volker Meyer, 2011, "Exploring Multicriteria Flood Vulnerability by Integrating Economic, Social and Ecological Dimensions of Flood Risk and Coping Capacity: From a Starting Point View towards an End Point View of Vulnerability." *Natural Hazards* 58: 731-751.

- Sharma, Upasna, Anand Patwardhan, and D. Parthasarathy, 2009, "Assessing Adaptive Capacity to Tropical Cyclones in The East Coast of India: A Pilot Study of Public Response to Cyclone Warning Information." *Climatic Change* 94(1-2): 189-209.

- Slovic, Paul, 2000, *The Perception of Risk*. London, UK: Earthscan.

- Slovic, Paul, 2010, *The Feeling of Risk*. London, UK: Earthscan.

- Smit, Barry and Johanna Wandel, 2006, "Adaptation, adaptive capacity and vulnerability." *Global Environmental Change* 16: 282-292.

- Tunstall, Sylvia M., Sue M. Tapsell, and A. Fernandez-Bilbao, 2007, *Vulnerability and Flooding: A Re-analysis of FHRC Data Report*. Wallingford: European Community.

- Turner, Billie, 2010, "Vulnerability and Resilience: Coalescing or Paralleling Approaches for Sustainability Science?" *Global Environmental Change* 20: 570-576.

- Wisner, Ben, Piers Blaikie, Terry Cannon, and Ian Davis, 2004, *At Risk: Natural Hazards, People's Vulnerability and Disasters*. NY: Routledge.

- Wolf, Johanna, W. Neil Adger, Irene Lorenzoni, Vanessa Abrahamson, and Rosalind Raine, 2010, "Social Capital, Individual Responses to Heat Waves and Climate Change Adaptation: An Empirical Study of Two UK Cities." *Global Environmental Change* 20(1): 44-52.

- World Economic Forum, 2013, *Global Risk 2013*. Geneva: World Economic Forum.

- Zinn, Jens O. (Ed.), 2008, *Social Theories of Risk and Uncertainty: An Introduction*. Blackwell, Oxford, Blackwell: Oxford - Malden (MA).

第九章

知道了，行不行？
低碳社會轉型的民意基礎

許耿銘、蕭新煌、林宗弘、周桂田

一、前言

　　根據蕭新煌（2000）發表的「台灣民眾環境意識的轉變」調查結果，該研究比較 1986 年戒嚴時代與 20 世紀末的差異性，發現台灣民眾比以前更瞭解自然保育與維護自然環境的重要性，同時，也發現台灣民眾比過去更傾向「新環境典範」；而環保團體的關懷與擔憂又更甚於一般民眾。

　　後續的多篇研究（例如：蕭新煌 2001；周桂田 2004；Chou 2007, 2013）亦有類似的發現，台灣地區一般民眾仍強烈地希望環境保護與經濟發展能相容並蓄，甚至是環境保護多於經濟發展，顯然民眾對於此一爭議，長期具有一致性的觀點。因此無論從環境意識或是環境問題敏感度等，這樣的典範轉移仍持續進行中（paradigm shift is shifting），而且是朝向環境保護發展（蕭新煌1986）。

　　針對台灣地區環境問題真相的瞭解、經濟發展與環境保護之間的辯證關係、政府擬定政策與資源運用等議題發展，蕭新煌教授在台灣地區進行環境態度與認知的調查研究，可謂台灣此類主題研究的濫觴，並發現歷年來台灣民眾無論在環境意識和環境知識上都比前一波調查有所提升。

　　惟在 2017 年「邁向深度低碳社會：社會行為與制度轉型的行動」研究中，關於環境意識的題項是否仍有提升的趨勢；甚且，雖然台灣民眾對於環境議題與氣候變遷有相當程度的關切與察覺，但能否轉換為實際從事節能減碳的行為？低碳意識與低碳行為之間究竟是否一致或是存在差異性？這也是典型的紀登斯弔詭現象（Gidden's paradox）（Giddens 2009）命題。亦即，民眾在態度上有高度察覺氣候變遷的嚴重性，但卻缺乏實際的行動。

　　據此，本研究運用「邁向深度低碳社會：社會行為與制度轉型的行動」研究中電話訪問所得之初步民調結果，針對台灣民眾的低碳意識、環境意識以及認知程度，進行相關的分析、歸納及探討，說明與檢視目前台灣民眾在付諸節能減碳行動之際產生知行落差的實況。

二、文獻檢閱

　　全球的溫室氣體排放，都可能對全球的乘載能力（carrying capacity）造

成衝擊。近年來氣候異常現象，使得天然災害頻率增加、強度增強，高危險地區的風險更是大為提升（Anderson 2000）。而以高耗能、高排碳為基礎的經濟社會則為溫室氣體排放的結構來源。Urry（2011）指出當代的社會技術系統如何透過各種化石燃料為基準的推波，包括能源系統、運輸系統、耗能科技、建築系統等，發展成高碳運作體系，並結晶為高碳資本主義（high carbon captitalism），而此正是當代面臨溫室氣體增溫並導致氣候災難之根源。

面對此系統性風險，於 1992 年聯合國第一屆氣候變遷大會，國際上開始協議朝向環境保護、經濟繁榮、社會公平之永續發展。聯合國第六屆氣候變遷大會並於 1997 年通過《京都議定書》，開始定調世界各國包含先進工業國家與新興工業國家的減碳義務。在這個架構下，全世界各國政府被迫規劃與調整產業與經濟社會模式，而低碳社會概念的興起，則針對為了因應全球暖化所造成未來對環境、經濟、社會與生存等災難性的崩潰（dramatic collapse WBGU 2011），各國的經濟、產業社會運作需要從目前高耗能、高排碳、高資源耗用模式進行全面性的轉型。而 2015 年於巴黎召開第二十一屆聯合國氣候變遷大會（COP21）世界各國所簽訂的《巴黎協定》（Paris Agreement）為近年最具國際協議效力與共識的公約。因此，低碳社會的概念，伴隨著二氧化碳減碳、能源轉型、經濟社會模式轉型等，在全球各地發酵與驅動。

相對於全球，過去台灣為了追求快速的經濟成長，並進行後進追趕先進工業國家，採行能源密集、高排碳與高污染的能源及產業模式（Chou and Liou 2012），這樣的發展，事實上是以環境、健康、勞動權益為代價的褐色經濟。然而，此種犧牲體系（周桂田、王瑞庚 2016）在當前不但面對國際氣候減碳的壓力，在國內也面臨產業轉型與被其他發展中國家追趕上的競爭壓力。

事實上，氣候變遷已經造成跨越疆界、跨領域、跨空間、大尺度的衝擊挑戰，需要建構新的研究與治理視角（Bulkeley 2001, 2005；Chou 2007；周桂田 2017），並已經成為新的顯學。不只在巨觀的架構上，氣候災害所引發的各種生命、財產或公共領域的損失，已經高度侵入人們的日常生活運作，需要從微觀的角度來進行分析（Jasanoff 2010）。Jasanoff 指出國際上 IPCC 所提供的氣候評估知識為一定尺度的認識（scales of knowing），她認為社會科學需進一步的延伸到掌握影響、改變人們行為的意義尺度（scales of meaning）（Jasanoff 2010；周桂田 2017）。

　　如果回溯到 Lash（1994）批判性的分析當代工業社會的風險文化，其指出工業社會的風險、科學的不確定性與對人們生存安全的威脅衝擊到了人們日常生活之行動、倫理的判準，進而從認同與倫理（美學）感知的質疑進一步引發了對工業社會的反身性批判。簡言之，觀察現代性或工業社會轉型需從檢證人們的風險感知開始，後者提供了社會轉型的徵候。而 Beck（2015）也延伸了這個問題，指出文化、日常生活美學感知的變動，擴大了風險社會微觀的批判視野，並提供了一個社會驅動典範轉移的基礎，他引申 Chou（2013）分析台灣公眾氣候變遷感知的變遷，指出該分析所強調公眾對氣候與能源感知的轉向，顯示該社會已經具備驅動典範轉移的基礎（周桂田 2017）。

　　根據世界銀行的《天然災害熱點：全球風險分析》（*Natural Disaster Hotspots: A Global Risk Analysis*）報告指出，台灣同時暴露出三種以上的天然災害之土地面積為 73%，同時面臨三種以上災害威脅的人口也將近 73%，是世界上最容易受到天然災害威脅的地方（Dilley et al. 2005）。相對於氣候災害的威脅，2012、2015 年針對公眾對氣候風險感知的跨年調查上顯示，台灣社會民眾已經高度認知到氣候變遷的威脅、支持低碳能源系統（包括支持調高電價發展再生能源、支持能源稅等），同時具備了經濟、環境與社會發展的轉換反省（支持政府調整高耗能、高排碳與高污染的產業等），總體而言處於政府、企業與社會之間結構性的轉型緊張關係（Chou 2013；周桂田 2017）。

　　除了上述微觀的氣候風險感知之外，另一方面，無論是氣候的高度不確定性與大規模災害的脆弱因子，以及對應需具備防範與處置之能力，皆可視為氣候治理之風險要素（許耿銘 2014）。特別是於國內外如莫拉克颱風、珊迪颶風等相繼造成嚴重災害之後，台灣民眾對於天災所造成的新興社會問題更加重視。因此，以上述研究的基礎，我們亟需進一步觀察整體社會對邁向低碳社會的態度、政府的治理手段的支持度，特別是民眾態度與行為間的關聯。

　　Oskamp（2000）即表示因為環境對人的反撲來自人對環境的作為，唯有改變人的行為和社會組織，才有改變地球的可能性。而此僅有在人類從控制環境的迷思中覺醒，重建與自然和諧共處的價值觀才能達成。人們一旦察覺出環境的危險，規避風險與改變行動似乎是順理成章的反應；惟在此背景之下，台灣的一般民眾是否會因其對於低碳社會的態度，改變生活方式與行為習性，值得我們進行長期性問卷觀察的比較與探討。

（一）台灣民眾的低碳意識

近年來，因應氣候變遷與全球暖化，台灣民眾的環境意識也逐漸提升，在八八風災過後，約有七成的民眾對極端氣候現象變得更加關心，並有五成的民眾開始有意識地在日常生活中節能減碳（環境資訊中心 2010）。然而，在當今政府所需提供服務不斷擴張的實際狀況來看，相對於其他社會政策，暖化效應對民眾的生活影響深遠且具有難以預測性，故有立即推動的必要性。

針對此一公共問題，為順應全球邁向低碳社會的新潮流，我國政府除了積極推動節能減碳之相關政策，更重要的是瞭解一般民眾在朝向低碳社會的過程中，目前所具備的個人低碳態度、行為以及對於相關政策的瞭解和支持程度，藉以提供政府未來規劃邁向深度低碳社會時之參考。

1. 環境意識調查

彙整了目前國內現有之文獻，可以發現有關於環境意識的調查，不少是學位論文，且以個案研究方式進行；期刊的部分，則像是探討特定區域居民的環境行為與環境意識，例如：台南老街的居民環境意識（劉淑惠、淺見泰司 2001），以及溫泉旅遊地環境意識與開發行為（黃淑娥等 2011）。

在台灣現有環境課題的相關論著中，常見設定某一特定地區或某種群體，繼之以環境意識做為討論標的，相對較少以大範圍區域探討居民的環境意識，同時以台灣地區和一般民眾的環境意識為研究主題者，更是付之闕如。惟發現自 1980 年代開始，本文作者之一即關注台灣民眾的環境意識、環境運動與落實環境保護的做法，且著手進行台灣環境正義與環境意識調查分析（紀駿傑、蕭新煌 2003）。

2. 台灣環境意識與氣候風險感知調查之回顧

根據相關的研究，例如：蕭新煌（2000，2001）；蕭新煌、尹寶珊（2001）；周桂田（2004）；Chou（2007），台灣的環境典範持續轉移中。

這樣的現象轉移到更具體的氣候變遷風險感知調查，也有相類似的結果。在 2012 年與 2015 年的調查中，在氣候變遷的嚴重性、環境與經濟發展典範轉移、個人行動、世代正義、低碳能源與永續發展、願付代價、婉拒環境

補貼、公民參與及風險溝通、企業社會責任等面向上，都表徵出強烈的典範轉移要求，並質疑政府治理及企業是否善盡社會責任，可以說，這兩次的跨年問卷顯示政府、社會與企業處於結構性的緊張關係，尤其是針對氣候、能源、產業轉型等面向（Chou 2013；周桂田 2017）。這兩次的問卷調查，根據2012 年的問卷調查結果顯示，有 55.8% 的民眾，而 2015 年則有 56.9% 的民眾並沒有「採取對抗或減緩氣候變遷的行動」，還能值得我們進行更進一步的觀察民眾態度與行為改變的關聯性，提供總體性的社會轉型、政府治理與政策推動的相關思考。

（二）計畫行為理論

在現代社會的公共政策運作過程中，一方面常見民眾向政府機關（公權力）挑戰，但另一方面卻有一些公民對政治事務幾乎都不感興趣。事實上，台灣一般民眾對於台灣整體環境具有普遍性的關懷（蕭新煌 2000）。然而，在一波波「節能減碳」或「環境教育」宣傳活動中，民眾的低碳意識與作為之間是否一致？即使大部分民眾已具有低碳意識與認知，究竟能否落實節能減碳觀念？民眾低碳意識到以行動進行減碳行為之間，是否存在落差？

Ajzen（2002）認為，人類行為受到主觀規範（subjective norm）、行為態度（attitude toward the behavior）、行為控制知覺（perceived behavioral control）三個因素所影響，並提出「計畫行為理論」（theory of planned behavior，以下簡稱 TPB）。TPB 其中一概念即指出，認知能反映人對於行為的意願，可將其用以預測行為（沈盛達、邱弘毅 2014: 74）。實際上，TPB 之前身為「推論述的行為理論」（theory of reasoned action，以下簡稱 TRA），無論是 TPB 或是TRA，已經成功地被廣泛應用在許多行為的研究中（余宗龍、李永祥 2013）。

因此，本文試圖藉由 Ajzen（1985）之 TPB，探討台灣一般民眾對低碳社會和低碳生活方式願景的認識和支持程度，並認為個人表現特定行為是受個人的「行為意圖」（behavioral intention）影響，而行為意圖則是共同取決於個人對此行為的態度（attitude）、主觀規範（subject norm）與認知中的行為控制（perceived behavioral control）。

三、研究設計

本研究以問卷調查為研究工具，包含關於個人的低碳態度和行為、政府的制度和政策兩大部分，並採用李克特五點態度量表（Likert Scale）做為衡量基準。筆者欲探討的主題為台灣民眾在低碳社會方面行為意向影響程度的比較分析。因此，本研究乃以年滿 18 歲，且家中有電話之民眾為調查母體；而調查訪問地區則為台灣地區（含澎湖），以及福建省連江縣與金門縣。

此次問卷，委託中央研究院調查研究中心以電話訪問進行資料蒐集工作，採分層多階段隨機暨戶中抽樣法（random digit dialing using stratified multi-stage probability proportional to size, within household sampling），於 2017 年 7 月 17 日至 8 月 7 日期間進行正式訪問，最後實際完成總案數為 1,211 案。

四、研究分析

本文三個主要探討的內容分別為：「整體環境意識趨勢」、「日常節能減碳行為」、「對於低碳政策的態度」。不同於以往只對環境污染問題認知程度的關注，進而採取較具理論意涵與時代前後比較的角度，探索不同個人背景變項迎接低碳社會的意識形態、政府作為以及社會變遷的關係。

（一）台灣民眾的整體環境意識趨勢

倘若以個人背景變項角度而言，此次（2017 年）與過去（1983 年、1985 年、1999 年、2001 年）的環境意識調查結果有部分相似之處。以下將分項予以說明。

1. 環境問題的理解度

首先，檢視台灣民眾對於節能減碳與能源等相關基本知識之瞭解程度。如表 9-1 所示，從 2017 年的實證調查中可得知，就「台灣的主要能源來自於煤炭、石油、天然氣等能源，請問您瞭不瞭解？」題項來看，有 69% 的民眾表示瞭解；高達 86.8% 的民眾表示瞭解「使用煤炭、石油、天然氣等能源容易產生許多二氧化碳」（請參見表 9-2）；此外，同意「節約能源就是在減少二氧化碳的排放」的民眾有 92.8%（非常同意 63.7%，同意 29.1%）（請參見表 9-3）。

表 9-1	台灣的主要能源來自於煤炭、石油、天然氣等能源，請問您瞭不瞭解？
項目	**百分比**
瞭解	69%
不瞭解	30.1%
不瞭解題意	0.7%
拒答	0.2%

資料來源：本研究。

表 9-2	使用煤炭、石油、天然氣等能源容易產生許多二氧化碳，請問您瞭不瞭解？
項目	**百分比**
瞭解	86.8%
不瞭解	12.8%
不瞭解題意	0.4%

資料來源：本研究。

表 9-3	節約能源就是在減少二氧化碳的排放，請問您同不同意？
項目	**百分比**
非常同意	63.7%
同意	29.1%
普通	0.3%
不同意	3.8%
非常不同意	1.4%

資料來源：本研究。

2. 環境問題的傷害性

其次，檢視台灣民眾對具體周圍生活環境，甚至是對整個生態運作可能遭受的破壞是否認同。如表 9-4 所示，從 1985 年的資料分析結果而言，民眾認為環境問題最主要造成以下兩大危害：「影響公共衛生造成疾病（78.5%）」以及「造成對人類生存必需物資如食物、水、空氣的污染（71.2%）」；認為會「造成自然災害（如水災、山洪暴發）」僅有 46%，選擇「造成自然界的改變，如氣候改變、海洋變化」也只有 25.6%。

表 9-4　1985 年「您認為環境問題會造成哪些傷害？」之調查

項目	百分比
影響公共衛生造成疾病	78.5%
造成對人類生存必需物資如食物、水、空氣的污染	71.2%
造成人類心理上的傷害	47.9%
造成自然災害（如水災、山洪暴發）	46%
對資源的破壞如礦產、農田、河流、土壤等	44.7%
對各種野生動物、鳥類及植物的傷害	28.1%
造成自然界的改變，如氣候改變、海洋變化	25.6%

資料來源：蕭新煌，1985。

對照 2017 年實證調查（請參見表 9-5）「全球暖化會對台灣環境造成災難性的影響，請問您同不同意」，對此有 54.1% 的受訪者非常同意、31.4% 的受訪者同意。甚且其中有 87.1% 的受訪者，認為是受到氣候冷熱極端無常的影響，與 1985 年的 25.6% 相較，實有天壤之別。

表 9-5　2017 年「全球暖化會對台灣環境造成災難性的影響，請問您同不同意？」

項目	百分比
非常同意	54.1%
同意	31.4%
普通	0.2%
不同意	7.4%
非常不同意	4.4%

資料來源：本研究。

承前所述，得知許多民眾意識到台灣國土遭受各領域程度不一的污染與破壞。事實上，台灣幅員狹小，人口密集，經濟發展迅速，資源濫用和公害型態與自然生態破壞之事實，比其他許多國家都還要來得強烈。

3. 自然災害的嚴重性

　　由表 9-5 的資料可觀察到，民眾於 2017 年對於環境災害的意識，比起 1985 年有大幅提升。認為自然災害（水災、風災、旱災等）對於台灣影響的嚴重程

度，由 1985 年的調查結果而言（請參見表 9-6），認為嚴重（33.58%）與非常嚴重（5.72%）共計有 39.3%，相對於認為不嚴重（41.47%）與一點都不嚴重的（3.63%）共計有 45.1%，顯見認為不嚴重者呈現相對多數；以 2017 年的調查結果觀之（請參見表 9-5），單以「非常同意」一項就有 54.1% 的受訪者選擇，若再加上「同意」的 31.4%，則高達 85.5%。由此可知，推測近幾年的自然環境對於台灣環境造成災難性的影響，民眾是越來越有感且亦發關注生活四周的環境變化。

表 9-6　1985 年「您覺得自然災害是否在台灣造成災難性的影響？」	
項目	百分比
非常嚴重	5.72%
嚴重	33.58%
不嚴重	41.47%
一點都不嚴重	3.63%
不知道	15.61%

資料來源：蕭新煌，1985。

4. 環境問題的解決方法

表 9-7　1985 年「環境問題的解決方法」	
解決方法	合計*
減少各種污染	79.7%
加強有關環境公害法令的制定與執行	62.8%
推廣環境教育	61.7%
加強對工廠管制	56.2%
降低人口成長	46.2%
謹慎的土地規劃與使用	38.4%
節約能源的消耗	36.5%
完善的運輸系統	27%
野生動物的保護	23.7%

* 表中百分比是以全樣本為單位回答「是」的百分比。
資料來源：蕭新煌，1985。

　　誠如上述的資料分析結果，反映出台灣民眾已深刻感受到近幾年自然災害與氣候暖化造成的影響，惟在民眾的心目中是否試著尋求或認同的解決方法呢？在表 9-7 中，根據 1985 年的調查結果，僅有 27% 的受訪者認為「完善的運輸系統」是解決環境問題的方法；但反觀 2017 年的調查，針對「政府應該建立完整的低碳交通系統」，有約九成（非常同意 60.1%，同意 30.6%）的受訪者支持（請參見表 9-8），推測有可能因為低碳交通運輸不僅具備監督道路狀況、號誌系統管理，同時也能夠透過節能與促進健康的方式來維護城市交通系統，進而讓民眾瞭解並認同其重要性。

　　1985 年，有 36.5% 的受訪者認為「節約能源的消耗」是重要的（請參見表 9-7）；相對地，在 2017 年調查中，認為節約能源行動很重要的受訪者，有九成五（非常同意 66.6%、同意 28.4%）（請參見表 9-9）。

表 9-8　2017 年「政府應該建立完整的低碳交通系統」	
項目	百分比
非常同意	60.1%
同意	30.6%
普通	.1%
不同意	3.6%
非常不同意	2.6%
不知道	2.7%
拒答	0.2%
非常不同意	4.40%

資料來源：本研究。

表 9-9　2017 年「節約能源的行動對減少全球氣候風險有幫助」	
項目	百分比
非常同意	66.6%
同意	28.4%
普通	2.7%
不同意	1.2%
非常不同意	1.0%

資料來源：本研究。

　　承前所述，環境問題的產生已引起台灣民眾的重視，同時，由於環境問題牽涉的面向十分廣泛，含括民眾的身體健康、安全甚至是生態體系的均衡發展，從地方性的問題到全國性綜合發展政策都存有相互的連結關係。由不同時期的調查數據可知，民眾對於環境問題的認知，會隨著時空的變遷而有改變。

5. 核能存廢？

　　現階段因應全球氣候變遷，各國政府為了達成減碳目標，並同時兼顧能源安全，節能減碳已被列入永續發展工作重點，其中，能源部門減碳策略是影響氣候變遷的關鍵因素。台灣早期為確保穩定提供電力，政府決定興建核能發電廠，但核安問題引發大家關注，因此「核能電廠存廢」問題便成為我國能源發展範疇中的一個重要議題。

　　政府對於核四相關議題的政策研議討論，包括核能安全、減核規劃及我國能源政策等，應將台灣民眾的意見納入政策考量。針對核能安全性的看法，依據蕭新煌教授於 1986 年的研究，當年民眾已經傾向認同核電是具危險性的。不過值得吾人關注的是，當時約 30% 的受訪者，在回答有關核能危險性的相關題項時，是答覆「不知道」的，而於 1999 年的調查中，對核能問題回答「不知道」的比例，則已經大幅降低至 10% 以下。

　　藉由對照 1986 年與 1999 年兩次調查報告的結果，並檢閱 2017 年調查報告（請參見表 9-10），可發現認為「非常同意」與「同意」核能電廠具有高度風險的民眾，各佔 38.3% 與 37.8%，回答「不知道」的比例則僅為 4.2%。

表 9-10　2017 年「有人說核能電廠具有高度風險，請問您同不同意？」	
項目	百分比
非常同意	38.3%
同意	37.8%
普通	0.2%
不同意	13.2%
非常不同意	5.9%
不知道	4.2%

資料來源：本研究。

實際上，經過日本於 2011 年 3 月 11 日因地震引發的福島核電災害之後，各國有關廢核、非核等爭論性議題，越來越受到民眾的關切。對於台灣而言，尤其是已爭議多年的「核四」議題，政府已經於 2018 年正式宣布未來將不再啟動。針對「核能議題」而言，涵蓋的範圍相當廣泛，國際上目前為止仍然是爭論不休，迄今全球各國尚未找出較具體可行的解決方案。不論是支持或反對核能發電的方式，皆應盡其所能蒐集資訊，俾利針對此項爭議有更為完整的瞭解。

6. 獲知環境問題的資訊管道

現代發達的科技，引領最新資訊透過多元的傳播工具，進入到每個人的生活，進而影響其環境意識。從 1985 年的樣本資料中得知民眾認為最有效的資訊管道，前三名分別為：(1) 電視（84.5%）、(2) 報紙雜誌（66.9%）、(3) 收音機廣播（18.4%）。

表 9-11	2017 年「您經常會因為新聞媒體【例如報章雜誌、電視、網路新聞等】的宣傳，得到有關環境問題的消息，進而減少二氧化碳排放的行為？」
項目	百分比
非常同意	36.9%
同意	42.7%
普通	0.3%
不同意	12.2%
非常不同意	5.5%
不知道	2.3%

資料來源：本研究。

由於許多民眾覺得環境危機是不可避免的，但是否已認知到環境問題的複雜性及其急迫性，進而關心或留意該如何解決環境問題？當前能夠真正預防和解決環境問題的方法有哪些？抑或是只能束手無策地讓情況惡化下去呢？

然而，吾人可從表 9-11 發現，依據 2017 年的調查數據，受訪民眾會因為新聞媒體的宣傳，得到有關環境問題的消息，進而減少二氧化碳排放行為的比例，表示同意（42.7%）與非常同意（36.9%）者將近八成（79.6%）。基於此一

情況而言，推測透過傳播媒體的宣傳，增加民眾收到訊息的機會，確實達到提供資訊給民眾的目標，顯見民眾在理念上，是願意配合採取減緩（mitigation）行為。

（二）台灣民眾的日常節能減碳行為

當全球議題聚焦在環境永續時，順應時代的變遷，同時，網路改變了人們的生活型態，民眾的低碳與能源相關資訊取得管道大幅增加許多，倘若希冀為未來的氣候變遷政策及早做準備，不僅需要民眾自我節制碳排放之外，更重要的關鍵在於政府機關如何在政策形成過程中，將民眾的意見納入施政考量。通常缺乏民意的政策推行，往往會窒礙難行，民意爰為影響推動政府公共政策之重要因素。據此，本研究旨在探討台灣民眾低碳意識及低碳行為之間的關聯性，就所得到的數據資料進行討論。

其中個人方面，42.7% 的民眾總是參加節約能源的活動（總是 14.6% ，經常 28.1%）（請參見表 9-12）；36.4% 的民眾總是以走路與自行車取代開車或騎機車（總是 11.3% ，經常 25.1%）（請參見表 9-13）；40.2% 的民眾總是為了節省能源而多走樓梯，少搭電梯（總是 10.7% ，經常 29.5%）（請參見表 9-14）；65.3% 的民眾非常願意設置新型數位電表或智慧電表，讓能源達到最佳效用（非常願意 24.4% ，願意 40.9%）（請參見表 9-15）。

表 9-12　2017 年「請問您常不常參加節約能源的活動？」	
項目	百分比
總是	14.6%
經常	28.1%
偶爾	17.7%
不常	17.3%
從不	21.7%
不知道	0.4%

資料來源：本研究。

表 9-13　2017 年「請問您常不常以走路與自行車取代開車或騎機車？」	
項目	百分比
總是	11.3%
經常	25.1%
偶爾	29%
不常	22.7%
從不	9.5%
不知道	2.1%

資料來源：本研究。

表 9-14　2017 年「請問您常不常為了節省能源而多走樓梯，少搭電梯？」	
項目	百分比
總是	10.7%
經常	29.5%
偶爾	34.7%
不常	12.5%
從不	11.1%
不知道	1.3%

資料來源：本研究。

表 9-15　2017 年「請問您願不願意設置新型數位電表或智慧電表？」	
項目	百分比
非常願意	24.4%
願意	40.9%
普通	0.1%
不願意	26.3%
非常不願意	4.6%
不知道	3.6%

資料來源：本研究。

表 9-16　2017 年「請問您支不支持非核家園的理念？」

項目	百分比
非常支持	33.9%
支持	38.6%
普通	1.4%
不支持	12.1%
非常不支持	8.8%
不知道	4.9%

資料來源：本研究。

　　其次，72.5% 的民眾支持非核家園的理念（非常支持 33.9%，支持 38.6%）（請參見表 9-16）；非常同意全球暖化對台灣環境造成災難性影響的民眾約有五成（請參見表 9-5）；66% 的民眾停車會因等候時間太長而熄火（請參見表 9-17）。綜上所述，得知大多數民眾是具有環境保護的行為傾向。

表 9-17　2017 年「如果開車或騎車，請問您停車會不會因等候時間太長而熄火？」

項目	百分比
會	66%
不會	31.8%
不知道	2.2%

資料來源：本研究。

　　再者，筆者特別希冀探詢全球暖化是否直接影響民眾的個人生活。舉例而言，調查結果指出 17.1% 的民眾覺得自己的日常生活「總是」被全球暖化影響，32.9% 的民眾覺得自己的日常生活「經常」被全球暖化影響，28.8% 的民眾覺得自己的日常生活「偶爾」被全球暖化影響（請參見表 9-18）；其中，更分別有高達九成與八成的民眾認為深刻感受到氣候冷熱極端無常與天然災害增加所帶來的影響。

表 9-18　2017 年「請問您覺得自己的日常生活常不常被全球暖化影響？」	
項目	百分比
總是	17.1%
經常	32.9%
偶爾	28.8%
很少	12.6%
從不	6.4%
其他	0.2%
不知道	2%

資料來源：本研究。

（三）從台灣民眾的環境意識檢視低碳行為

誠如前述，現階段大多數台灣民眾皆已意識到低碳行動的重要性和急迫性，同時，政府目前節能減碳的相關政策法令仍有進步的空間。雖然如此，即使台灣民眾已清楚知道地球暖化確實正在發生，但民眾是否真的瞭解到底該如何實踐？大家是否真的明白要如何去改善？是否真的願意踏實地去執行？

現階段我國政府藉由政令宣導，強化民眾在永續課題與節能減碳知行合一的能力與精神。若以計畫行為理論觀之，學者 Ajzen（1991）指出只有在人們得以依其自由意願選擇是否行使該行為時，才能夠以使用者的意圖來預測行為表現。事實上，現實生活中大多數的行為受限於是否具備必要的機會與資源，這些要素皆代表使用者對於行為的真實控制。亦即個人行為會受到三個主要因素的影響，即為 1. 整體態度：是指個人對人、事、物或行為所抱持的正面或負面的評價；2. 主觀規範：是由規範信念和依從動機構成；3. 知覺行為控制：意指個人是否能夠擁有機會和資源去執行行為，當個人在日常生活中面對需要選擇的時候，自己感知能夠控制行為的程度。在本研究中，筆者主要期許透過整合台灣民眾個人的「態度」與「知覺行為控制」，探析其低碳行為。

首先，就「知」的觀點而言，態度與行為意圖兩者為正向關係，當個人認為從事該行為將會導致愈多正面的結果時，對於從事該行為將具有愈多喜愛的態度，行為意圖則愈強；反之，則否（Ajzen 1985）；其次，主觀規範與行為意圖為正向關係，當個人從事該行為所感受到的社會期待愈大，且對於從事該行為之主觀規範愈強，行為意圖亦愈高。

依據此次的問卷結果，不僅民眾已深刻感受到自己的日常生活「經常」或「偶爾」被全球暖化影響，亦約有六成的民眾非常同意「節約能源的行動對減少全球氣候風險有幫助」（請參見表 9-9），其中，「氣候冷熱極端無常」與「天然災害增加」更是兩大顯見的現象；甚且，54.1% 的民眾認為全球暖化會對台灣環境造成災難性的影響（請參見表 9-5），亦即，民眾在氣候變遷與能源相關議題方面已具有高度風險的認知。

其次，倘若從「行」的面向觀之，筆者發現到民眾在生活習慣上已做出一些相對應「低成本」的行為改變，舉例而言：全台將近九成多的民眾在日常生活中總是會做到隨手關水龍頭以避免水一直流與隨手關閉電源（請參見表 9-19 和表 9-20）；又如：將近半數民眾非常願意優先選購排放較少二氧化碳的產品（請參見表 9-21）。

表 9-19　2017 年「請問您常不常隨手關閉水龍頭避免水一直流？」

項目	百分比
總是	68%
經常	31%
偶爾	0.5%
不常	0.1%
從不	0.1%
不知道	0.2%

資料來源：本研究。

表 9-20　2017 年「請問您常不常隨手關閉電源？」

項目	百分比
總是	51.9%
經常	44.3%
偶爾	2.7%
不常	0.7%
從不	0.1%
不知道	0.2%

資料來源：本研究。

表 9-21	2017 年「請問您願不願意優先選購排放較少二氧化碳的產品？」
項目	百分比
非常願意	51.2%
願意	41%
不願意	4.7%
非常不願意	1%
不知道	2.1%

資料來源：本研究。

再者，除了日常生活習慣的逐步調整之外，倘若結合國際稅收政策的趨勢，政府認為需要課徵或增加能源與環境污染的相關稅賦。惟因當民眾增加賦稅的高成本，是無法獲得多數民眾的贊同。

然而，有些研究也發現認知並不必然影響其行為，當人缺乏一些可用的資源或機會，即便本身具有較高的主觀規範與態度，仍會降低行為意圖（Ajzen 1985 1991; Kaiser et al. 2007）。

筆者觀察 2017 年的調查資料，即使台灣民眾對於減少碳排放行為多數抱持正向態度，但當進一步問及是否「願意配合加稅」，則有將近半數（48.7%）的民眾表示不願意（請參見表 9-22）；超過半數（54%）的民眾也表示不願意配合漲價（請參見表 9-23）。

尤有甚者，上述提及皆為探詢民眾個人所需花費的成本，顯然持反對意見的民眾居多，但是當配合加稅的對象設定為在台灣的企業，對於民眾而言，自己個人所掌握的機會與資源多寡並未受到影響，自身所預期受到阻礙愈少。因此問卷調查結果顯示，全台僅有兩成民眾不同意，其餘受訪民眾皆表示同意，甚至認為應增加 6% ～ 10% 的民眾佔最多數。

表 9-22　2017 年「請問您願不願意配合加稅，來節能減碳以保護台灣環境？」

項目	百分比
願意，加31%或以上	1.1%
願意，加26-30%	0.5%
願意，加21-25%	0.3%
願意，加16-20%	2.2%
願意，加11-15%	1.8%
願意，加6-10%	12.9%
願意，加5%或以下	28.7%
不願意	48.7%
不知道	3.7%

資料來源：本研究。

表 9-23　2017 年「請問您願不願意配合漲價，來節能減碳以保護台灣環境？」

項目	百分比
願意，加31%或以上	0.7%
願意，加26-30%	0.5%
願意，加21-25%	0.2%
願意，加16-20%	1.9%
願意，加11-15%	0.8%
願意，加6-10%	11.7%
願意，加5%或以下	27.4%
不願意	54%
不知道	2.5%

資料來源：本研究。

　　換言之，台灣民眾對於節能減碳的理念與態度，評估結果為正向；然而，當執行低碳行為必須將個人可利用資源或成本納入考量時，民眾的行為選擇偏好卻趨為負向，顯見民眾在節能減碳的知行合一之間確實有落差。

（四）台灣民眾對於低碳政策的態度

在本研究中，除了透過爬梳相關文獻，瞭解不同個人背景變項在過去調查與此次研究之間的差異，亦希冀探討同一個人背景變項在「知」與「行」之間的差異。特別是檢視民眾在瞭解與知悉環境問題的重要性之後，能否將其轉換為對於相關實際政策的支持或自身在外顯行為的表現，並加上個人變項之觀察。

根據表 9-24 之內容，在與政府政策相關之題項中，「有人說，『政府應該徵收能源稅』」、「請問您願不願意配合加稅，來節能減碳以保護台灣環境？」、「在台灣的企業必須配合加稅來節能減碳以保護台灣環境？」、「請問您願不願意配合漲價，來節能減碳以保護台灣環境？」與「如果未來有人用電越多，每度的電價增加比例比現在更高」，皆屬於直接詢問民眾願不願意負擔有關的金錢以保護環境。若從性別的個人變項而言，僅有「請問您願不願意配合漲價，來節能減碳以保護台灣環境？」有顯著性差異，且其男性之平均數高於女性。

其次，若從婚姻的個人變項而言，包含「如果未來有人用電越多，每度的電價增加比例比現在更高」、「在台灣的企業可以享有油價、電價補貼」、「政府應該建立完整的低碳交通系統」之題項有顯著性差異，且未婚皆高於已婚，可能原因為已婚需負擔家庭扶養，較不支持提高稅率及漲價。

再者，從收入面向觀之，是以調查（2017）年度之經常性薪資——4 萬元為基礎區分為兩類，其中僅有「請問您願不願意配合加稅，來節能減碳以保護台灣環境？」、「在台灣的企業必須配合加稅來節能減碳以保護台灣環境？」、「請問您願不願意配合漲價，來節能減碳以保護台灣環境？」與「如果未來有人用電越多，每度的電價增加比例比現在更高」有顯著性差異，平均數皆為較高收入者大於較低收入者，可能與高收入者較有經濟能力負擔漲稅、漲價的費用。相對地，「在台灣的企業可以享有油價、電價補貼」與「請問您同不同意政府積極推動風力、太陽能等能源發展？」較屬於環境相關政策面，反而為低收入者較為支持。

表 9-24　民眾對於低碳政策的支持或自己外顯行為的表現

題項	個人變數											
	分類（平均數）	t檢定（顯著性）	分類（平均數）	t檢定（顯著性）	分類（平均數）	t檢定（顯著性）	分類（平均數）	t檢定（顯著性）	分類（平均數）	t檢定（顯著性）	分類（平均數）	t檢定（顯著性）
25. 有人說，「政府積極限制高耗能產業的發展」	男 (3.35) 女 (3.30)	.613 (.540)	未婚 (3.39) 已婚 (3.29)	1.097 (.273)	低收入 (3.31) 高收入 (3.34)	-.279 (.780)	無未成年小孩 (3.31) 有未成年小孩 (3.32)	-.116 (.908)	專科以下 (3.24) 大學以上 (3.42)	-2.193* (.029)	不常參加節能活動 (3.25) 常參加節能活動 (3.41)	-1.825 (.068)
26. 在台灣的企業可以享有油價、電價補貼	男 (2.69) 女 (2.96)	-3.082** (.002)	未婚 (2.97) 已婚 (2.77)	2.057* (.040)	低收入 (2.94) 高收入 (2.64)	3.225** (.001)	無未成年小孩 (2.82) 有未成年小孩 (2.84)	-.309 (.758)	專科以下 (2.81) 大學以上 (2.86)	-.520 (.603)	不常參加節能活動 (2.90) 常參加節能活動 (2.74)	1.841 (.066)
28. 請問您支不支持政府補助民間購買電動車？	男 (4.17) 女 (4.15)	.297 (.767)	未婚 (4.13) 已婚 (4.17)	-.469 (.639)	低收入 (4.17) 高收入 (4.17)	.002 (.998)	無未成年小孩 (4.08) 有未成年小孩 (4.25)	-2.543* (.011)	專科以下 (4.16) 大學以上 (4.15)	.068 (.946)	不常參加節能活動 (4.10) 常參加節能活動 (4.24)	-2.186* (.029)
31. 有人說，「政府應該徵收能源稅。」	男 (3.13) 女 (3.08)	.634 (.526)	未婚 (3.14) 已婚 (3.09)	.567 (.571)	低收入 (3.00) 高收入 (3.31)	-3.359** (.001)	無未成年小孩 (3.11) 有未成年小孩 (3.10)	.002 (.998)	專科以下 (2.95) 大學以上 (3.31)	-4.034*** (.000)	不常參加節能活動 (3.03) 常參加節能活動 (3.20)	-1.879 (.060)
32. 有人說，「政府應該建立完整的低碳交通系統。」	男 (4.42) 女 (4.51)	-1.779 (.075)	未婚 (4.55) 已婚 (4.43)	2.204* (.028)	低收入 (4.47) 高收入 (4.47)	.152 (.879)	無未成年小孩 (4.43) 有未成年小孩 (4.52)	-1.698 (.090)	專科以下 (4.41) 大學以上 (4.54)	-2.626** (.009)	不常參加節能活動 (4.39) 常參加節能活動 (4.57)	-3.389** (.001)

表 9-24　民眾對於低碳政策的支持或自己外顯行為的表現（續）

題項	個人變數											
	分類（平均數）	t檢定（顯著性）	分類（平均數）	t檢定（顯著性）	分類（平均數）	t檢定（顯著性）	分類（平均數）	t檢定（顯著性）	分類（平均數）	t檢定（顯著性）	分類（平均數）	t檢定（顯著性）
34. 請問您同不同意政府積極推動風力、太陽能等能源發展？	男(4.40) 女(4.57)	-3.100** (.002)	未婚(4.49) 已婚(4.50)	-.149 (.881)	低收入(4.55) 高收入(4.41)	2.398* (.017)	無未成年小孩(4.44) 有未成年小孩(4.55)	-2.034* (.042)	專科以下(4.49) 大學以上(4.50)	-.165 (.869)	不常參加節能活動(4.46) 常參加節能活動(4.53)	-1.259 (.208)
35. 請問您願不願意配合加稅，來節能減碳以保護台灣環境？	男(1.88) 女(1.81)	.927 (.354)	未婚(1.90) 已婚(1.82)	1.133 (.257)	低收入(1.78) 高收入(2.01)	-3.092** (.002)	無未成年小孩(1.84) 有未成年小孩(1.85)	-.219 (.827)	專科以下(1.75) 大學以上(1.96)	-2.866** (.004)	不常參加節能活動(1.72) 常參加節能活動(2.01)	-3.993*** (.000)
35_1. 在台灣的企業必須配合加稅來節能減碳以保護台灣環境？	男(2.72) 女(2.84)	-1.149 (.251)	未婚(2.85) 已婚(2.75)	.873 (.383)	低收入(2.77) 高收入(2.82)	-.423 (.672)	無未成年小孩(2.77) 有未成年小孩(2.80)	-.255 (.799)	專科以下(2.68) 大學以上(2.92)	-2.188* (.029)	不常參加節能活動(2.66) 常參加節能活動(2.96)	-2.816** (.005)
36. 請問您願不願意配合漲價，來節能減碳以保護台灣環境？	男(1.82) 女(1.62)	3.078** (.002)	未婚(1.76) 已婚(1.69)	.982 (.327)	低收入(1.66) 高收入(1.83)	-2.581* (.010)	無未成年小孩(1.74) 有未成年小孩(1.68)	.878 (.380)	專科以下(1.63) 大學以上(1.83)	-3.085** (.002)	不常參加節能活動(1.66) 常參加節能活動(1.78)	-1.811 (.070)
37. 如果未來有人用電越多，每度的電價增加比例比現在更高。	男(3.92) 女(3.78)	1.915 (.056)	未婚(3.96) 已婚(3.80)	2.032* (.043)	低收入(3.69) 高收入(4.19)	-6.350*** (.000)	無未成年小孩(3.82) 有未成年小孩(3.89)	-.956 (.339)	專科以下(3.69) 大學以上(4.05)	-4.938*** (.000)	不常參加節能活動(3.77) 常參加節能活動(3.95)	-2.363* (.018)

甚且，整體與環境相關之政策題組中，家中有未成年小孩的平均數均高於無未成年小孩者，其中前述屬於直接詢問民眾願不願意負擔有關費用以保護環境之題項，皆未呈現顯著關係，反而是家中無未成年小孩的平均數高於有未成年小孩者，可能與家中有小孩者，需負擔更高的扶養費用有關。

繼之，若從教育程度檢視，則上述負擔成本之題項，皆為教育程度較高者較願意支付，且都有顯著性差異，顯見教育程度在相關環境意識上較有影響力；其他題項較屬於環境相關政策之詢問，從平均數來看亦為教育程度高者分數較高。

最後，以參與節約能源活動之程度而言，「請問您願不願意配合加稅，來節能減碳以保護台灣環境？」、「在台灣的企業必須配合加稅來節能減碳以保護台灣環境？」與「如果未來有人用電越多，每度的電價增加比例比現在更高」等題有顯著差異，且皆為常參加節能活動者較願意支付，可能推測辦理節約能源活動有助於民眾較願意付出金錢以保護環境；而屬於環境相關政策面，亦是常參加節能活動者較偏向同意，可推測為民眾接觸節約能源活動，可能對現有政府環境政策較支持。

五、結論：研究發現與建議

（一）研究發現

總體而言，本文主要目的是以問卷調查方式，希冀瞭解台灣民眾在具有環境認知的基礎下，是否能確實在生活中落實低碳行為？民眾的認知與實際作為之間是否存有一致性或落差？1980 年代到 2010 年代民眾的環境意識出現相當大的變化，對於環境關心的主體亦有所改變，但是民眾將態度實質轉換成外顯的行為卻無法如預期般出現，知行的落差即有可能是邁向低碳社會的風險。尤其，實現低碳社會本質上需要由下而上的實踐，民眾由自身行為改變到支持政府進行能源、產業、稅制及運輸等系統的改革，方可能成功。而台灣社會這個現象並不意外，同屬於「紀登斯弔詭」（Giddens 2009），成為政府部門制訂相關政策時之重大挑戰，強調民眾藉由資訊管道而得知氣候風險帶來的不利影響，但本身感受到的氣候風險程度遠遠低於其他環境因素所造成之影響。尤有甚者，大部分民眾較為傾向保持原有的生活方式，亦認為自己的日常行為不見

得能夠改善全球氣候現況，即各國的民眾即使正面的感知氣候風險，但卻不易改變其自身行為或支持願付價格或增加稅收的改革。普遍而言，這是否是因為日增的貧富差距或社會經濟的壓力，造成各國民眾包括台灣採取保守的行為而形成轉型的吊詭，此命題值得未來深入的探討。

另外，經由前述實證結果的初步整合和歸納，我們發現，台灣地區的環境問題一直是受到矚目的重點議題，以下值得注意討論的現象：

1. 低碳態度（知）

針對台灣民眾在低碳範疇的相關認知與態度的方面來看，贊成與支持的比例普遍偏高，例如本次問卷題項中的「台灣的主要能源來自於煤炭、石油、天然氣等能源」、「使用煤炭、石油、天然氣等能源容易產生許多二氧化碳」、「節約能源就是在減少二氧化碳的排放」等等，顯見民眾的環境意識已普遍提升至相當程度。

2. 低碳行為（行）

就台灣民眾而言，倘若針對不同行為者在不同低碳行為的表現來看，則有以下三點發現：

(1) 個人對於自己可掌控、成本較低的行為，表示支持的態度

對台灣民眾而言，落實節能減碳已成為日常生活中的一環，例如：「隨手關水龍頭避免水一直流」、「隨手關閉電源」、「為了節省能源而多走樓梯，少搭電梯」、「優先選購排放較少二氧化碳的產品」等行為，皆可由民眾自行掌握與決定，且成本相對較低，可以發現到民眾「同意」或「願意」的比例較高。

(2) 個人對於政府或企業應作為的政策，表示支持的態度

針對台灣民眾在國內打造低碳綠能城市與環境方面，多數受訪者表示支持的態度，例如：「政府繼續支持綠能產業的發展」、「政府應限制高耗能產業的發展」、「在台灣的企業可以享有油價、電價補貼」、「政府補助民間購買電動機車」、「政府應該建立完整的低碳交通系統」、「在台灣的企業必須配合加稅來節能減碳以保護台灣環境」等。由此可見，民眾對於政府應

有之政策作為，或是要求企業增加其因環境負外部性所應支付之成本等，多數抱持贊成的偏好。

(3)個人對於自己應負擔較大成本的政策，抱持保留的態度

即使前述關於低碳意識的題項，民眾表達高度認同的態度，但倘若政府政策對於民眾個人的成本較大，致使其自身所需負擔之代價較多，民眾則多持保留的態度，例如：「願不願意配合漲價，來節能減碳以保護台灣環境」、「願不願意配合加稅，來節能減碳以保護台灣環境」等。

然而，台灣地區民眾的反污染行動與節能減碳行為，無論是過去較為強調的水污染、空氣污染、垃圾污染、土壤污染以及自然災害等等，或是現階段關心如何更有效地節約能源、達到資源循環再利用和努力減少溫室氣體的排放，皆是可以被理解的，它都有一定的歷史脈絡可循，倘若政府隨著國際標準逐步加嚴相關環境控管標準，同時促進民間企業和民眾深刻地思考，相信可以避免許多充滿暴力的抗議活動。

綜合上述，從民眾對環境問題的認知和態度看來，顯見台灣民眾對於當前環境問題相當關切；換言之，民眾對於政府部門在環境政策上的要求和期許，將會日漸增多。假使政府部門願意聽取民眾的建議與 NGO 組織的倡議，進行更多讓民眾認為是「負責任」的政策反應，相信會更貼近民間企業與民眾的需求。

（二）政策建議

根據前述研究的發現，我們擬提出一些認為可資政府相關部門參考之建議。首先，我們將建議劃分成兩部分，一部分是長期性建議，另一部分則為相較立即可行的建議：

1. 長期性建議

整體而言，經過以性別、年齡、教育程度、婚姻狀況、個人收入等背景變項分析台灣民眾的低碳意識（知）和行為（行），面對如此長期累積下來的問題，國際政經局勢的快速轉變，培養環境公民任重道遠，不難發現過去數年，民眾已逐漸從傳統的成長典範轉變為新興的環境典範，包括納入氣候變

遷風險與低碳社會的意識。

　　然而，創造低碳環境舉步維艱，不僅牽涉到知識涵養的限制，社會資源的分配，各方既得利益的協商與溝通，最重要的是政府應該提供切合現實狀況的長期性計畫，同時亦須仰賴全民對政策的支持與執行。有鑑於此，茲提出下列四點長期性建議：

(1)　雙重紅利效果

　　首先，政府應該努力讓民眾理解到，日常生活行為的改變非但不會損失成本，實際上將會呈現獲利的情況，基於稅收中立的前提下，建議政府將稅收採行雙重紅利的概念。例如：能源稅的開徵除了能抑制污染、達到保護環境的目標之外，亦可利用稅收收入降低現存稅制對資本市場所產生的扭曲影響。

(2) 低碳教育課程

　　其次，「低碳教育」亦可做為長期性計畫中的重要一環，透過活動的共同參與，傳達正確的觀念與習慣養成，期能從專業的角度，打造更為完善與多元化的校園，開發與喚醒校園低碳意識，進而擴大影響社會中的其他角落。

(3) 裝設智慧電表

　　再者，為了更有效率地瞭解與確認一般民眾居家的用電量變化與用電的效率，向民眾推廣裝置新型智慧電表時，應確實告知並提供相關知識以資參考，讓民眾瞭解裝設智慧電表的優點，期許透過此種節能裝置改變能源消費行為。

(4) 強化政策溝通

　　針對政府推動各項重大政策，部分民眾可能對政府某些政策有感，然而，欲促使特定政策讓全民都有感實屬不易，政府應於實施相關氣候治理、能源轉型、相關綠色稅制等方案之際，透過各種審議、公民參與途徑進行多元、多層次、複數的政策溝通。掌握推動低碳社會轉型之本質，來自於個人、社區、社會各層面、各級產業、各級政府的對話與學習。唯有

建構參與、溝通的社會學習曲線，方能有機會轉換長期習於高碳經濟、高碳產業、高碳能源、高碳運輸的社會。

2. 立即性建議

(1) 舉辦研討會／工作坊

為協助國內提升節能減碳的成效與交流，可經由舉辦低碳主題的工作坊與會議，讓執行相關工作的政府官員、民間業者、非營利組織、民眾一同進行經驗分享與傳承，透過互通訊息與頻繁交流，促使達到政策聚焦效果，以利提供擬定節能減碳政策之參考。

(2) 強化資訊揭露制度

當前節能減碳成為世界趨勢，政府在推動相關行動方案時，一方面盡力協助與鼓勵國內企業瞭解、確認自身碳排放情形以及主動揭露溫室氣體及減量資訊，提供給利害相關人參考，分析能夠盡力發揮節能減碳的機會，以利達到資訊揭露之目的。

(3) 實施補貼優惠政策

針對推動低碳相關政策，政府不僅協助進行盤查能源系統，亦期許藉由全民共同參與，利用實際作為響應節能減碳之政策目標，重要的是，運用和搭配多元化的補貼政策與方案，例如：政府與國內業者合作，促使民眾購買節能產品時能夠獲得優惠或抽獎等誘因，以利吸引民眾的關注。

(4) 政府橫向溝通連結

經過國家總體政策目標的訂定之下，中央政府與地方政府理應各司其職，共同持續地邁向永續台灣這條道路。然而，即使原本縣市政府因地緣關係之故，得以與民眾擁有更多的情感連結，瞭解一般大眾的需求，仍經常可見許多跨機關橫向連結的業務，缺乏有效的溝通與協調；換言之，地方政府難以將真正的民意傳達至中央政府，更嚴重時甚至導致整個方案延宕或是停擺的情況出現，最終無法發揮完善的政策效果。因此，無論是中央或地方政府，建議設置具有實際盱衡跨機關業務之人員（如政務委員、參議），俾利整合與節能減碳相關之業務工作。

參考文獻

- 余宗龍、李永祥，2013，〈計畫行為理論於運動比賽現場觀賞研究領域之應用〉。《中華體育季刊》27(4): 297-307。

- 沈盛達、邱弘毅，2014，〈影響綠色大學教職員採取環保行為意願之因素以台灣北部某大學為例〉。《設計學研究》17(1): 71-90。

- 周桂田，2004，〈獨大的科學理性與隱沒（默）的社會理性之「對話」——在地公眾、科學專家與國家的風險文化探討〉。《台灣社會研究季刊》56: 1-63。

- 周桂田、王瑞庚，2016，〈輪到誰來犧牲？臺灣經濟發展過程之環境、生態與社會風險〉。頁 409-438，收錄於簡旭伸、王振寰主編，《發展研究與當代臺灣社會》。台北：巨流。

- 周桂田，2017，《氣候變遷社會學：高碳社會及其轉型挑戰》。台北：國立臺灣大學出版中心。

- 紀登斯著，黃煜文、高忠義譯，2011，《氣候變遷政治學》（原作者：Anthony Giddens）。台北：商周。

- 紀駿傑、蕭新煌，2003，〈當前台灣環境正義的社會基礎〉。《國家政策季刊》2(3): 169-180。

- 許耿銘，2014，〈城市氣候風險治理評估指標建構之初探〉。《思與言》52(4): 203-258。

- 黃淑娥、溫德生、邱順清，2011，〈溫泉旅遊地環境意識與開發行為之研究：以廬山地區為例〉。《休閒保健期刊》5: 247-262。

- 劉淑惠、淺見泰司，2001，〈台南老街之居民環境意識調查研究〉。《農業經營管理年刊》7: 89-109。

- 蕭新煌，1985，〈環境問題與環境保護：台灣民眾環境態度的分析〉。頁 127-169，收錄於《台灣光復四十年專輯：邁向安定祥和福利社會之路》。台中：台灣省政府新聞處。

- 蕭新煌，1986，〈新環境範型與社會變遷：臺灣民眾環境價值的初探〉。《國立臺灣大學社會學刊》18: 81-134。

- 蕭新煌，2000，〈環境與成長的辯論關係：台灣民眾環境意識的變化（1986-1999）〉。頁 123-152，收錄於歐陽嶠暉編，《2000 年民間環保政策白皮書》。台北：桂冠。

- 蕭新煌，2001，〈台灣民眾環境意識的轉變：1986-1999〉。頁 103-139，收錄於邊燕杰，涂肇慶，蘇耀昌編，《華人社會的調查研究：方法與發現》。Hong Kong: Oxford University Press.

- 蕭新煌、尹寶珊，2001，〈華人環境意識：台灣與香港的比較〉。頁 335-372，收錄於劉兆佳、尹寶珊、李明堃、黃紹倫編，《社會轉型與文化變貌：華人社會的比較》。香港：香港中文大學香港亞太研究所。

- 蕭新煌、紀駿傑，2001，〈推動永續發展的社會力：本土環保 NGO 與民眾之比較〉。《永續臺灣簡訊》3(3): 1-18。

- 張楊乾，2010，〈八八風災與暖化意識——語音辨識電話民調發布〉。環境資訊中心，取自 http://e-info.org.tw/node/57924，檢索日期：2017 年 9 月 18 日。

- Ajzen, I., 1985, "From Intentions to Actions: A Theory of Planned Behavior." Pp. 11-39 in *Actioncontrol: From Cognition to Behavior*, edited by J. Kuhl and J. Beckman. Germany: Springer.

- Ajzen, I., 1991, "The Theory of Planned Behavior." *Organizational Behavior and*

Human Decision Processes 50(2): 179-211.

Ajzen, I., 2002, "Constructing a TPB Questionnaire: Conceptual and Methodological Considerations." In *CiteSeerX*, http://www.uni-bielefeld.de/ikg/zick/ajzen%20construction%20a%20tpb%20questionnaire.pdf (Date visited: September 3, 2016).

Anderson, D. R., 2000, "Catastrophe Insurance and Compensation: Remembering Basic Principles." *CPCU Journal* 53(2): 76-89.

Beck, U., 2015, "Emancipatory Catastrophism: What does it mean to Climate Change and Risk Society?" *Current Sociology* 63(1): 75-88.

Bulkeley, H., 2001, "Governing Climate Change: The Politics of Risk Society." *Transactions of the Institute of British Geographers* 26(4): 430-447.

Bulkeley, H., 2005, "Reconfiguring Environmental Governance: Towards a Politics of Scales and Networks." *Political Geography* 24(8): 875-902.

Chou, K. T., 2007, "Global Climate Change as a Globalizational Risk Society-Glocalizational Risk Governance." *Global Change and Sustainable Development* 1(1): 81-89.

Chou, K. T. and Liou. H. M., 2012, "Analysis on Energy Intensive Industries under Taiwan's Climate Change Policy." *Renewable and Sustainable Energy Reviews* 16: 2631-2642.

Chou, K. T., 2013, "The Public Perception of Climate Change in Taiwan and its Paradigm Shift." *Energy Policy* 61: 1252-1260.

Dilley, M. et al., 2005, *Natural Disaster Hotspots: A Global Risk Analysis*. Washington D.C.: The World Bank and Columbia University.

Jasanoff, S., 2010, "A New Climate for Society." *Theory, Culture &Society* 27(2-3): 233-253.

Kaiser, F. G., B. Oerke, and F. X. Bogner, 2007, "Behavior-Based Environmental Attitude: Development of an Instrument for Adolescents." *Journal of Environmental Psychology* 27(3): 242-251.

Lash, S., 1994, "Reflexivity and its Doubles: Structure, Aesthetics, Community." Pp. 110-173 in *Reflexive Modernization: Politics, Tradition and Aesthetics in the Modern Social Order*, edited by U. Beck, A. Giddens, and S. Lash. Stanford, California: Stanford University Press.

Oskamp, S., 2000, "A Sustainable Future for Humanity? How can Psychology Help?" *American Psychologist* 55(5): 496-508.

Urry, J., 2011, *Climate Change & Society*. Cambridge: Polity Press.

WBGU., 2011, World in Transition: A Social Contract for Sustainability. *Flagship Report 2011*. Berlin: WBGU.

第十章

最遙遠的距離？民眾與中研院學者的風險感知與減災政策偏好

蕭新煌、許耿銘、林宗弘

一、前言

　　科學社群與「非科學」的公民社會以及政治的關係，一直是知識社會學與科學史文獻裡的重要議題（Merton 1979 [1942]），然而過去對台灣學術社群與公民社會或民主轉型之間的分析，往往被包括在政治菁英或中產階級的分析範圍內（蕭新煌 1983，1994），凸顯其對公共政策監督的正面影響力。相對地，在新世紀的台灣社會，與風險有關的公共政策爭議裡，民眾與科學社群之間的關係似乎相當緊張，在許多科技政策爭議裡，科學社群被當成是科技官僚專制與隱匿風險的利益團體之一（周桂田 2007），是導致民眾承擔風險或不確定性的加害者。例如，八八風災之後，中央氣象局由於預測失準，慘遭輿論指責，導致預報中心主任吳德榮選擇離職，並且公開批評台灣社會「理盲又濫情」。在氣候變遷的不確定性與受害民眾的情緒化指責下，科學家先被當成損害民眾權益的嫌犯，又經常在媒體斷章取義下成了受害人（江淑琳 2015）。台灣民眾與科學社群之間彷彿成了彼此認知與利益衝突的兩群人，雙方的政策偏好似乎有相當大的落差。

　　在專業訓練的影響下，科學社群對風險感知與公共政策的偏好，與一般民眾的差異有多大？在知識社會學的文獻中，科學家經常被建構成三種不同類型的社會行動者。首先，科學社群自我認知的形象通常是客觀中立的科學家，科學社群應該擁有政治、經濟或宗教之外的相對自主性，代表更廣闊的公共利益，是科學合法性的來源（Merton 1979 [1942]）。然而由於科學哲學的爭論，以及科學、科技與社會（Science, Technology and Society，以下簡稱 STS）研究的蓬勃發展，加上通俗文化對新科技風險的誇大描繪，有不少民眾懷疑科學家的利益與偏見，滲透了他們的研究，甚至懷疑科學家是國家官僚與資本財團維持權力與利益的幫兇（Noble 1977）。另一方面，對實驗室的民族誌研究大為興盛，這些研究認為科學社群看起來跟部落的人際關係相當類似，提供了第三種科學社群的形象：科學家只不過是受過學術訓練的普通人，從包含七情六慾的凡人實驗室生活中，尋找學術創新的靈感與行動力（Latour 1986 [1979]）。

　　台灣的科學社群，較符合這三種科學家形象的哪一種？一般人與科學家之間的風險感知與風險政策偏好，真的存在「最遙遠的距離」嗎？在中央研究院（以下簡稱中研院）永續科學研究計畫：面對風險社會的台灣：議題與策略──分支計畫四的推動之下，本章首次收集了台灣民眾與中研院學術工作人

員的風險感知與公共政策相關資料來進行分析。依據風險社會理論，我們測量了台灣民眾與中研院學者對天災、食安與世界性的科技風險感知與相關政策偏好，研究發現，相對於一般民眾，中研院學者對各種風險感知受到其學術訓練的影響，與其學術訓練越有關的風險感知越低；但是在公共政策偏好方面，中研院學者與一般人差異較小，對政府政策經常採取懷疑的態度，人文與社會科學、數理科學與生命科學三種訓練背景對其影響有限。統計結果顯示三種對科學家的理解，都有其部分道理，但整體而言，學者與民眾儘管有天災風險感知的差異，但無法驗證這影響學者的相關公共政策偏好，中研院學者與民眾之間並沒有太嚴重的隔閡。

二、風險社會裡的科學社群

（一）風險感知與風險溝通

風險是個重要但具有爭議性的社會科學概念。過去近三十年，歐洲與美國出現風險研究取向的分歧。在歐洲，「風險社會」學派通常將焦點集中於巨觀社會變遷，討論多種「現代性」的分類與轉型（Beck 1992; Renn 2008），風險社會學者大致將風險分為三類，「前現代」的天災瘟疫等傳統風險；「第一現代」也就是工業化時期的「舊」風險，例如職業安全與食品安全問題；以及「第二現代」概念下的「新」風險，指涉具有高度不確定性的新科技——例如核能與基因改造所造成的「高科技」風險，甚至稱之為「世界風險社會」（Beck 1998）。總之，氣候變遷等全球風險已經成為本世紀重要的學術與政治問題。

在美國，風險研究更為個體與經驗取向，通常以社會心理學實驗或問卷來分析風險感知——亦即人們主觀的風險評估，或是分析風險溝通與其治理機制，風險溝通領域通常指涉民眾對不同的風險資訊來源的信任程度以及是否因此改變資訊取得行為（Griffin et al. 1998；徐美苓、施琮仁 2015）。其中，本文關注的風險感知相關文獻發展已將近半個世紀，其中有社會心理學與實驗研究成果（Slovic 2000），也包括公共行政或商學等應用領域中的風險治理分析（Renn 2008）。學者發現各種社會經濟因素——例如收入、性別、膚色與志願性（風險偏好）影響人們的風險感知程度（例如 Slovic 2010；許耿銘 2014）。此外，自願承擔風險者（風險偏好者）對於所投身的產業，確實會低估其職業安全或污染風險；社區民眾對於被迫承受的風險，則往往心生恐懼而加以放

大。若能取得相關的科學資訊、教育程度較高或是對某種災害風險有較多經驗者，有助於降低民眾的恐懼，使主觀風險感知趨近於客觀風險（Slovic 2000; 2010）。

從風險研究文獻可以得到兩個基本共識：首先，如風險社會理論所言，隨著經濟發展或第一現代解決了人類基本的溫飽問題，如何規避現代社會裡的風險——例如污染、交通或工業意外、食品安全等議題變得日益專業，同時也日益政治化，民眾期待政府投入資源或治理來降低風險。其次，風險感知研究發現，科學知識與自願承擔風險這兩種特質，可能讓科學家體驗科技或接觸更多風險資訊，加上科學家的社會經濟地位偏高而脆弱性偏低，因此會降低其對天災人禍或科技政策的風險感知，相對而言，一般民眾平時無法接觸科學與風險資訊，若突然暴露在對風險的恐懼中，可能會擴大其對風險的主觀評估，這就會造成學者與一般民眾對風險感知的差異。由此我們引導出本章的第一個假設：

假設 1：相對於一般民眾，學者對天災人禍的主觀風險感知程度較低。

（二）科學家的三種形象

科學社群與一般民眾在有風險與不確定性的科技政策偏好上，究竟有多大的差距？科學家相對偏低的風險感知，是否會影響其科技政策偏好，從而導致民眾質疑科學社群，擴大風險溝通與風險治理的困難呢（Renn 2008）？為了討論這個議題，我們回顧科學社會學文獻裡對科學家做為社會行動者的三種主要描述。在 20 世紀中期以前，科學社群通常獲得社會與政治上正面積極的肯定。受到韋伯與結構功能論的啟發，Merton 認為科學社群具有四種制度化的要素：普世性、公共性、無私性與組織化的懷疑主義，西方國家在新教革命與工業革命的文化與經濟條件下，塑造這些科學的制度化要素。由於前述的制度化要素，暗示科學家具有公共、無私與批判「非科學」之宗教與政治意識形態的特質（Merton 1979 [1942]）。相對於宗教與政治勢力，理性中立的科學社群形象有助於在現代社會裡建立科學的合法性。

然而，這些要素被科學史學家 I. Bernard Cohen（1952，轉引自 Gregory and Miller 2000: 16-17）批評為對科學的幻覺（fallacy），這些社會上流行的

「科學幻覺」包括：對科學家的偶像崇拜、誤以為科學就只是批判思考、信仰惟科學（工具性或去政治化）的政策方案、大量接收無用的科學雜訊等，這些幻覺讓民眾或科學家誤以為科學社群能夠脫離社會與歷史脈絡而自主發展。隨著對 Merton 科學社會學的批判與對 Karl Raimund Popper（2008）科學哲學的延展，孔恩的《科學革命的結構》一書引起科學哲學上的大辯論，其將科學社群描繪為傳統保守的舊理論守門人，直到異例累積到破壞原有典範，才會引發科學革命（Kuhn 1962）。對科學本身與科學社群形象的懷疑，讓許多後繼的科技史與 STS 學者嚴厲批判理性中立科學偶像的幻覺，重新打造科學家的另外兩種形象：與政治經濟菁英共謀的技術官僚、或是生活在實驗室部落的原住民。

　　從 1970 年代末期開始，科學史研究挑戰了人們心目中著名科學家的光明形象，甚至是科學革命成王敗寇的歷史論述。在啟蒙時代科學就跟政治與宗教勢力有愛恨交織的複雜關係。例如，政治哲學家霍布斯保守的政治立場，影響其對波以耳自然科學氣泵實驗的看法（Shapin and Schaffer 2006 [1985]）；對法蘭西學院的歷史回顧發現，捍衛專制體制的法國主教曾經多次當選法蘭西院士，在法國大革命期間不少院士因為政治鬥爭命喪斷頭台，顯示學者與政權曖昧的結盟或鬥爭關係（Maalouf 2017）；工業革命時代的發明家也有其黑暗之心，其中最著名的美國發明大王愛迪生在燈光與電力產業上盲目支持直流電、惡意詆毀自己的交流電競爭對手（Hughes 1983），這些歷史資料顯示，政治經濟方面的資源依賴或文化脈絡，深深影響科學家的研究方向與策略。更有甚者，不少研究控訴學者成為從屬於國家或財團的技術官僚，讓民眾承擔風險與污染，自己卻從研究資源獲取利益。例如在 20 世紀中期，著名醫療學者幫助香菸產業或製糖產業掩飾其對公共健康的不利影響等（Bucchi 2016 [2006]）。這種黑心科學家的形象，經常成為通俗文化例如小說或電影的主題（Erikson 2005）。

　　相對於科學史從政治與社會脈絡分析科學社群的利益與發展，深入實驗室進行田野調查的民族誌研究，經常呈現出學者做為普通人生活化的一面。Latour（1986 [1979]）所帶動的實驗室民族誌風潮，促成科學研究中與愛丁堡學派分庭抗衡的新學派——巴黎學派的「行動者網路理論」（actor-network-theory，簡稱 ANT），將科學實踐與其社會背景整合起來，認為兩者之間無法簡化為因果關係，而是相互建構、共同演進的過程。在這種實驗室民族誌裡，科

學家的態度與日常行為更接近常人，也有七情六慾、對權力與利益的考量等，替學者「除魅」的同時又不至於醜化科學社群（Lynch 2000 [1993]）。

因此，科學社群雖然可能因為適當的訓練與資訊取得而降低風險感知，在其做為某種社會行動者的類型，塑造其風險相關公共政策的偏好上，前述文獻有助於構成三種理論假設，第一種是傳統的公共知識分子形象。由於獲得更多國際資訊，知識分子更偏好公共利益，且更懷疑與批判政府政策的缺失與財團的自利行為；第二種對學者的認知是站在政府與財團立場的技術官僚形象，由於涉及自身權力與利益，科學家比民眾更支持財團與政府政策；第三種則是常民形象，除了自己特別專精的科學領域之外，科學家未必就能獲得充分的風險資訊，要靠費時費力的資訊取得與學習的過程，才能釐清公共政策的利益與風險得失，因此其與一般民眾的公共政策偏好並無太大差異。這三種形象提供我們理論假設來驗證台灣中央研究院的學者與民眾之間的政策偏好差異：

假設 2.1：相對於一般民眾，學者更懷疑政府與財團的動機與利益，對治理風險的公共政策懷疑或採取反對態度。

假設 2.2：相對於一般民眾，學者與政府、財團的利益掛勾，對治理風險的公共政策採取信任或支持態度。

假設 2.3：在自己專業的科學領域之外，學者與一般民眾的風險資訊來源與能力差異有限，對公共政策的偏好無顯著差異。

三、研究設計與資料來源

近年來，風險社會成為調查研究的重要議題，本研究包括中研院多次調查的資料來源。2014 年，《台灣社會變遷調查計畫》首創風險組問卷，成為探究風險社會議題的重要資料來源，其次是從 2016 年開始的《中央研究院永續科學研究計畫：面對風險社會的台灣計畫》，本章在該計畫的協助下，將題目修訂延伸至 2016 年上半年度的中研院社會所例行性社會意向調查，獲得 1,243 名台灣民眾家用電話隨機抽樣完訪成果，受訪者提供了可信且有效的回應數據；在 2017 年上半年度，為了對照學者與一般民眾的風險感知差異，我們將前述 2016 年中的社會意向調查改為網路問卷，透過電子信箱發送給中研院的一千兩百餘名專任研究人員，獲得 130 份完整回填的問卷，其中包括中研院三大類專

業訓練：人文與社會科學組、數理科學組與生命科學組的受訪者，數量各約三分之一，相當具有代表性。由於 2016 年社會意向調查與 2017 年中研院學者調查這兩份問卷的問題與回答內容設計完全相同，只要將一般民眾樣本與中研院數據合併之後，便可以比較台灣一般民眾與中研院學者之間，回答問卷內有關風險社會或相關公共政策問題的異同，表 10-1 呈現了問卷裡有關問題的敘述統計，附表 10-1 呈現了主要變量的簡單相關係數矩陣，以下就重要變量的描述統計進行探討。

表 10-1　2016 年社會意向調查與 2017 年中研院調查合併後之敘述統計

變　量	N	平均值	標準差	最小值	最大值
擔心地震對自己或家人身心財產造成傷害	1,373	3.430	0.781	1	4
擔心高污染核廢料一直暫時放在核電廠	1,337	3.310	0.844	1	4
支持政府公布有災害風險的地區或房屋資訊	1,357	3.628	0.622	1	4
同意政府對高災害風險老舊房屋強制進行都市更新	1,329	3.366	0.761	1	4
贊成住在高災害風險區的原住民部落強制遷村	1,308	2.943	0.973	1	4
同意核廢料放在用電量最少的偏鄉對當地人不公平	1,317	3.177	0.934	1	4
女性	1,376	0.475	0.500	0	1
年齡	1,368	49.896	14.378	19	90
已婚	1,375	0.750	0.433	0	1
教育年限	1,373	13.470	3.652	0	18
泛綠	1,380	0.399	0.490	0	1
個人月所得對數	1,326	9.979	2.386	0	14.914
中研院人士	1,380	0.096	0.294	0	1
專業領域					
人社組	1,372	0.031	0.172	0	1
數理組	1,372	0.032	0.176	0	1
生科組	1,372	0.028	0.164	0	1

資料來源：楊文山，2016。

（一）依變量：風險感知與公共政策——地震與核災的比較

　　如前述假設 1 與假設 2 的三個命題所呈現的，本研究涉及兩類依變量，第一類依變量是風險感知。我們主要使用兩類問題：天災是對地震的風險感知、人禍是對核廢料的風險感知，後者雖然是很多個案研究已經深入探討過的議題（蕭新煌 2004），卻很少以調查研究進行分析，我們延伸了過去的研究成果（林宗弘等 2018），用地震與核廢料這兩個議題來比較人類無法控制的天災與高科技風險之間的差異，這兩個具體的問題是「您是否擔心地震對自己或家人身心財產造成傷害」以及「您是否擔心高污染核廢料一直暫時放在核電廠」。答項都是分為四類的 Likert Scale：非常不擔心、不擔心、擔心、非常擔心，為了呈現描述統計的分布情況，我們將這兩題裡一般民眾與中研院學者樣本的分布比例繪製於圖 10-1 與圖 10-2，請讀者參考。

　　由圖 10-1 與圖 10-2 可以看出，中研院學者無論是針對天災或高科技風險，其風險感知都顯著低於普通民眾：非常擔心地震的一般民眾有 62.52%，學者僅 18.11%；非常擔心核廢料的民眾有 53.02%，學者僅 38.05%，大致符合我們對學者因為專業訓練或社會經濟地位偏高與風險偏低，而降低主觀風險感知的假設。

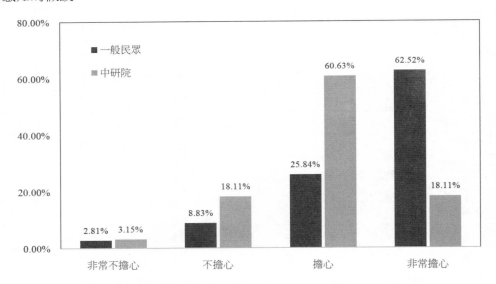

▲▲▲ 圖 10-1　受訪者擔心地震對家人身心財產造成傷害的比例，學者與民眾兩組

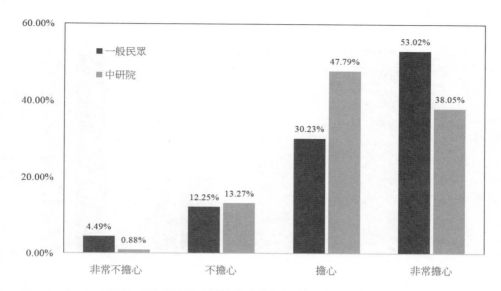

▲ 圖 10-2　受訪者擔心核廢料持續存放核電廠的比例，學者與民眾兩組

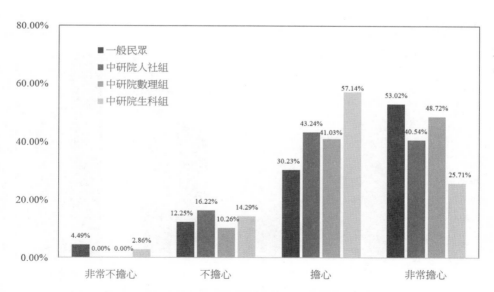

▲ 圖 10-3　受訪者擔心核廢料持續存放核電廠的比例，三類學者的差異

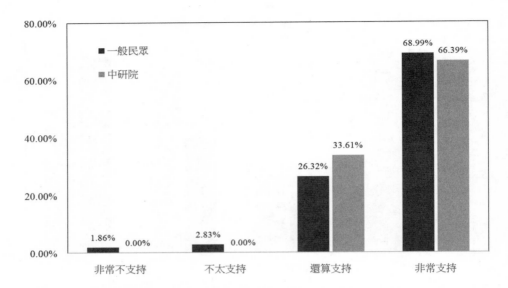

▲ 圖 10-4　支持政府公開房屋所在地區災害風險的比例，學者與民眾兩組

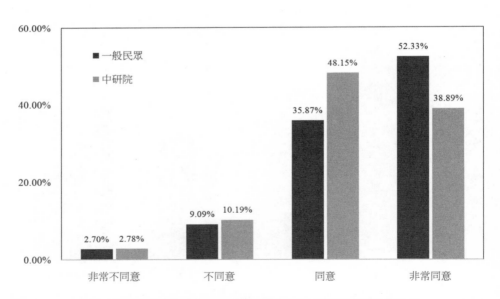

▲ 圖 10-5　支持政府強制高風險房屋進行都市更新的比例，學者與民眾兩組

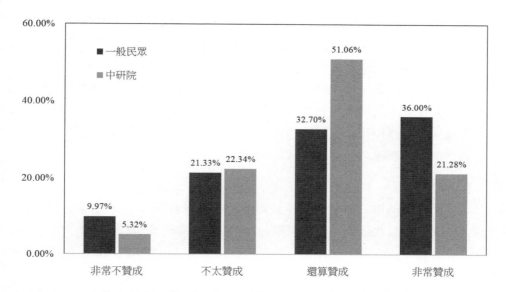

▲ 圖 10-6　支持政府對高風險原住民部落強制遷村的比例，學者與民眾兩組

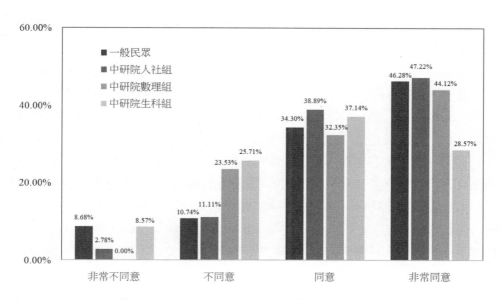

▲ 圖 10-7　認為核廢料放在偏鄉不公平的比例，民眾與三類學者的差異

如果將中研院的人文社會、數理科學與生命科學三組分開來看，我們將是否擔心核廢料的情況繪製於圖 10-3，由該圖可以發現在中研院學者當中，人文與社會科學組並不是風險感知最高或最低的一群，數理科學組通常風險感知最高而且最接近一般民眾，生命科學組則風險感知最低且最偏離一般民眾，而且無論面對天災或核廢料風險皆是如此，由於生命科學組並未涉及核電利益，這種風險感知的偏差很可能是醫學方面的專業訓練或經常接觸輻射器材、或是生醫學者經濟地位與權威偏高所造成的效應，未必是其研究資源與利益涉及核電造成的。

本文所使用的第二類依變量是針對地震與核廢料問題的政策偏好，首先是有關天災風險的公共政策，答項都是分為四類的 Likert Scale，問題包括「您是否支持政府公布有災害風險的地區或房屋資訊」，答項為非常支持、支持、不支持與非常不支持、「您是否同意政府對高災害風險老舊房屋強制進行都市更新」答項為非常同意、同意、不同意與非常不同意，以及「您是否贊成住在高災害風險區的原住民部落強制遷村」答項為非常贊成、贊成、不贊成與非常不贊成。

這三題都是政府目前推動有關防災的爭議性問題，首先，公布有災害風險的地區或房屋資訊可能會傷害所在房地產業者或屋主的利益。其次，對高災害風險的老屋進行強制都更則可能出現政府或開發商藉口強拆老屋而傷害屋主權益的後果。最後，在莫拉克風災之後，對高災害風險區域進行強制遷村導致不少部落的抗爭與內部分裂衝突（台邦・撒沙勒 2012；林宗弘、李宗義 2016）。因此，我們刻意挑選這三題來測量中研院學者與民眾是否支持政府的措施，正向回答都是支持政府施政，但三題的意義略有不同。就第一題而言，支持政府公布災害潛勢資訊其實會傷害財團的利益；第二題則是對屋主實施強制都更政策，傷害屋主卻也符合財團利益；第三題是對原住民部落實施強制遷徙，可能符合官員的利益卻未必符合部落的共識。在第二題與第三題，如果學者比一般民眾更支持政府，可能顯示學者偏向政府或財團利益，也就是符合科技官僚的行動者假說。

與技術官僚假說的預期相反，針對上述三個議題的政策偏好，第一題中研院學者與民眾的政策偏好差異不大；在第二題與第三題甚至更不支持政府的施政方向。例如圖 10-4 顯示，在是否支持政府公開災害風險資訊（因此可能傷害房地產業者利益）方面，中研院樣本與民眾樣本的平均值並無顯著差異。

在圖 10-5 是否同意政府強制高風險老舊房屋進行都市更新方面，一般民眾非常同意者佔 52%，中研院學者非常同意者僅佔 39%；圖 10-6 則是針對是否贊成原住民部落強制遷村方面，一般民眾非常同意者佔 36%，中研院學者僅佔 21%，顯示學者並未比民眾更支持政府的防災政策，或許反而更懷疑政府的政策動機。然而，由於這幾個問題所涉及的財團利益可能不是很明確，主要還是呈現未必信任政府政策的態度。

我們使用的最後一個攸關風險科技公共政策偏好的問題，是針對核廢料放在偏鄉的公平性問題：「您是否同意核廢料放在用電量最少的偏鄉對當地人不公平」答項為非常不同意、不同意、同意與非常同意，分數越高者越質疑目前政府的核廢料處置政策不公平，這一題中研院非常同意者略低於民眾的平均值，但是如圖 10-7 所示，若把中研院的人文與社會科學、數理科學與生命科學三組分開來看，可以發現數理組回答不同意者的百分比略多於一般民眾、而生命科學組回答非常同意者的百分比在各組別的人裡最少，人文與社會科學組的回應則是與一般民眾的平均值差不多，整體而言，僅生命科學組相對較不關注核廢料處置的風險與公平性問題，或較不質疑此一政策。總之，在數理科學組、人文與社會科學組與生命科學組之間，對不同政策的風險偏好仍有相當的一致性。

（二）自變量與控制變量：學者與民眾的比較

基於先前的研究設計，本文的主要自變量是中研院學者——可以細分到三大類專業與其他民眾之間的比較，同時要控制兩組人的性別、年齡、婚姻狀態、教育年限、政黨傾向（泛藍、泛綠或其他三類）、個人每月所得的對數，這些控制變量可能影響或中介中研院樣本與民眾樣本之間的統計差異。在控制其他人口特徵與社會經濟變量之後，我們可以比較兩組人之間的淨差異，是否達到統計顯著的效果，因此需要使用更加複雜的迴歸分析。

四、統計結果與分析

（一）假設 1：風險感知

在統計模型的選擇上，雖然我們也可以使用次序類別模型，但本文針對六個類似的四分法 Likert Scale，為求簡化分析內容而使用了線性迴歸，其解釋

效果與次序邏輯迴歸並無重大差異。正向迴歸係數即代表受訪者傾向更擔心風險、或更同意政府政策等回答，表 10-2 的 A 組模型是將中研院學者當成同一組使用一個虛擬變量來分析，表 10-3 的 B 組模型則是將中研院學者拆開成三組專業——人文與社會科學、數理科學與生命科學組的人員，使用三個虛擬變量來進行分析，以下將依據題目的次序，同時簡要報告表 10-2 上的 A 組與表 10-3 上的 B 組統計結果，並凸顯與兩組理論假設相關的統計檢驗結論，請讀者參照兩個表格與以下解說。

我們選用第一個有關風險感知的問題是受訪者擔心地震對家人身心財產造成傷害的程度，如前所述，女性與已婚者、政黨偏好泛綠者對地震的風險感知較高，而高教育程度與中研院學者對此風險感知偏低。在表 10-2 的模型 1A 與表 10-3 的模型 1B 的結果比較上，數理科學組對地震的風險感知明顯偏向一般民眾，人文組與生科組則是遠低於一般民眾，總之，一般民眾對地震的擔心程度較高，相對地多數中研院學者確實比較不擔心天災風險。如果兩組樣本在天災的差異與人禍類似，可能的含意是中研院學者的風險感知主要受知識與社會經濟地位影響，而不是因為他們涉及了與人禍也就是核災相關的資源或權力所造成的後果。

我們選用第二個有關風險感知的問題是受訪者擔心高污染核廢料一直暫時放在核電廠的程度，與地震的風險感知類似，女性與政黨偏好泛綠者對核廢料的風險感知較高，但是教育程度與中研院學者與一般民眾並無統計上顯著差異。在表 10-2 的模型 2A 與表 10-3 的模型 2B 的結果比較上，人文與社會科學、數理科學與生命科學三組專業與一般民眾亦無顯著差異，中研院學者面對核廢料風險感知與一般民眾是類似的。

綜上所述，在天災方面一般民眾比中研院學者更擔心地震風險，在人禍方面中研院學者卻與一般民眾沒有顯著差異，因此只能部分驗證假設一。雖然由於學者的社會經濟地位較高或中研院的地理位置導致地震的風險感知偏低，無法證實中研院學者由於科學訓練而降低對核電的主觀風險感知程度。

（二）假設 2：科技與風險政策偏好

接下來我們討論中研院學者與一般民眾在風險治理政策偏好上的異同。我

們選用第一個有關風險公共政策的問題為：您是否支持政府公布有災害風險的地區或房屋資訊，統計結果發現，高教育程度者越贊成公布災害風險資訊，在我們控制了人口特徵或社會經濟變量的效果之後，中研院學者與一般民眾並無統計上顯著差異。在表 10-2 的模型 3A 與表 10-3 的模型 3B 的結果比較上，人文與社會科學、數理科學與生命科學三組專業與一般民眾亦無顯著差異，中研院學者與一般民眾都同樣贊成政府公布災害風險資訊。

我們選用第二個有關風險公共政策的問題為：您是否同意政府對高災害風險的老舊房屋強制進行都市更新，如第一題所呈現的，雖然民眾普遍支持防災政策，所謂「防災都更」仍是個傷害屋主產權因而有爭議性的政策，未必能得到民眾全面支持。統計結果發現，高齡人士、已婚人士與高所得者最贊成強制防災都更，中研院學者反而持保留態度。在表 10-2 的模型 4A 與表 10-3 的模型 4B 的結果比較上，人文與社會科學、數理科學與生命科學三組專業當中以數理科學組學者對強制都更不願支持的程度在統計上最顯著，人文社會科學組與生命科學組學者相對仍支持防災都更政策，較一般民眾並無統計上的顯著差異。

我們選用第三個有關風險公共政策的問題為：您是否贊成政府對高災害風險的原住民部落實施強制遷村政策，這也是影響原住民權益的重大爭議問題，強制遷村雖然能夠減少災害潛勢，卻可能同時傷害部落的經濟生活與韌性，涉及原住民文化的延續而相當複雜。統計結果發現，年齡越大的受訪者越贊成強制遷村，高教育程度者則越傾向不贊成，中研院學者與一般民眾並無統計上顯著差異。在表 10-2 的模型 5A 與表 10-3 的模型 5B 的結果比較上，人文與社會科學、數理科學與生命科學三組專業與一般民眾亦無顯著差異。

我們選用第四個有關風險公共政策的問題為：您是否同意核廢料放在用電量最少的偏鄉對當地人不公平，由於核廢料已經成為台灣重要的政治議題，這個問題受到政黨立場影響相當大。統計結果發現，年齡越高者越不同意這個政策有不公平之處，泛綠政黨支持者則傾向同意這個說法，中研院學者整體而言與一般民眾並無統計上顯著差異。在表 10-2 的模型 6A 與表 10-3 的模型 6B 的結果比較上，人文與社會科學、數理科學與生命科學三組專業當中僅生命科學組明顯回答不同意，人文與社會科學組與數理科學組學者則與一般民眾無顯著差異。

表 10-2　風險感知與風險治理政策偏好，一般民眾與中研院學者的比較

	擔心地震對自己或家人身心財產造成傷害 (1A)		擔心高污染核廢料一直暫時放在核電廠 (2A)		支持政府公布有災害風險的地區或房屋資訊 (3A)		同意政府對高風險老舊房屋強制進行都市更新 (4A)		贊成住在高災害風險原住民部落強制遷村 (5A)		同意核廢料放在用電量最少的偏鄉對當地人不公平 (6A)	
女性	0.104*	(0.042)	0.255***	(0.047)	-0.060	(0.034)	0.001	(0.043)	0.053	(0.054)	0.050	(0.053)
年齡	-0.003	(0.002)	-0.000	(0.002)	-0.002	(0.001)	0.005***	(0.002)	0.013***	(0.002)	-0.009***	(0.002)
已婚	0.116*	(0.054)	0.034	(0.059)	0.007	(0.044)	0.177**	(0.054)	0.105	(0.069)	0.045	(0.067)
教育年限	-0.015*	(0.007)	-0.012	(0.008)	0.024***	(0.006)	0.013	(0.007)	-0.021*	(0.009)	0.016	(0.009)
泛綠	0.093*	(0.043)	0.312***	(0.047)	0.065	(0.035)	0.082	(0.043)	0.088	(0.055)	0.114*	(0.054)
個人月所得對數	0.010	(0.009)	-0.006	(0.010)	0.000	(0.007)	0.022*	(0.009)	0.018	(0.012)	0.000	(0.011)
中研院人士	-0.518***	(0.082)	-0.034	(0.094)	-0.111	(0.067)	-0.297***	(0.087)	-0.010	(0.116)	-0.135	(0.108)
常數項	3.560***	(0.172)	3.276***	(0.189)	3.435***	(0.140)	2.584***	(0.173)	2.289***	(0.222)	3.310***	(0.215)
N	1,317		1,282		1,305		1,275		1,254		1,266	
R-square	0.058		0.057		0.031		0.035		0.066		0.032	
adj. R-square	0.053		0.052		0.026		0.029		0.060		0.027	

註：*p<.05 **p<.01 ***p<.001，( )內為 Standard errors。使用 Linear regression 估計。

資料來源：同表10-1。

表 10-3 風險感知與風險治理政策偏好，一般民眾與中研院學者分三組專業的比較

	擔心地震對自己或家人身心財產造成傷害 (1B)		擔心高污染核廢料一直暫時放在核電廠 (2B)		支持政府公布有災害風險的地區或房屋資訊 (3B)		同意政府對高風險老舊屋進行都市更新 (4B)		贊成住在高災害風險區原住民部落強制遷村 (5B)		同意核廢料放在用電量最少的偏鄉對當地人不公平 (6B)	
女性	0.112**	(0.042)	0.263***	(0.047)	-0.058	(0.035)	-0.002	(0.043)	0.055	(0.054)	0.055	(0.053)
年齡	-0.003	(0.002)	-0.000	(0.002)	-0.002	(0.001)	0.005**	(0.002)	0.013***	(0.002)	-0.009***	(0.002)
已婚	0.112*	(0.054)	0.034	(0.059)	0.009	(0.044)	0.179***	(0.054)	0.105	(0.069)	0.053	(0.067)
教育年限	-0.015*	(0.007)	-0.012	(0.008)	0.024***	(0.006)	0.013	(0.007)	-0.021*	(0.009)	0.016	(0.009)
泛綠	0.091*	(0.043)	0.312***	(0.047)	0.064	(0.035)	0.084	(0.043)	0.088	(0.055)	0.116*	(0.054)
個人月所得對數	0.010	(0.009)	-0.006	(0.010)	0.000	(0.007)	0.022*	(0.009)	0.018	(0.012)	0.000	(0.011)
專業領域												
人社組	-0.601***	(0.130)	0.009	(0.151)	-0.102	(0.110)	-0.229	(0.151)	-0.138	(0.195)	0.104	(0.173)
數理組	-0.340**	(0.123)	0.166	(0.142)	-0.068	(0.100)	-0.356**	(0.125)	0.083	(0.172)	-0.084	(0.168)
生科組	-0.614***	(0.135)	-0.286	(0.153)	-0.191	(0.109)	-0.237	(0.143)	0.028	(0.194)	-0.408*	(0.173)
常數項	3.553***	(0.172)	3.267***	(0.189)	3.430***	(0.140)	2.590***	(0.173)	2.283***	(0.222)	3.315***	(0.215)
N	1,315		1,280		1,303		1,273		1,253		1,264	
R-square	0.059		0.061		0.032		0.035		0.066		0.036	
adj. R-square	0.053		0.054		0.025		0.028		0.059		0.029	

註：*p<.05 **p<.01 ***p<.001，(.)內為 Standard errors。使用 Linear regression估計。
資料來源：同表 10-1。

　　綜合上述結果，我們發現中研院學者確實可能因為專業訓練而降低了他們對地震的風險感知，但是其對核廢料的風險感知並未異於常人，因此難以論證這種高度不確定性的科技風險條件下，科學知識或其自身利益會影響學者的主觀風險感知。在公共政策偏好方面，中研院學者與一般民眾都支持政府公布風險資訊（即使影響房地產業的利益）；在面對防災都市更新方面，數理組學者對政府政策持保留態度；在核廢料處置公平性方面，生科組學者認為較無所謂，但是在其他調查結果上，中研院學者均與一般民眾沒有統計顯著差異。這個結果比較符合近年來實驗室民族誌的認知，相對於媒體經常炒作科學社群與一般民眾的意見或資訊衝突事件，科學社群其實較接近一般公眾的風險感知與政策偏好。

五、結論與討論

　　相對於過去對風險感知與科技政策偏好的研究，通常僅使用一般民眾隨機樣本或專家訪談意見的其中一種資料來源（最早相關的社會調查之分析源於蕭新煌（1986）），就我們所知，本研究是台灣首次使用同樣的問卷，來測試中研院學者與一般民眾比較之下，兩組人員對風險感知與相關科技與防災政策偏好的差異。在結論與討論中，我們首先報告合併樣本後所有受訪者的風險感知與政策偏好，其次是中研院學者與一般民眾的異同，最後討論人文與社會科學、數理科學與生命科學各組學者之間的差異，以下分述之。

（一）民眾的風險感知與政策偏好

　　台灣民眾與學者風險感知最高的是哪一種風險？從一般民眾樣本回答的結果來看，相較於擔心新興科技導致的核廢料污染，人們更加憂心天災例如地震所造成之風險。在國家政策方面，有將近九成（非常支持 68.99%，還算支持 26.32%）民眾支持政府公開房屋所在地區災害資訊（即使可能傷害房地產利益），另有將近八成（非常同意 52.33%，同意 35.87%）民眾同意政府強制高風險房屋進行都市更新（即使可能傷害屋主利益）。其次，當提及有關偏鄉與原住民相關議題時，並非和自身利益直接相關的範疇，台灣民眾支持的比例則相對較低，約有七成（非常贊成 36%，贊成 32.7%）民眾贊成高風險原住民部落強制遷村（即使會引起部落爭議），另有八成（非常同意 46.28%，同意

34.3%）民眾認為核廢料放在偏鄉是不公平的作為。整體來說，台灣民眾對於和自身利益具有高度相關性事務，相對有更明確的公共政策偏好，對少數族群的權益較少關切。類似的情況，是否也反映在中央研究院與各專業之間的差異呢？

（二）中央研究院學者與民眾的距離

我們從科學家形象的差異導出三個假設，即台灣科學社群裡具特殊地位的中央研究院學者可能傾向公共知識分子的態度、技術官僚態度，或無異於常民。檢視研究結果後發現，中研院學者對天災風險感知偏低，對核廢料風險感知與一般民眾沒有差異，在風險治理相關的公共政策偏好方面，也與一般民眾少有顯著差異。舉例而言，受測的中研院學者與一般民眾皆贊成政府公布災害風險資訊，倘若進一步探討與民眾之間的差異，中研院學者可能因為受過專業訓練或居住於較安全的房屋，比較不擔心天災風險，但是對核廢料的風險感知並未和台灣民眾不同。據此，提升民眾的科學素養與防災能力，將可能顯著減少民眾對天災風險的恐懼感，但是風險社會裡，對核電或防災都市更新之類高度風險與不確定性的科技政策爭議，可能不易由於學者介入討論而減少。

（三）不同專業學者的距離

在此次探討的核廢料與天災議題範疇內，於中研院人文與社會科學、數理科學與生命科學三組學者中，風險感知最高且最接近一般民眾的是數理科學組，然而風險感知最低且和一般民眾相差甚遠的為生命科學組。生命科學組學者與其他群體的差異，是由於生醫知識的專業訓練而降低風險感知，或是較不熟悉其他學門或範疇的重要議題所造成的後果？由於生醫學者經常成為台灣社會或科學社群的領袖人物，涉及重大科技或產業發展政策的決策，生醫學者與民眾之間此一認知差異，恐怕還需要進一步的探討。

其次，中研院學者針對部分議題出現意見分歧的情況，例如：人文與社會科學組與生命科學組面對強制都市更新議題時，並未呈現出顯著差異性；當談論到是否同意核廢料放在用電量最少的偏鄉地區，對當地人不公平時，僅有生命科學組不表同意，而人文社會科學組和數理科學組的態度則與一般民眾無顯著差異；面對防災與都市更新政策時，則是數理科學組學者持保留態度；當論

及核廢料處置公平性議題，生命科學組學者則相對較不關注。這些結果顯示，不同領域的專家學者平時各自鑽研特定議題，進而長期培養出既有的思考模式與價值框架，可能可以解釋各組學者之間的統計差異，值得繼續深入研究。

（四）研究限制與政策意涵

本章首次在台灣最高研究機構學術研究人員：中央研究院學者，與一般民眾之間，進行同樣的問卷調查，證明這個研究設計的可行性，雖然發現學者與一般民眾在地震與核廢料的風險感知與公共政策偏好的差異不大，但是這個結果有一定的研究限制。首先，本研究在學者一組的網路問卷回收率不高，大約僅佔中研院學者的 10%，網路問卷的隨機性也值得探討。其次，受到先前問卷的限制，受訪者反映問題的缺點卻無法針對問卷進行議題的調整。第三，與其他風險感知調查的統計結果類似，本研究的統計模型整體解釋力有限，所有模型的 R-square 大多落在 0.03 ～ 0.07 之間，顯示自變量對依變量的影響雖然顯著但是差異不大，未來可能要調整模型或問卷內容來因應。最後，或許我們所選擇的公共政策本身並非中研院學者與一般民眾差異最大的爭議點，這些都可能導致兩組人員差異不大的統計結果，不過本研究已經證明這種設計的可行性，亦能在相當低成本的情況下完成學者這一組的網路問卷，此一方法顯然值得參考。

我們的研究對於科技風險政策溝通仍有一定的啟發。現代社會是個大千世界，即便是受過學術訓練的專家學者，隔行如隔山的現象相當明顯，對高度不確定性的科技與風險政策也難以妄下定論。針對爭議性高的科技與風險政策，例如日本核災地區食物進口的安全性、核電與綠能的關係、禽畜傳染病防治或生物科技的運用例如疫苗安全問題，政府或學界不予介入而放任假新聞與錯誤資訊流竄，可能導致錯誤的公共決策，必須尊重多方的風險感知並且進行風險溝通，例如透過不同領域的學者們舉辦工作坊、研討會以及座談會，或採取審議民主的交流方式（林國明、陳東升 2003），以及運用網際網路傳播科學研究成果，仍有可能與民眾溝通，獲致多元跨域的觀點，有利於多方合作的風險治理。

附錄

附表 10-1　2016 年社會意向調查與 2017 年中研院調查合併後之相關係數矩陣

	擔心地震對自己或家人身心財產造成傷害	擔心高污染核廢料一直暫時放在核電廠	支持政府公布災害風險的地區或房屋資訊	同意政府強制高風險老舊房屋都市更新	贊成高災害風險的原住民部落強制遷村
擔心高污染核廢料一直暫時放在核電廠	0.243*				
支持政府公布災害風險的地區或房屋資訊	0.123*	0.114*			
同意政府對高災害風險老舊房屋強制進行都市更新	0.092*	0.078*	0.215*		
贊成住在高災害風險區的原住民部落強制遷村	0.044	0.065*	0.105*	0.313*	
同意核廢料放在用電量最少的偏鄉對當地人不公平	0.022	0.135*	0.083*	0.073*	-0.035
女性	0.098*	0.147*	-0.063*	-0.002	0.017
年齡	-0.011	0.012	-0.114*	0.098*	0.233*
已婚	0.039	0.014	-0.046	0.124*	0.140*
教育年限	-0.111*	-0.061*	0.148*	0.003	-0.151*
泛綠	0.020	0.168*	0.073*	0.035	0.019
個人月所得對數	-0.027	-0.047	0.028	0.068*	0.026
中研院人士	-0.202*	-0.029	0.018	-0.053	-0.017
專業領域					
人社組	-0.131*	-0.014	0.011	-0.029	-0.034
數理組	-0.074*	0.015	0.029	-0.048	-0.000
生科組	-0.128*	-0.049	-0.016	-0.001	0.009

註：*$p<.05$。
資料來源：同表10-1。

參考文獻

● Bucchi, Massimiano（馬西米安諾・布奇）著，葛蔚東、李銳譯，2016 [2006]，《科學，誰說了算》。北京：北京大學出版社。

● Maalouf, Amin（阿敏・馬盧夫）著，賴姵瑜、吳宗遠譯，2017，《塞納河畔第二十九號座席：法蘭西學術院與法國四百年史》。台北：商周。

● Shapin, Steven and Simon J. Schaffer（史蒂文・謝平、賽門・夏佛）著，蔡佩君譯，2006 [1985]，《利維坦與空氣泵浦：霍布斯、波以耳與實驗生活》。台北：行人。

● 台邦・撒沙勒，2012，〈災難、遷村與社會脆弱性：古茶波安的例子〉。《臺灣人類學刊》10(1): 51-92。

● 江淑琳，2015，〈探索氣象預報「失準」之爭議報導：非專家與專家對氣象科學與科學家角色的認知差距〉。《新聞學研究》123: 145-192。

● 周桂田，2007，〈獨大的科學理性與隱沒（默）的社會理性之「對話」：在地公眾、科學專家與國家的風險文化探討〉。《台灣社會研究季刊》56: 1-63。

● 林宗弘、李宗義，2016，〈災難風險循環：莫拉克風災的災害潛勢、脆弱性與韌性〉。頁 43-86，收錄於周桂田編，《永續與綠色治理新論》。台北：台灣大學風險研究中心。

● 林宗弘、蕭新煌、許耿銘，2018，〈邁向世界風險社會？台灣民眾的社會資本、風險感知與風險因應行為〉。《調查研究——方法與應用》40: 127-166。

● 林國明、陳東升，2003，〈公民會議與審議民主：全民健保的公民參與經驗〉。《台灣社會學》6: 61-118。

● 徐美苓、施琮仁，2015，〈氣候變遷相關政策民意支持的多元面貌〉。《中華傳播學刊》28: 239-278。

● 許耿銘，2014，〈城市氣候風險治理評估指標建構之初探〉。《思與言》52(4): 203-258。

● 楊文山，2016，2016 年第一次社會意向調查（C00308）【原始數據】（未出版）。取自中央研究院人文社會科學研究中心調查研究專題中心學術調查研究資料庫。

● 蕭新煌，1983，〈精英分子與環境問題「合法化」的過程：立法委員環境質詢的內容分析，1960-1981〉。《中國社會學刊》7: 61-90。

● 蕭新煌，1986，〈新環境範型與社會變遷：臺灣民眾環境價值的初探〉。《臺灣大學社會學刊》18: 81-134。

● 蕭新煌，1994，〈新中產階級與資本主義：台灣、美國與瑞典的初步比較〉。頁73-108，收錄於許嘉猷編，《階級結構與階級意識比較研究論文集》。台北：中央研究院歐美研究所。

● 蕭新煌，2004，〈環境爭議性公共設施的回饋制度：對核一廠、核二廠及台中火力發電廠的分析〉。《都市與計劃》31(1): 65-90。

● Beck, Ulrich, 1992, *Risk Society: Towards a New Modernity*. London: Sage.

● Beck, Ulrich, 1998, *World Risk Society*. Cambridge: Polity Press.

● Erickson, Mark, 2005, *Science, Culture and Society: Understanding Science in the Twenty-first Century*. Cambridge, U.K.; Malden, Mass: Polity.

● Gregory, Jane and Steve Miller, 2000, *Science in Public: Communication, Culture, and Credibility*. Cambridge, Mass: Perseus Publishing.

- Griffin, Robert J., Sharon Dunwoody, and Fernando Zabala, 1998, "Public Reliance on Risk Communication Channels in the Wake of a Cryptosporidium Outbreak." *Risk Analysis* 18(4): 367-375.

- Hughes, Thomas Parke, 1983, *Networks of Power: Electrification in Western Society, 1880-1930.* Baltimore: Johns Hopkins University Press.

- Cohen, I. Bernard, 1952, "The Education of the Public in Science." *Impact of Science on Society* 3: 78-81.

- Kuhn, Thomas S., 1962, *The Structure of Scientific Revolutions.* Chicago: University of Chicago Press.

- Latour, Bruno and Steve Woolgar, 1986 [1979], *Laboratory Life: The Construction of Scientific Facts.* Princeton, New Jersey: Princeton University Press.

- Lynch, Michael, 2000 [1993], *Scientific Practice and Ordinary Action: Ethnomethodology and Social Studies of Science.* Cambridge, New York: Cambridge University Press.

- Merton, Robert K., 1979 [1942], "The Normative Structure of Science." Pp. 267-278 in *The Sociology of Science: Theoretical and Empirical Investigations,* edited by Merton, Robert K. Chicago, IL: University of Chicago Press.

- Noble, David F., 1977, *America by Design: Science, Technology, and the Rise of Corporate Capitalism.* New York: Knopf.

- Popper, Karl, 1969, *Conjectures and Refutations.* NY: Routledge.

- Renn, Ortwin, 2008, *Risk Governance. Coping with Uncertainty in a Complex World.* London: Earthscan.

- Slovic, Paul, 2000, *The Perception of Risk.* London, UK: Earthscan.

- Slovic, Paul, 2010, *The Feeling of Risk.* London, UK: Earthscan.